O DEVER FUNDAMENTAL DE RECOLHER TRIBUTOS NO ESTADO DEMOCRÁTICO DE DIREITO

Conselho Editorial
André Luís Callegari
Carlos Alberto Alvaro de Oliveira
Carlos Alberto Molinaro
Daniel Francisco Mitidiero
Darci Guimarães Ribeiro
Draiton Gonzaga de Souza
Elaine Harzheim Macedo
Eugênio Facchini Neto
Giovani Agostini Saavedra
Ingo Wolfgang Sarlet
Jose Luis Bolzan de Morais
José Maria Rosa Tesheiner
Leandro Paulsen
Lenio Luiz Streck
Paulo Antônio Caliendo Velloso da Silveira

C268d   Cardoso, Alessandro Mendes.

O dever fundamental de recolher tributos no estado democrático de direito / Alessandro Mendes Cardoso. – Porto Alegre: Livraria do Advogado Editora, 2014.

200 p.; 23 cm.

Inclui bibliografia.

ISBN 978-85-7348-890-6

1. Direito tributário. 2. Tributos - Recolhimento - Dever. 3. Contribuições (Direito tributário). I. Título.

CDU 34:336.2
CDD 343.04

Índice para catálogo sistemático:
1. Direito tributário   34:336.2

(Bibliotecária responsável: Sabrina Leal Araujo – CRB 10/1507)

Alessandro Mendes Cardoso

O dever fundamental de recolher tributos

NO ESTADO DEMOCRÁTICO DE DIREITO

Porto Alegre, 2014

© Alessandro Mendes Cardoso, 2014

Capa, projeto gráfico e diagramação
Livraria do Advogado Editora

Revisão
Rosane Marques Borba

Direitos desta edição reservados por
Livraria do Advogado Editora Ltda.
Rua Riachuelo, 1300
90010-273 Porto Alegre RS
Fone/fax: 0800-51-7522
editora@livrariadoadvogado.com.br
www.doadvogado.com.br

Impresso no Brasil / Printed in Brazil

Dedico essa obra a minha esposa, Rafaella, e a meus filhos, Maria e Tomé, que são o grande motor para todas as realizações, e cujo amor incondicional alimenta a disposição para o enfrentamento dos desafios.

Aos meus pais, Valtuir e Tereza, a quem devo as condições para o desenvolvimento enquanto pessoal, pelo amor e exemplo de seriedade e dedicação.

Aos meus irmãos, Fabiano e Vanessa, Vó Maria e Valdete, pela importância na minha vida.

A Solange, Manoel Carreiro, Vovó e Beatriz, pelo apoio.

Prefácio

Direitos e deveres fundamentais são categorias jurídicas indissociáveis. A cidadania é uma via de mão dupla.

Para que possamos garantir liberdades públicas, assegurar direitos sociais, promover a preservação de um ambiente saudável, conservar o patrimônio cultural, universalizar o acesso à informação e viabilizar o pluralismo e a participação, visando à construção de uma sociedade livre, justa, solidária e sustentável, com vista ao bem viver das gerações presentes e futuras, necessitamos do comprometimento de todos. A pretensão a um mundo melhor, com a transposição, do plano ideal para o real, da ideia de dignidade da pessoa humana, pressupõe a assunção de responsabilidades. Afinal, sem esforço não há recompensa: "ohne Fleiβ kein Preis"!

É importante, por isso, que possamos resgatar a categoria jurídica dos deveres fundamentais, elaborar o rol desses deveres e desdobrá-los, apontando seus diversos conteúdos normativos. Tal permitirá que tenhamos maior consciência do que nos exige a vida em sociedade num Estado de Direito Democrático e Social. Há deveres mínimos que se apresentam expressa ou implicitamente no texto constitucional e que assumem, efetivamente, a posição de deveres fundamentais.

Dentre tais deveres, sobressai o de pagar tributos. Trata-se de viabilizar a existência e a atuação do Estado e de suas instituições como instrumentos da sociedade para a realização dos valores e objetivos consagrados na Constituição.

O grande tributarista italiano Vanoni, em 1932, ao escrever sua clássica obra *Natura ed Interpretazione delle leggi tributarie*, já afirmava que a tributação, longe de limitar os direitos e a personalidade do indivíduo, constitui seu pressuposto necessário, pois sem ela não existiria Estado e sem Estado não existiria o próprio direito. Recordou, então, célebre decisão do Tribunal de Turín no sentido de que os tributos livremente votados e em conformidade com as necessidades do

Estado (leia-se, hoje, da sociedade), representam a ordem, a liberdade, a justiça, a segurança, a assistência.

Aos poucos, vamos superando a percepção da tributação como um mal necessário, como objeto de rejeição social, para compreendermos que não se trata de um mero sacrifício, mas de "uma contribuição necessária para que o Estado possa cumprir suas tarefas no interesse do proveitoso convívio de todos os cidadãos", conforme sublinham Klaus Tipke e Douglas Yamashita, em sua *Justiça fiscal e Princípio da Capacidade Contributiva*.

O tema é absolutamente relevante, porque nos permite um entendimento superior do que é, efetivamente, a tributação e qual a estatura jurídica das respectivas obrigações. O dever de contribuir não é simples consequência do que estabelece a lei ao instituir tributos, senão seu fundamento, conforme já advertia o grande Berliri em sua obra *Principi di Diritto Tributário*.

Até agora, contudo, o dever fundamental de pagar (ou recolher) tributos tem sido pouco trabalhado pelos nossos juristas, silêncio esse que se insere num contexto maior de abandono das investigações relacionadas à teoria e à dogmática dos deveres fundamentais, ocupados que estivemos quase que exclusivamente, desde as revoltantes experiências totalitárias, com a consolidação dos direitos fundamentais.

Mesmo no exterior, não são muitos os trabalhos monográficos a respeito do assunto. Costumamos nos valer dos ensinamentos do português José Casalta Nabais, que possui uma respeitável obra sobre a matéria: *O Dever Fundamental de Pagar Impostos*, publicada em Coimbra em 1998. Podemos referir, também, o trabalho de Cristina Pauner Chulvi, *El deber constitucional de contribuir al sostenimiento de los gastos públicos*, publicada em Madri em 2001.

Ultimamente, alguns poucos artigos sobre a matéria têm surgido nos periódicos tributários físicos e eletrônicos. São iniciativas de se retomar a reflexão sobre os fundamentos da tributação. Nós mesmos, em 2012, chegamos a publicar, no volume 5 da Revista Tributária das Américas, texto intitulado *Do dever fundamental de colaboração com a administração tributária*, procurando, inclusive, estender a investigação para os fundamentos das obrigações tributárias acessórias e daquelas impostas a substitutos e responsáveis tributários.

Alessandro Mendes Cardoso, tributarista mineiro que com muita consistência vem enfrentando diversos temas complexos do direito tributário em artigos publicados nas revistas especializadas e que conosco coordenou a obra coletiva *Contribuições Previdenciárias sobre a Remuneração*, agora assume um papel precursor aos nos brindar com o primeiro livro da literatura tributária brasileira sobre o dever fundamental de pagar tributos.

A obra está muito bem estruturada. Alessandro, primeiramente, nos situa no âmbito dos deveres fundamentais. Em seguida, trata da evolução histórica do dever de recolher tributos, caracterizando o estado de direito como estado fiscal. Enfrenta, então, a complexa tessitura do Estado Democrático de Direito e o espaço que nele ocupa o dever fundamental de pagar tributos. Invoca a solidariedade e desenvolve a noção de "cidadania fiscal", tendo o cuidado de apontar a necessidade de que a tributação se faça com respeito aos ditames constitucionais e aos direitos do cidadão-contribuinte.

Alegro-me ao apresentar à comunidade jurídica esta obra de referência, redigida com muita dedicação e estilo, em que se revelam o trabalho e a inspiração do autor. Há de ser lida e considerada, porquanto efetivamente aporta, em duzentas páginas, elementos essenciais para a compreensão da tributação e do direito tributário.

Prof. Dr. Leandro Paulsen
Desembargador Federal
Professor de Direito Tributário
Doutor em Direitos e Garantias do Contribuinte

Sumário

Introdução..13
1. Dos deveres fundamentais..15
   1.1. As noções constitucionais de dever e obrigação.......................17
   1.2. Da relação entre deveres e direitos fundamentais....................26
   1.3. Conceito e eficácia jurídica dos deveres fundamentais.............37
2. Da evolução do dever de recolher tributos até o liberalismo........45
   2.1. Sociedades antigas...47
      2.1.1. Tributação na Grécia antiga..48
      2.1.2. Tributação na Roma antiga...52
   2.2. Estado feudal ao estado patrimonial.......................................55
   2.3. Estado de polícia...62
   2.4. Do estado de direito (estado fiscal)...70
      2.4.1. O estado de direito como uma resposta ao estado absolutista............71
      2.4.2. A tributação e o advento do estado de direito (estado fiscal).............74
      2.4.3. Da tributação no liberalismo...80
      2.4.4. A crise do liberalismo..89
   2.5. Tributação no Brasil a partir da República..............................96
3. O dever de recolher tributos no Estado Democrático de Direito....123
   3.1. Da passagem do estado liberal para o estado social...............123
   3.2. O Estado Democrático de Direito...136
      3.2.1. Os deveres fundamentais no Estado Democrático de Direito..........142
   3.3. O dever de recolher tributos e o Estado Democrático de Direito..............144
      3.3.1. O dever de recolher tributos como dever fundamental...................144
      3.3.2. O dever de solidariedade e a cidadania fiscal..............157
      3.3.3. O dever fundamental de recolher tributos como viabilizador dos direitos fundamentais..............169
      3.3.4. Relação entre o fundamento do dever de recolher tributos e o princípio da capacidade contributiva no Estado Democrático de Direito 175
      3.4.5. O dever fundamental de recolher tributos e a extrafiscalidade..........185
Considerações finais..189
Bibliografia...197

Introdução

Pretende-se com este trabalho analisar a configuração do dever fundamental de recolher tributos no Estado Democrático de Direito.

A tributação, dada a sua importância nas dinâmicas política, social e econômica, com inegável repercussão na vida dos cidadãos, uma vez que se relaciona intimamente com os temas da liberdade e da igualdade, é campo tradicional de estudo não só do Direito, mas também de outras áreas do conhecimento, como a economia e a ciência política.

No que se refere especificamente ao Direito Tributário, existe riquíssima doutrina, tanto nacional como estrangeira, dedicada ao estudo de suas mais diversas facetas. Os temas "Direitos dos contribuintes" e "Limites à atividade impositiva" se destacam tendo em vista a quantidade e a qualidade dos trabalhos a eles dedicados.

A mesma situação, contudo, não se verifica no tocante à análise do dever de recolher tributos, que constitui a base da própria existência da atividade fiscal. Esse fato explica-se porque a tributação é, historicamente, um campo conflituoso, no qual, muitas vezes, os interesses do Estado e os dos cidadãos se chocam. Em decorrência disso, o Direito Tributário evoluiu no sentido de resguardar os direitos dos contribuintes e os limites da imposição, buscando a afirmação e aplicação de princípios jurídicos de primeira grandeza, tal qual o da igualdade, o da legalidade, o da capacidade contributiva e o do não confisco.

Entretanto, se a prevalência de estudos sobre os direitos dos contribuintes e os limites da imposição é justificável, disso não pode decorrer que o tema concernente ao dever fundamental de recolher tributos seja colocado em segundo plano.

Exatamente nesse contexto é que se insere a proposta deste trabalho: analisar a configuração deste dever especificamente no que se refere ao atual Estado Democrático de Direito, fórmula em que está estruturada a República Federativa do Brasil e bem como outras nações, inclusive na sua variante do Estado Social e Democrático de Direito.

Não se pretende apresentar este estudo como pioneiro ou exaustivo com relação ao tema proposto. Destaca-se, nesse sentido, a existência de obras de referência sobre o tema, como os trabalhos de Casalta Nabais, Vítor Faveiro e Cristina Pauner Chulvi, utilizados largamente como fonte de estudo, e de autores da tributarística nacional que se debruçam sobre a questão, como Misabel Abreu de Machado Derzi, Werther Botelho Spagnol, Ricardo Lobo Torres e Marco Aurélio Greco.

Como especificação do marco teórico que norteou este estudo, buscou-se identificar qual seria o fundamento do dever de recolher tributos no Estado Democrático de Direito. Para tanto, partiu-se do entendimento de que existe intrínseca relação entre a forma de Estado adotado em determinado tempo e a forma como se configura o referido dever. Assim, mostrou-se necessário abordar a evolução das formas de Estado (a partir do Estado Patrimonial) paralelamente à do dever de recolher tributos, até o advento do Estado Democrático de Direito. A partir daí foi possível o enfrentamento de sua atual fundamentação.

Adotou-se no estudo a seguinte metodologia: a) a análise do tema dos deveres fundamentais; b) retrospectiva, sintética e limitada aos objetivos do trabalho, da evolução das formas de Estado, a partir do patrimonialismo até o atual Estado Democrático de Direito, sempre buscando traçar um paralelo entre esta e o dever de recolher tributos; e c) a configuração do dever de recolher tributos como de ordem fundamental e, especificamente, sua atual fundamentação na citada forma de organização do Estado.

Justifica-se tal estudo pelo fato de a fundamentação do dever de recolher tributos ter importantes consequências sobre a forma como se estrutura (ou deve se estruturar) o sistema fiscal e, principalmente, sobre como os contribuintes (destinatários deste dever) com ele se relacionam.

Em momento em que se generaliza a crítica ao sistema tributário brasileiro, tanto pela carga imposta como pela sua complexidade legislativa e operacional, pode parecer despropositado para alguns a fixação como objeto de estudo exatamente este dever de contribuição.

Entretanto, a reflexão sobre o dever de recolher tributos tendo em vista a evolução de seu fundamento até a sua atual configuração no Estado Democrático de Direito é relevante para entendimento da fiscalidade e a análise mais racional das suas virtudes e defeitos.

1. Dos deveres fundamentais

A primeira advertência que se deve fazer quando se trata dos "Deveres Fundamentais" é quanto à escassa produção teórica sobre o tema.[1] Tal escassez é ainda mais sentida quando contraposta à abundante e sólida doutrina, nacional e estrangeira, sobre o tema dos "Direitos Fundamentais", ou dos "Direitos Constitucionais".

Essa relação de abundância e escassez no enfrentamento dos referidos temas já traz uma importante indicação sobre como é, na maioria das vezes, encarado o estudo dos deveres fundamentais.

A teoria dos direitos fundamentais é fruto da construção do conceito de "Estado de Direito", no qual o ordenamento jurídico tem a função de delimitar o poder estatal, estabelecendo fronteiras nas quais ele pode ser exercido de maneira válida.

A estruturação do Estado de Direito, desde as revoluções liberais da Era Moderna, incluindo a instituição das chamadas "Declarações Universalistas", a partir da célebre *Bill of Rights*, e culminando com a edição das Constituições Liberais, baseou-se em uma concepção de cunho individualista, privilegiando a formalização dos chamados "Direitos Fundamentais". Nesse sentido, Canotilho afirma que a primeira função dos direitos fundamentais é defender pessoa humana e a sua dignidade perante os poderes do Estado.[2]

Nesse momento histórico, justificadamente, deu-se prioridade à liberdade individual, tendo em vista a necessidade de se estruturar juridicamente o Estado de forma a se garantir os direitos inerentes à condição humana. A incessante luta pela consolidação dos direitos fundamentais, que, infelizmente, em pleno século XXI, ainda não fazem parte do cotidiano de grande parcela da população mundial (submetida à diversas formas de exploração, a regimes ditatoriais ou a situações de conflito armado, entre outras violações), explica o motivo

---

[1] CHULVI, Cristina Pauner. *El deber constitucional de contribuir al sostenimiento de los gastos públicos*, p. 31.
[2] CANOTILHO, J. J. Gomes. *Direito constitucional e teoria da Constituição*, p. 405.

pelo qual se manteve a figura dos deveres fundamentais à sombra dos direitos subjetivos.

No constitucionalismo moderno, pode-se afirmar que o conceito de "Dever Fundamental" é complementar ao de "Direito Fundamental". Por esse motivo, seu aparecimento no constitucionalismo é praticamente concomitante ao dos direitos fundamentais. Um marco nesse sentido é a Constituição francesa de 1795, que estatuiu formalmente uma "Declaração de Direitos e Deveres do Cidadão", sendo paradigma seguido pela maioria das Constituições posteriores.

Realmente, a partir desse momento, os textos constitucionais consagraram deveres, muitas vezes como formalização de princípios éticos, cuja eficácia jurídica decorria, em algumas hipóteses, da previsão constitucional de sanções para o seu descumprimento. Desses deveres hão de se destacar dois, pelo seu reconhecimento generalizado: o dever de defesa do Estado e o dever de tributação.

Entretanto, a comparação entre o catálogo de direitos e o de deveres constitucionais mostra a indiscutível prevalência do primeiro na maioria dos textos constitucionais modernos.

Casalta Nabais,[3] analisando esse fato, conclui que, no que se refere a boa parte das Constituições europeias atualmente em vigor, a prevalência da jurisdicionalização de direitos decorre do fato de estas terem sido editadas após a queda de regimes totalitários. Partindo desse contexto histórico, os referidos textos acabaram por atribuir predominância praticamente absoluta ao tratamento dos direitos subjetivos dos cidadãos.

A colocação dos deveres constitucionais à sombra dos direitos fundamentais pelos textos constitucionais modernos é detectável em sua própria forma redacional. Na generalidade dos casos, o termo *deveres* encontra-se ao lado dos direitos fundamentais na epígrafe do título ou capítulo relativo ao que Casalta Nabais[4] chama de "subconstituição do indivíduo".

Ocorre que, com relação aos deveres, muitas vezes, há apenas um dever genérico imposto aos cidadãos. Na Carta Constitucional brasileira de 1988, o Capítulo I do Título II (que se denomina tão somente "Dos Direitos e Garantias Fundamentais") tem como título "Dos Direitos e Deveres Individuais e Coletivos". Após prever no *caput* do art. 5º que todos são iguais perante a lei, a Constituição estatui no inciso I do mesmo artigo que homens e mulheres são iguais em direitos e obri-

---

[3] NABAIS, José Casalta. *O dever fundamental de pagar impostos*, p. 16-17.
[4] Idem, p. 22.

gações, nos termos de seu texto. Aí se encontra a cláusula genérica de previsão do dever constitucional. A análise dos demais 76 incisos que compõem o art. 5º comprova a sua natureza de um extenso rol de direitos individuais e coletivos, sem nenhuma outra menção a qualquer dever atinente aos cidadãos.

Todavia, marco teórico que fundamenta este trabalho, essa concepção liberal dos deveres constitucionais não se adapta ao moderno conceito de Estado Democrático de Direito, que, sem relegar a primordialidade dos direitos fundamentais, prevê e impõe a responsabilidade social dos indivíduos, partindo do pressuposto de que essa compõe o seu *status* de liberdade.

1.1. As noções constitucionais de dever e obrigação

Como se está tratando do conceito jurídico de "Dever Fundamental", impõe-se maior concreção na análise do conceito de dever jurídico, tendo em vista sua diferenciação do conceito de obrigação jurídica.

A doutrina há muito vem se debruçando sobre a questão do dever jurídico, trabalhando na sua diferenciação em face da obrigação jurídica, posto que a terminologia jurídica utiliza ambos os termos.

Para a resolução dessa questão, têm sido empregados critérios diversos, que levam em conta a correlatividade com direitos subjetivos, a pertinência ao mundo moral ou jurídico e a existência ou não de sanção no que se refere a cada categoria.

Rafael de Assis Roig[5] entende que é descabido o uso do termo *dever* no âmbito jurídico. Em seu entendimento, o dever se refere àquilo que é bom, desde o ponto de vista individual ou intersubjetivo, pelo seu valor intrínseco, expresso mediante um imperativo categórico.

A concepção do professor espanhol parte das considerações do filósofo Immanuel Kant sobre o dever. De acordo com a filosofia do mestre alemão, a análise do *dever* parte, inicialmente, da relação entre este e o *bom*, na qual a "boa vontade" adquire grande importância. A "boa vontade", ou "ação boa", caracteriza-se por ser aquela que se realiza não por sua conformidade ou adequação à consecução de determinados fins, mas, exclusivamente, por ser "boa por si mesma". Para Kant, a razão, por meio dos chamados "imperativos", fornece os dados para que o homem proceda no sentido de chegar ao bem moral.

---

[5] ROIG, Rafael de Assis. *Deberes y obligaciones en la Constitución*, p. 99.

Assim, hipotéticos seriam os imperativos que representassem a necessidade prática de uma ação possível como meio de conseguir outra coisa que se quer (ou que é possível que se queira). Categóricos, por sua vez, seriam aqueles que representassem uma ação por si mesma, sem nenhum outro fim que lhe determine objetivamente como necessária. Em mal-acabada síntese: se a ação é boa somente como meio para alguma coisa, então o imperativo que a determina é hipotético. Porém, se a ação é representada como boa em si, isto é, como necessária segundo uma vontade conforme a razão, estar-se-á diante de um imperativo categórico.

Por intermédio dos imperativos, Kant faz a distinção entre dever e obrigação, distinguindo a atuação conforme o dever (donde se poderia tirar o conceito de obrigação) e a atuação pelo dever. Falar-se-á, então, em dever quando a ação é devida pelo seu valor intrínseco e de obrigação quando ela é determinada por força de algo. Enquanto no dever a assunção seria sempre incondicional, no caso da obrigação esta estaria condicionada à consecução de um objetivo.

A partir daí, Assis Roig leciona que se tratarmos o dever como algo bom em si, um atuar conforme a vontade boa, esse conceito de *bom* faz com que se trabalhe no plano moral. Sobre a distinção entre dever e obrigação, cita o doutrinador italiano Cesarini Sforza, para quem o dever não pode ser entendido sem seu significado de valor, unido à liberdade moral. De outro lado, por obrigação se entende o conteúdo de uma ação que é desejada por pessoa distinta daquela que tem de realizá-la ou deixar de realizá-la. Assim, o dever pertence à consciência individual e coletiva, enquanto a obrigação pertence ao mundo da força. Ou seja, o dever se relaciona com o valor; já a obrigação, que está sempre relacionada a uma ordem moral ou jurídica, caracteriza-se por ter força impositiva que pode, ou não, ser assumida.[6]

A partir desse momento, o doutrinador espanhol trabalha com a correlação entre dever e moral e entre obrigação e direito, buscando base na doutrina de outros pensadores. Por exemplo, Assis Roig cita John Rawls, para quem a distinção entre dever e obrigação se radicaria, basicamente, em sua forma de produção. O dever deriva de um valor (por exemplo, a justiça) ou de uma espécie de moral objetiva, distinguindo-se da obrigação, porque no dever não há a participação da vontade e seu conteúdo não vem estabelecido em regras ou práticas sociais. A obrigação, por sua vez, materializaria-se por meio de três fontes: a) derivação de um dever; b) o próprio consentimento do

---

[6] ROIG, Rafael de Assis. *Deberes y obligaciones en la Constitución*, p. 67.

sujeito, decorrente da sua vontade; c) e o princípio da imparcialidade.[7] Cita, ainda, a concepção de Karl Larenz de que o dever não pode ser nada mais que dever ético, autônomo, enquanto o direito é uma exigência heterônoma unida a uma força coativa.[8]

Partindo desses pressupostos, Assis Roig define que o dever é algo incondicional, enquanto a obrigação é condicional. Neste ponto, o dever se relaciona não só com o valor, mas também com a virtude. O dever existe pelo seu valor intrínseco (seja individual ou intersubjetivo, inclusive transcendente), não podendo se falar de um dever jurídico definível por esse valor (a virtude). Pode ser possível em alguns casos e para algumas pessoas a sua estreita vinculação com um sentimento de virtude, porém não em todos os casos, não sendo um dado necessário para a existência do dever. A obrigação jurídica, por sua vez, basear-se-ia exclusivamente na norma jurídica.

O enunciado no qual se emprega o termo *dever* seria valorativo, num primeiro plano. Neste, o "tu deves" significa que o comportamento que se pode realizar é "bom".

E o termo *obrigação* seria um enunciado predominantemente prescritivo, em que o "tu deves" significa que se tem a obrigação de realizar determinado comportamento.

A obrigação, para existir, terá que estar sempre conectada a algo. Por isso, pode-se falar de obrigações morais, que são aquelas que derivam de determinado dever moral e de obrigações jurídicas, estabelecidas pela norma jurídica.

No caso do dever, o sujeito titular tem a vontade plena. No caso da obrigação, não é possível, salvo exceções, falar de vontade plena (no sentido de ausência de dominação), mas, sim, de vontade subordinada. Por este motivo, inexistiria a possibilidade de atuação desconforme o dever. A característica principal do dever é a aceitação (assunção), sem a qual não se poderia falar em dever, já que apenas a obrigação comporta o descumprimento, nunca um dever.

Na concepção do professor espanhol, haveria tão somente obrigações jurídicas, não podendo ser diferenciados os conceitos de dever e de obrigações jurídicas. O dever estaria sempre fora do campo do direito, sendo vinculado a uma concepção incondicional do "bom" e sendo concebido e exteriorizado pela vontade livre do sujeito.

Entretanto, entendemos que se pode, sim, diferenciar os dois conceitos, mediante a fixação de características próprias para ambos.

---

[7] ROIG, Rafael de Assis. *Deberes y obligaciones en la Constitución*, p. 69.
[8] Idem, p. 73.

Como visto, frequentemente se tem aplicado o termo *obrigação* para a linguagem jurídica, reservando-se o emprego do termo *dever* para a linguagem filosófica ou moral.

Essa concepção deriva em muito da doutrina kelseniana, que vincula a existência da obrigação jurídica ao comando de uma norma legal. Para Kelsen, a existência de obrigações (ou deveres) jurídicas depende exclusivamente de que assim disponha uma norma.[9]

As obrigações jurídicas teriam como conteúdo determinada conduta estabelecida pelo ordenamento, estando estreitamente conectadas com a sanção. O sujeito da obrigação jurídica seria, dessa forma, aquele cuja conduta está determinada na obrigação e a quem é imputada a sanção no caso de seu descumprimento.

O positivismo kelseniano não diferencia dever jurídico de obrigação jurídica, derivando ambos do mandamento de uma norma positivada. A diferenciação efetuada é tão somente entre dever jurídico e dever moral.

Segundo Kelsen, o conceito de dever jurídico implica também um "dever ser". Se alguém está juridicamente obrigado a determinada conduta, isso significa que um órgão "deve" aplicar-lhe uma sanção no caso de se comportar de maneira contrária. O conceito de dever jurídico, porém, difere do conceito de dever moral pelo fato de o primeiro não ser a conduta que a norma "exige", a conduta que deve ser observada. O dever jurídico seria, pelo contrário, o comportamento por cuja observância o ato antijurídico é evitado, é dizer, a conduta oposta àquela que constitui a condição da sanção.[10]

Entretanto, apesar de não negarmos que tanto o dever jurídico quanto a obrigação jurídica se fundamentam primordialmente no comando de uma norma positivada, defendemos uma diferenciação entre os dois conceitos, tendo em vista, por exemplo, os interesses protegidos e o grau de concretude que carregam.[11]

Em face dos interesses protegidos, a obrigação jurídica é caracterizada pela exigência de um comportamento específico de um sujeito em face de outro que, por força do ordenamento jurídico, tem a prerrogativa de exigir a sua execução. A obrigação jurídica, portanto, surge sempre em uma relação jurídica específica que se encontra vin-

---

[9] KELSEN, Hans. *Teoria pura do direito*, p. 129.
[10] KELSEN, Hans. *Teoria geral do direito e do estado*, p. 85-86.
[11] CHUVI, Cristina Pauner. *El deber constitucional de contribuir al sostenimiento de los gastos públicos*, p. 36.

culada a um direito subjetivo de um outro sujeito que é parte (ativa) da mesma relação.

Quando, de outro lado, se verifica uma situação em que a titularidade do interesse afetado é genérica ou indeterminável de plano, tem-se um dever jurídico.

Essa situação se apresenta com mais frequência quando a titularidade do interesse está fixada em um órgão público. Muitas vezes, a relação jurídica com o ente estatal pode se desenvolver sob a ótica de Direito Privado, como uma obrigação jurídica *stricto sensu*. Em outras ocasiões, contudo, tem-se apenas uma prerrogativa juridicamente assegurada ao ente público, que somente se transforma em obrigação jurídica quando exercitada por este.

Cristina Pauner Chuvi[12] defende que no caso do dever este se impõe em uma direção genérica sem que se tenha defronte *a priori* outro sujeito que seja titular de um direito correlato exigível. Esse dever, em sentido amplo, como situação de sujeição, necessitará de um processo de concreção, pela edição de norma legal que ensejará o surgimento de obrigações jurídicas concretas.

Um exemplo concreto de dever jurídico, de matiz constitucional, é o dever de recolher tributos, o qual está previsto no Capítulo I do Título VI da Constituição Federal do Brasil, que delega aos entes políticos a capacidade de instituir determinados tributos. Entretanto, a simples previsão constitucional da competência impositiva, por si só, não provoca o surgimento de obrigações tributárias concretas.

Agora, apesar de a norma constitucional não produzir diretamente o surgimento de obrigações tributarias, é inegável que a Constituição Federal impõe aos cidadãos um dever: o de contribuir para o sustento dos gastos públicos. *Dever* este, que, mediante a sua concreção por lei, faz efetivamente surgir relações jurídicas tributárias.

Não é por acaso que os textos constitucionais utilizam normalmente o termo *dever* em vez do termo *obrigação*, com o claro objetivo de dar maior força ao conteúdo normativo que consagram, relacionando a este um implícito componente moral. Devido a isso, não se visualiza a existência da previsão de obrigações jurídicas, *stricto sensu*, dirigidas especificamente aos cidadãos, no corpo das Constituições, sendo que as obrigações previstas constitucionalmente quase sempre se dirigem aos entes estatais. Reside neste ponto um impor-

---

[12] CHUVI, Cristina Pauner. *El deber constitucional de contribuir al sostenimiento de los gastos públicos*, p. 39.

tante critério de diferenciação entre deveres constitucionais e obrigações jurídicas.

Nesse contexto, é importante a posição de Vítor Faveiro.[13] O jurista português ressalta que o estudo da problemática referente à natureza e ao fundamento do dever tributário tem se restringido essencialmente a considerações a respeito da relação jurídica tributária, partindo do pressuposto de que nada existe antes da criação das leis de incidência. Mas em seu entendimento a problemática da fiscalidade e do seu objeto e legitimidade tem uma dimensão muito mais vasta do que a da relação jurídica tributária ou a da relação concreta entre a administração fiscal e os contribuintes, já que numa ordem jurídica baseada na dignidade da pessoa humana essa análise não pode se limitar à esfera tributária, partindo, indispensavelmente, dos elementos e das características em que, numa sociedade justa e solidária, se constitui o dever social de contribuir.

Tendo como pressuposto a concepção do homem como ser social, o citado doutrinador busca no universo ético das relações humanas o que chama de "dever inato de cada um dos homens" de afetar para os fins da coletividade, uma parte dos elementos, bens ou valores de que dispõe.[14]

Nesse ponto, se pode fazer uma correlação entre Vítor Faveiro e Rafael de Assis Roig. Para o jurista português, o dever de contribuir é inato à pessoa humana, mas enquanto objeto de direito natural e da vontade coletiva. Não se confunde, nesse sentido, com a vontade individual. Deriva da qualidade do homem de ser social e de sua necessidade de se adequar à liberdade e à sociabilidade dos outros e de todos. Assevera, então, que o dever de contribuir, embora inato da própria qualidade da pessoa humana, não flui desta para a sociedade, mas sim da sociedade para a pessoa; e sendo um dever ético inerente à pessoa humana, teria a natureza de imperativo categórico no sentido kantiano.[15] Ou seja, Vítor Faveiro diferencia o dever de recolher tributos da obrigação de recolher tributos, nos termos defendidos por Rafael de Assis Roig, mas reconhecendo a existência de deveres jurídicos. Cite-se, pela pertinência, a seguinte passagem:

> Mas importa não confundir: para que exista o dever ético de contribuir e a sua correspondente qualidade de elemento de direito natural, não é indispensável que as pessoas sintam e reconheçam individualmente a existência desse dever. Ele "existe" por

---

[13] FAVEIRO, Vítor. *O Estatuto do Contribuinte – A pessoa do contribuinte no Estado Social de Direito*, p. 223.

[14] Idem, p. 225.

[15] Idem, p. 227.

si, só porque existe a pessoa como ser social e evolutivo, mesmo que cada um dos indivíduos o não sinta ou o não queira. O dever não é um elemento gerado pela consciência da pessoa é um valor que a ela se impõe; é um imperativo categórico, segundo Kant ou uma idéia não criada, mas encontrada pela pessoa, só porque é pessoa, segundo a filosofia grega e, no caso, um ente social. Pode pois, o cidadão não sentir ou não reconhecer o dever de contribuir, que nem por isso ele deixa de ser um dever e um elemento de direito natural e como tal, base e elemento do próprio direito positivo que o Estado venha a criar.[16]

Afirma-se, assim, a concepção do dever de recolher tributos como veículo de um valor ético-social de cada um contribuir com os meios de que dispõe e segundo a sua capacidade contributiva, para a realização dos fins coletivos veiculados pelo texto constitucional.

Ou seja, existe uma carga valorativa, decorrente da própria inserção da pessoa na sociedade e da construção de um conceito de cidadania (que será mais bem abordado à frente), que fundamenta o dever de recolher tributos. Em outras palavras, há uma razão para que os cidadãos tenham que disponibilizar parte de sua renda ou de seus bens em favor da coletividade. Esta fundamentação traz um pressuposto ou fundamento anterior ao surgimento da obrigação jurídica tributária, tirando desta o caráter arbitrário ou de puro ato de império, ao vinculá-la à concepção de solidariedade, que fundamenta o próprio contrato social.

Nesse ponto, cabe uma ressalva: tal concepção do dever de contribuir, que permeia todo este trabalho, não se presta de forma alguma a legitimar abusos ou ilegalidade. Pelo contrário, o conhecimento do fundamento da tributação trabalha em duas frentes: se, de um lado, integra valor ao dever do contribuinte; de outro, dá uma consciência dos seus direitos como cidadão-contribuinte, o que lhe permite detectar e se insurgir contra desmandos ou arbitrariedades porventura cometidos no exercício da tributação. Inserido, por excelência, no campo constitucional, o dever tributário se relaciona, efetivamente, com o conjunto de princípios e direitos que caracterizam o constitucionalismo moderno.

Nesse sentido, os textos constitucionais, tradicionalmente entendidos como conjunto de normas pertinentes à organização do Estado, evoluíram no sentido de se ocuparem sobremaneira do tema dos direitos fundamentais, pautando-se na busca da construção de sociedades mais democráticas, com maior grau de pluralismo político e social.[17]

---

[16] FAVEIRO, Vítor. *O Estatuto do Contribuinte – A pessoa do contribuinte no Estado Social de Direito*, p. 229.

[17] DERZI, Misabel. *In*: BALEEIRO, Aliomar. *Limitações constitucionais ao poder de tributar*, p. 23.

Nesse conceito contemporâneo de Constituição, eleva-se a primeiro plano a carga axiológica dos textos constitucionais, que representam a jurisdicionalização dos valores e anseios de determinada sociedade organizada em específico contexto histórico.[18]

Por esse motivo, revela-se premente a figura dos princípios jurídicos, cuja definição é complexa, sendo campo de estudo da Teoria Geral do Direito. Todavia, do exame dos estudos doutrinários é possível obter um conceito básico de princípios jurídicos, como preceitos gerais, positivados ou não, que informam o fundamento de determinado ordenamento jurídico, dando-lhe sentido e concretude, o que possibilita a interpretação sistêmica das normas que o compõem.[19]

Os princípios jurídicos são, indubitavelmente, as normas-chave de todo o sistema jurídico, as quais, mediante suas funções integrativa e interpretativa, conferem unidade de sentido e injetam carga valorativa à ordem jurídica, conforme registra Paulo Bonavides:

> A proclamação da normatividade dos princípios em novas formulas conceituais e os arestos das Cortes Supremas no constitucionalismo contemporâneo corroboram essa tendência irresistível que conduz à valoração e eficácia dos princípios como normas-chave de todo o sistema jurídico; normas das quais se retirou o conteúdo inócuo de programaticidade, mediante o qual se costumava neutralizar a eficácia das Constituições em seus valores referenciais, em seus objetivos básicos, em seus princípios cardeais.
>
> [...].
>
> A importância vital que os princípios assumem para os ordenamentos jurídicos se torna cada vez mais evidente, sobretudo se lhes examinarmos a função e presença no corpo das Constituições contemporâneas, onde aparecem como os pontos axiológicos de mais alto destaque e prestígio com que fundamentar na Hermenêutica dos tribunais a legitimidade dos preceitos da ordem constitucional.[20]

---

[18] Sobre a carga axiológica da Constituição brasileira de 1988, cite-se Gisele Cittadino: "A marca da 'linguagem comunitária' atravessa todo o texto constitucional. Como vimos, ela já se evidencia no preâmbulo da Constituição Federal, que identifica 'os direitos sociais e individuais, a liberdade, a segurança, o bem-estar, o desenvolvimento, a igualdade e a justiça como os valores supremos de uma sociedade fraterna, pluralista e sem preconceitos, fundada na harmonia social [...]'. Se o preâmbulo da Constituição define os 'valores supremos' da Nação, o Título I (Dos Princípios Fundamentais) se encarrega de positivá-los, na medida em que o art. 1º, III, fixa a dignidade da pessoa humana como um dos fundamentos do Estado brasileiro, enquanto Estado Democrático de Direito". (*Pluralismo, direito e justiça distributiva*, p. 44).

[19] Neste ponto, impõe-se citar as mais que clássicas lições de Celso Antônio Bandeira de Mello, que, com a acuidade que lhe é peculiar, define princípio jurídico como sendo "mandamento nuclear de um sistema, verdadeiro alicerce dele, disposição fundamental que se irradia sobre diferentes normas compondo-lhes o espírito e servindo de critério para sua exata compreensão e inteligência, exatamente por definir a lógica e racionalidade do sistema normativo, no que lhe confere a tônica e lhe dá sentido harmônico" (*Ato Administrativo e direito dos administrados*, p. 87-88).

[20] BONAVIDES, Paulo. *Curso de direito constitucional*, p. 257-258.

Assim, os textos constitucionais contemporâneos apresentam um rol de princípios que exteriorizam valores reconhecidos pela sociedade organizada, direcionando o Estado na busca da sua efetivação concreta.

Os princípios constitucionais se relacionam intimamente com os deveres fundamentais, atuando na formação de sua compreensão. Como visto, os princípios trabalham na formatação do Estado Constitucional, veiculando os valores e os objetivos que dão concretude ao ordenamento. Nesse sentido, os deveres constitucionais são expressão de valores afirmados pelos princípios constitucionais.

De outro lado, existe um condicionamento recíproco entre os princípios constitucionais e os deveres fundamentais. No que se refere aos deveres, estes são fortemente condicionados ou limitados pelos princípios constitucionais. Exemplo marcante é o próprio dever fundamental de recolher tributos, que somente se apresenta válido se estruturado de maneira a respeitar e afirmar os princípios constitucionais tributários, que se constituem em verdadeiros limites à atividade fiscal. A exigência do seu cumprimento, por exemplo, somente ser efetivada em face de quem disponha de capacidade contributiva, sob pena de inconstitucionalidade. Em contrapartida, os deveres fundamentais também condicionam ou limitam os princípios fundamentais. Ainda no campo da tributação, o dever de recolher tributos, inegavelmente, condiciona e limita o princípio do respeito à propriedade privada, uma vez que determina a vinculação de uma parcela da propriedade e dos rendimentos dos cidadãos ao sustento dos gastos públicos e à consecução dos objetivos a que está adstrito o Estado.

Os deveres constitucionais, ao exteriorizarem esses valores, apresentam mandamentos aos entes políticos, requerendo (expressa ou implicitamente) a edição de normas jurídicas que lhe deem eficácia e se vinculem ao seu cumprimento.

Francisco García Dorado ressalta a função mandamental dos deveres constitucionais de impor aos entes estatais a "obrigação" de efetivar normativamente o seu comando:

> Por tanto, lo que implica necesariamente cada deber constitucional es un mandato al legislador, una vinculación a los poderes públicos para la creación de estas obligaciones que hagan totalmente eficaces estos deberes. Pero también, el mandato de estas obligaciones habrá de establecerse con las condiciones y límites que exige la Constitución. Y es que, lo que aportan los deberes constitucionales "no es tanto la expectativa de comportamientos privados como una expectativa de actuación por parte de los poderes públicos". Puede afirmase, por consiguiente que, mediante la proclamación de estos deberes, lo que en realidad se opera es una legitimación para la intervención

del poder público en determinadas relaciones sociales o en ciertos ámbitos de la autonomía personal.²¹

Os dois paradigmas de dever fundamental, presentes tradicionalmente na generalidade dos textos constitucionais, o dever de recolher tributos e o dever de defesa da pátria, denotam exatamente essa carga valorativa.

Em ambos os casos, têm-se "ônus" impostos aos cidadãos, decorrentes da organização social e da estruturação do Estado. São construções do Estado Liberal, relacionando-se não só com a própria existência do Estado, mas, também, com a delimitação da liberdade e da propriedade, que, de certa forma, resumiam os direitos fundamentais dessa época.²²

Entretanto, esses deveres, em especial o de recolher tributos, têm feição valorativa específica no Estado Democrático de Direito. Numa análise preliminar, são exigências pertinentes ao bem-estar da sociedade democrática, de acordo com a concepção de que o homem não é um indivíduo isolado, mas, sim, uma pessoa inserida na estrutura social e de quem pode e devem ser exigidas contraprestações sociais. Se o Estado moderno tem, de um lado, a função precípua de prever, proteger e efetivar os direitos fundamentais dos cidadãos, de outro, tem o direito de lhes imputar certos deveres, decorrentes da responsabilidade social de cada um.

Os deveres fundamentais, portanto, são normas veiculadoras de deveres jurídicos do homem e do cidadão, decorrentes de sua posição na estrutura social e do papel que desempenha nela. Albergam em seu conteúdo normativo valores que são imprescindíveis à comunidade, que, por isso, pode exigir de cada indivíduo o seu cumprimento.²³

1.2. Da relação entre deveres e direitos fundamentais

O estudo dos deveres fundamentais, tendo em vista o seu tratamento tanto doutrinário como normativo, passa obrigatoriamente pela análise de sua relação com os direitos fundamentais.

---

²¹ DORADO, Francisco García. *Prohibición constitucional de confiscatoriedad y deber de tributación*, p. 34. Ao contrário de Francisco García Dorado, entendemos que os deveres constitucionais, a par de imporem aos entes estatais o dever de editar normas jurídicas que lhes dê eficácia para a criação de obrigações jurídicas, visam a influir diretamente nos comportamentos dos indivíduos, conforme será mais bem desenvolvido no curso do Trabalho.

²² NABAIS, José Casalta. *O dever fundamental de pagar impostos*, p. 48.

²³ Idem, p. 64.

Entretanto, este estudo tem-se direcionado em diversas ocasiões para a concepção que insere e esgota o tema dos deveres fundamentais na temática dos direitos fundamentais, negando-lhe qualquer autonomia dogmática.[24]

Casalta Nabais,[25] ao abordar a questão, afirma que o seu tratamento, efetivamente, tem desaguado em duas perspectivas opostas, a saber: a) a que integra e esgota o estudo dos deveres constitucionais na temática dos direitos fundamentais; e b) a que o concebe como mera expressão da soberania do Estado.

A primeira concepção, inserida nas teorias liberais relativas ao homem, à sociedade e ao Estado, tem como fundamento uma abordagem excessiva do chamado "princípio da repartição", ou "princípio da distribuição".

O referido princípio, fundamental na teoria do Estado Liberal, cuja base se encontra na obra de Carl Schmitt, entende que a liberdade do indivíduo é um dado anterior à formação do Estado. Em assim sendo, é, em sua origem, ilimitada. A partir da construção do Estado, não se negaria a sua limitação, pelas regras do direito, em prol da organização da vida em sociedade. Todavia, os próprios poderes estatais seriam limitados ao regulamentar a liberdade do indivíduo.

Exatamente para limitar a discricionariedade estatal na delimitação da autonomia individual, o constitucionalismo é marcado pela previsão de uma série de direitos fundamentais. Esses direitos teriam primazia constitucional, o que relegaria os deveres fundamentais a serem mera decorrências destes; ou seja, um simples "outro lado da moeda". Não haveria autonomia alguma para os deveres fundamentais, que gravitariam no campo dos direitos fundamentais, funcionando como linha fronteiriça destes.

O que argumenta Casalta Nabais, com propriedade, é que o princípio da repartição é inerente ao Estado de Direito, mas não pode ser radicalizado no sentido de somente se enxergar o indivíduo como um receptáculo de direitos, relegando seus deveres para com a sociedade em que vive a segundo plano.[26]

O indivíduo não deve ser compreendido isoladamente, mas, sim, como ser inserido socialmente, ao qual incumbem deveres decorrentes da solidariedade social que lhe é imposta. Ou seja, os direitos fundamentais não são limitados tão somente em uma perspectiva subjetiva

---

[24] NABAIS, José Casalta. *O dever fundamental de pagar impostos*, p. 21.

[25] Idem, p. 28.

[26] idem, p. 30.

pela órbita de liberdade do outro, mas também, e em muitos casos principalmente, pelas exigências sociais e de ordem pública decorrentes do fato de se estar inserido numa sociedade democrática. Essas exigências não se exaurem na problemática dos limites aos direitos do indivíduo, mas dão suporte e autonomia aos direitos fundamentais.

Sobre a segunda teoria, Casalta Nabais é ainda mais peremptório ao dispor sobre sua equivocidade. Essa concepção se baseia na soberania do Estado como um polo aglutinador e absorvente dos próprios direitos fundamentais (como exemplo cita a teoria marxista-leninista).

Assim, estar-se-ia passando de um extremo, em que se coloca o tema dos direitos fundamentais em total primazia, relegando os deveres ao ostracismo, para outro, em que os deveres estariam em primeiro plano, sendo os direitos meros reflexos deles.

Nessa perspectiva, o Estado estaria num patamar de total proeminência, anulando-se quase por completo o lugar do indivíduo como pessoa e sujeito de direitos. Os direitos fundamentais estariam, nesse sentido, tão somente nas bordas deixadas pelos deveres. Então, em vez de os deveres constitucionais se constituírem em matéria dos direitos fundamentais, estes é que seriam matéria daqueles. Os deveres seriam uma projeção da organização política e econômica do Estado, tendo como meros reflexos os direitos fundamentais. Essa concepção seria pertinente a Estados totalitários ao estatuir um total primado dos deveres, com a eliminação na prática dos direitos, que se converteriam em simples funções.[27]

Robert Alexy, em sua obra clássica sobre os direitos fundamentais, aborda a questão da restringibilidade dos direitos fundamentais, para a qual identifica duas teorias opostas que lhe servem como fundamento.[28]

A "teoria externa" parte do conceito de que a restringibilidade de um direito supõe a existência de duas realidades: o direito e suas restrições. Entre elas se dá uma relação específica, determinada exatamente pela restrição. Primeiramente, existiria o direito em si, não restrito e, num segundo momento, o que restou desse direito após a incidência das restrições, ou seja, o direito efetivo. Nesta teoria, apesar de se reconhecer que nos ordenamentos jurídicos os direitos se apresentam, primordialmente, de forma restrita, conceber-se-iam direitos sem restrições. Dessa forma, não existiria nenhuma relação necessária

---

[27] NABAIS, José Casalta. *O dever fundamental de pagar impostos*, p. 35.
[28] ALEXY, Robert. *Teoría de los derechos fundamentales*, p. 267-321.

entre o conceito de direito e o de restrição. A restrição seria algo externo ao direito, criada tão somente para compatibilizar os direitos dos diferentes indivíduos e, também, os direitos individuais e coletivos.[29]

A "teoria interna" parte de um pressuposto totalmente diferente, o de que não existem duas realidades – o direito e suas restrições – mas somente uma: o direito com determinado conteúdo. O conceito de restrição é, nesse sentido, substituído pelo de limite. A dúvida a respeito dos limites do direito não seria sobre se o direito deve ou não ser limitado, mas, sim, sobre qual seria o seu conteúdo.[30]

Para Alexy, no modelo dos princípios o discurso sobre a restringibilidade dos direitos fundamentais é correta. As restrições de direitos fundamentais prendem-se a normas que limitam a realização de princípios fundamentais. Essas normas, princípios ou regras (autorizadas pela Constituição) restringem um direito fundamental quando com sua vigência em lugar de uma liberdade fundamental *prima facie* ou de um direito fundamental *prima facie* aparece uma não liberdade definitiva ou um não direito definitivo de igual conteúdo.[31]

De acordo com a terminologia de Alexy, seriam restringíveis os bens fundamentalmente protegidos (liberdades, situações ou posições de direito) e as posições *prima facie* concedidas por princípios fundamentais. Entre os dois objetos restringíveis existiriam estreitas relações. Como os princípios fundamentais exigem uma proteção mais ampla possível da liberdade geral de ação, da integridade física e do direito de liberdade, uma restrição a um bem protegido seria sempre, também, uma restrição de uma posição *prima facie* concedida por um princípio de direito fundamental.[32]

Sendo os direitos fundamentais passíveis de restrição, somente são competentes para isso normas expressamente constitucionais ou normas de nível hierárquico inferior, mas que tenham essa prerrogativa por força de expressa autorização constitucional. Nesse segundo caso, necessariamente, haverá uma norma constitucional de competência que autorize o legislador a impor restrições a direitos funda-

---

[29] ALEXY, Robert. *Teoría de los derechos fundamentales*, p. 268.

[30] Idem, p. 270.

[31] Alexy apresenta o seguinte exemplo sobre essa posição: "Enquanto não houver uma norma segundo a qual os motociclistas têm que usar capacete, o indivíduo titular do direito fundamental, em virtude do princípio geral de ação, tem uma liberdade fundamental *prima facie* de usar ou não usar como motociclista um capacete. A regra que obriga os motociclistas a usar um capacete protetor é uma restrição de um direito fundamental, porque, em virtude de sua vigência, em lugar da liberdade *prima facie* aparece aquela não-liberdade definitiva de igual conteúdo." (Idem, p. 274.)

[32] Idem, p. 272.

mentais. Essas normas constitucionais de competência não constituem por si sós uma restrição, mas tão somente fundamentam a restringibilidade dos direitos fundamentais.

Em nenhum momento existe na teoria de Alexy o tratamento dos deveres constitucionais como uma categoria que, a par de estar interligada aos direitos fundamentais, possui autonomia jurídica. Os deveres constitucionais estariam inseridos nas normas que restringem o alcance dos direitos fundamentais, demarcando seu campo de atuação, constituindo-se tanto como normas constitucionais restritivas dos direitos fundamentais ou como normas constitucionais de competência que autorizam ao legislador instituir certas restrições.

Já Cristina Pauner Chuvi[33] entende que no âmbito jurídico a relação entre deveres e direitos fundamentais tem se sintetizado na chamada "teoria da correlatividade". Numa leitura sintética, esta teoria decorre do entendimento de que a expressão *ter um direito* significa que outra ou outras pessoas tenham um dever. Compreende-se, assim, que, regra geral, os deveres jurídicos se correspondem com direitos subjetivos de outras pessoas. Por isso, o fato de se omitir ao cumprimento de um dever equivale à violação de algum direito conexo.

Ocorre que, em seu entendimento, no caso dos deveres constitucionais não é aplicável a teoria da correlatividade. Os deveres fundamentais previstos constitucionalmente são instituídos sem que haja direitos subjetivos correlatos. Assim, a autora entende que os deveres que as Constituições impõem aos cidadãos para o cumprimento de determinados fins que consideram relevantes para a sociedade não são vinculados a direito subjetivo que permita a outro sujeito exigir seu cumprimento.[34] Não nega, contudo a existência de uma correlação necessária entre os deveres e os direitos estabelecidos na Constituição. A autonomia dos deveres fundamentais perante os direitos fundamentais não significa total desvinculação dessas figuras, já que os primeiros gravitam forçosamente em torno dos segundos, já que ambas as categorias identificam o estatuto constitucional do indivíduo no Estado Democrático de Direito.

Mas, por exemplo, no caso do dever constitucional de recolher tributos, se o contribuinte não cumpre o seu dever de recolher determinado tributo, o ente estatal competente não seria o sujeito legitimado a exigir seu cumprimento?

---

[33] CHUVI, Cristina Pauner. *El deber constitucional de contribuir al sostenimiento de los gastos públicos*, p. 34.

[34] Idem, ibidem.

Nesse ponto, Cristina Pauner Chuvi defende que o que há é uma correlação entre os deveres constitucionais e os órgãos estatais que atuam em garantia do efetivo cumprimento daqueles deveres.[35] Nesse ponto, faz-se uma diferenciação entre o que chama "direito subjetivo individual" e o poder estatal de exigir o cumprimento do dever constitucional. Assim, entende que no caso de descumprimento de um dever constitucional por parte do sujeito obrigado a isso não haveria a possibilidade de que outro indivíduo exija seu cumprimento, uma vez que não é competente para tanto. No caso de descumprimento de um dever constitucional, haverá, sim, a vulneração dos bens jurídicos que se encontram protegidos por este (no caso do dever de contribuir haveria a lesão do interesse comum, em que se supõe que a repartição da carga tributária se realize de modo equitativo e geral para todos os cidadãos), mas isso, por si só, não daria legitimidade para que um cidadão ou grupo de cidadãos exigisse do contribuinte omisso o cumprimento do seu dever. Essa exigência só seria viabilizada pelo exercício do poder estatal, que pode exigir do sujeito infrator o cumprimento do seu dever constitucional.

Esse entendimento se encontra em consonância com o exarado anteriormente pela mesma jurista, que diferencia dever de obrigação, uma vez que no primeiro não se teria um sujeito *prima facie* competente para exigir seu cumprimento. No caso do dever, somente após o órgão estatal constitucionalmente competente instituí-lo concretamente é que poderia surgir a obrigação decorrente, cujo cumprimento somente pode ser exigido pelo Estado, por intermédio de seus órgãos funcionais.

A par das diferentes concepções sobre o tema, a correlação entre direitos e deveres fundamentais é inegável. Contudo, o fato de haver essa ligação intrínseca não importa que os deveres constitucionais não se constituam em uma categoria jurídica individualizada, dotada de características e efeitos que os diferenciem dos direitos fundamentais.

É equivocado o tratamento dado ao tema, em que se dá total primazia aos direitos fundamentais, o que, em muitos casos, se radicaliza a ponto de englobar o tema dos deveres fundamentais como mero subitem de seu estudo. O reconhecimento da autonomia dos deveres fundamentais e da sua correlação lógica com os direitos fundamentais é imprescindível, principalmente no Estado Democrático de Direito,

---

[35] CHUVI, Cristina Pauner. *El deber constitucional de contribuir al sostenimiento de los gastos públicos*, p. 35.

em que uma nova concepção dos deveres do homem como elemento social se impõe.

Preliminarmente, portanto, ressalte-se a autonomia jurídica dos deveres fundamentais, com o afastamento da concepção que os aborda, única e exclusivamente, como "restrições" ou "limites" dos direitos fundamentais. Pertinentes, neste ponto, as colocações de J. J. Gomes Canotilho:

> Os deveres fundamentais reconduzem-se a normas jurídico-constitucionais autônomas que podem até relacionar-se com o âmbito normativo de vários direitos. Mesmo quando alguns deveres fundamentais estão conexos com direitos – dever de defesa do ambiente, dever de educação dos filhos – não se pode dizer que estes deveres constituem "restrições" ou "limites imanentes" dos direitos com ele conexos. O dever de defesa do ambiente não é uma "restrição do direito ao ambiente", o dever de educação dos filhos não é um "limite imanente" do direito de educação dos pais. Se isso fosse assim, os deveres fundamentais deixariam de ser uma categoria constitucional autônoma.[36]

Como normas que veiculam valores albergados pelo texto constitucional, com uma função própria e de relevo na organização do Estado e da sociedade, os deveres fundamentais constituem categoria constitucional própria, intensamente relacionada com os direitos fundamentais, mas a estes não reduzidos, conforme leciona, com propriedade, Casalta Nabais:

> Deste modo, os deveres fundamentais constituem uma categoria constitucional própria, expressão imediata e directa de valores e interesses comunitários diferentes e contrapostos aos valores e interesses individuais consubstanciados na figura dos direitos fundamentais. O que não impede, e embora isto pareça paradoxal, que os deveres fundamentais ainda integrem a matéria dos direitos fundamentais, pois que, constituindo eles a activação e mobilização constitucionais das liberdades e patrimônios dos titulares dos direitos fundamentais para a realização do bem comum ou do interesse público (primário), se apresentam, em certa medida, como um conceito correlativo, contraste, delimitador do conceito de direitos fundamentais. Conceito esse que, não obstante não se configurar como o contrapolo ou os antípodas dos direitos fundamentais, também não está orientado para a definição do estatuto constitucional do indivíduo e, conseqüentemente, da posição proeminente que nele ocupam os seus direitos ou *status* activi.[37]

A correta fixação da relação entre deveres e direitos fundamentais é importante também para afastar a concepção que fundamenta o dever constitucional exclusivamente no poder sancionador do Estado, apontando uma confrontação explícita entre a sociedade civil e o Estado. Para essa linha de entendimento, a Constituição é, essencial-

---

[36] CANOTILHO, J. J. Gomes. *Direito constitucional e teoria da Constituição*, p. 529.

[37] NABAIS, José Casalta. *O dever fundamental de pagar impostos*, p. 38.

mente, uma norma relativa à organização do Estado e do Poder Público, considerados como fenômenos estanques e separados das relações sociais. O fundamento do dever constitucional seria unicamente o poder sancionador do Estado, o qual teria a função de tornar efetivas as condutas privadas previstas legalmente.[38]

Essa concepção, de fundo claramente autoritário e positivista, já havia sido combatida e superada pelas chamadas "teorias contratualistas do direito". A escola contratualista clássica (Puffendorf, Hobbes, Locke e Rosseau) situa os deveres fundamentais na própria origem do sistema político moderno, surgindo do pacto social, de que decorrem deveres tanto para os poderes públicos quanto para os cidadãos.

Assim, o cidadão se sujeitaria aos deveres fundamentais por vontade própria, exteriorizada no momento de formação do Estado e da limitação de sua liberdade natural. Essa autolimitação da liberdade se dá em troca da segurança geral, da salvaguarda e do desenvolvimento da vida social e da proteção dos direitos da pessoa humana. Com tais finalidades, os homens se unem em sociedade e se submetem ao poder estatal, sendo os deveres fundamentais o "ônus" da vida em sociedade.[39]

Sobre o "contrato social" como fundamento do deveres fundamentais, manifesta-se Juan Manuel Pérez Bermejo:

> Ahora bien, siendo como son los hombres libres por derecho natural, sólo mediante un acto de libre disposición de los mismos pueden quedar supeditados a una autoridad externa; este acto de libre disposición queda consignado en el contrato original, sello del tránsito a la sociedad civil, justo título de la autoridad política y fundamento de las obligaciones de los ciudadanos hacia sus autoridades.[40]

A teoria contratualista, de inegável importância histórica e referencial da formação do Estado Moderno, não mais basta para funda-

---

[38] CHULVI, Cristina Pauner. *El deber constitucional de contribuir al sostenimiento de los gastos públicos*, p. 54.

[39] "A passagem do estado de natureza para o estado civil determina no homem uma mudança muito notável, substituindo na sua conduta o instinto pela justiça e dando às suas ações a moralidade que antes lhes faltava. É só então que, tomando a voz do dever o lugar do impulso físico, e o direito o lugar do apetite, o homem, até aí levando em consideração apenas a sua pessoa, vê-se forçado a agir baseando-se em outros princípios e a consultar a razão antes de ouvir suas inclinações. Embora nesse estado se prive de muitas vantagens que frui da natureza, ganha outras de igual monta: suas faculdades se exerce e se desenvolvem, suas ideias se alargam, seus sentimentos se enobrecem, toda a sua alma se eleva a tal ponto, que, se os abusos dessa nova condição não o degradassem frequentemente a uma condição inferior àquela donde saiu, deveria sem cessar bendizer o instante feliz que dela o arrancou para sempre e fez, de um animal estúpido e limitado, um ser inteligente e um homem. (ROSSEAU, Jean-Jacques. *O Contrato Social*. São Paulo: Nova Cultural, 1996, p. 77 – Os Pensadores).

[40] BERMEJO, Juan Manuel Pérez. *Contrato social y obediência al derecho en el pensamiento de John Rawls*, p. 23.

mentar a teoria dos deveres fundamentais no Estado Democrático de Direito.

Os deveres fundamentais se relacionam com os direitos fundamentais, uma vez que ambos constituem o estatuto constitucional do indivíduo. Superada a concepção individualista da cidadania, impõe-se o reconhecimento do dever de solidariedade social do cidadão. Sua subordinação aos deveres fundamentais não se dá mais como um "ônus" da vida social, mas sim como decorrência imediata de sua posição social e que se encontra vinculada a valores como o respeito à dignidade humana e a solidariedade social.[41] Não só o Estado tem uma posição ativa no Estado Social, com o dever de combater as desigualdades sociais e propiciar a cada cidadão a possibilidade de desenvolver as suas potencialidades, mas também o conjunto dos cidadãos, principalmente os mais bem aquinhoados socialmente, tem de participar na busca desses objetivos.

Sobre a relação entre deveres e direitos tributários, disserta Vítor Faveiro:[42]

> Na construção clássica da fiscalidade soberano-financeira da ciência, da técnica e da estrutura fiscal, a ordem tributária assentava em uma concepção unilateral de direitos do Estado e de meras garantias concedidas ao contribuinte; enquanto que na concepção e estrutura sócio-personalista é do dever-direito do contribuinte-pessoa que tudo parte, e de que depende o direito-dever do Estado. E isto porque se na ordem jurídica tributária o que aparece em termos ostensivos é o direito-dever do Estado, tal ostentação tem origem e dependência causal no dever-direito da pessoa, contribuinte nato.
>
> Daí o nivelamento de posições que por sua natureza devem ser havidas e tratadas como convergentes e unitárias, e não como divergentes e opostas. E é nessa conjunção de deveres-direitos e de direitos-deveres, que, vista pelo lado do contribuinte uma instituição vem sendo considerada e tratada pelo do Estado, se consubstancia o "status" de contribuinte – seu elemento original e fulcral – e que, por isso, se pode e deve expressar e tratar em termos de um verdadeiro estatuto; que emerge da sua qualidade de pessoa e que decorre da sua situação de cidadão; e que, assim deve reger, em termos indissociáveis, toda a esfera pessoal e individual do mesmo cidadão, no plano tributário em que tem de viver e se realizar.

---

[41] "Daí resulta a percepção de que a ideia de direitos fundamentais, na ótica do constitucionalismo comunitário, impõe a contrapartida de deveres fundamentais, tanto deveres fundamentais autônomos e primariamente ditados pela Constituição e pelas leis de implementação constitucional (a exemplo do dever genérico de pagar tributo, voto obrigatório, da prestação do serviço militar etc., emergentes, respectivamente, dos arts.145 e segs., 14, parágrafo primeiro, e 143 da Carta Política de 1988), quanto deveres fundamentais associados a direitos fundamentais, como por exemplo o dever dos pais de assistir globalmente aos filhos, que corresponde ao direito dos filhos à assistência de ambos os genitores no âmbito da família, segundo o disposto nos arts. 226, § 5º, e 227 da Constituição da República". (CASTRO, Carlos Roberto Siqueira. *A Constituição aberta e os direitos fundamentais*, p. 43.)

[42] FAVEIRO, Vítor. *O Estatuto do Contribuinte – A pessoa do contribuinte no Estado Social de Direito*, p. 826.

A partir da formatação do Estado Social, o catálogo de direitos e deveres fundamentais se ampliou e, consequentemente, impingiram-se novas obrigações, tanto para o Estado quanto para os cidadãos. O Estado, vinculado aos princípios sociais e de solidariedade, tem, a partir desse momento, de assumir e cumprir certos deveres e direcionar suas ações para o cumprimento de fins determinados constitucionalmente. Para isso, são previstos deveres que obrigam os integrantes do corpo social a contribuir para que o Estado possua recursos financeiros para cumprir as funções positivas necessárias à efetivação dos direitos sociais.

A função do Estado nas modernas democracias constitucionais é ressaltada por Maria Isabel Pereira da Costa:[43]

> O Direito não pode ser autônomo, desvinculado da concretização dos direitos fundamentais, individuais ou sociais. É importante respeitar as imposições negativas, mas não é menos importante cumprir os deveres positivos, para que o Estado seja um instrumento efetivo da mediação das contradições e lutas sociais, do modo de produção e distribuição das riquezas e bens da vida de uma coletividade orientada para construir um Estado Democrático de Direito.

Os deveres fundamentais do Estado Liberal se resumiam, basicamente, aos deveres de defesa da pátria e de pagar impostos, que estavam vinculados à existência e ao funcionamento do Estado. Já no Estado Democrático de Direito surgem os deveres de índoles social, econômica, cultural e ambiental, que denotam claramente a responsabilidade do cidadão como pessoa engajada na construção de uma sociedade que atenda aos anseios e valores consagrados no texto constitucional.

Mesmo os deveres clássicos têm nova leitura no Estado Democrático de Direito, não são concebidos mais como limites ou restrições dos direitos fundamentais. Pelo contrário, integrando o estatuto constitucional do cidadão, os deveres fundamentais funcionam como instrumentos de viabilização de sua efetivação. Por exemplo, é mediante o dever de pagar tributos que os cidadãos contribuem, segundo sua capacidade contributiva, para que o Estado possa exercer sua posição ativa de garantidor e catalisador dos direitos fundamentais, principalmente os direitos sociais.

Sendo os deveres fundamentais uma criação do Estado, que possui, indiscutivelmente, limites à sua instituição (no caso, evidentemente, dos Estados de Direito), estes funcionam como barreira à intervenção estatal no estatuto constitucional dos indivíduos. Estando os cidadãos vinculados tão somente àqueles deveres fundamentais

---

[43] COSTA, Maria Isabel Pereira da. *Jurisdição Constitucional no Estado Democrático de Direito*, p. 41.

reconhecidos e consagrados no texto constitucional (ou dele logicamente decorrentes), impede-se que o Poder Público utilize a criação de deveres fundamentais como forma de barrar a efetividade desses direitos fundamentais.

Mesmo os deveres fundamentais previstos constitucionalmente devem ser concretizados normativamente e exigidos consoante determinam os princípios constitucionais. Inegável que os deveres constitucionais são conformados e limitados pelos princípios fundamentais, que, efetivamente, dão inteligência e eficácia às demais normas do ordenamento jurídico. Por exemplo, o dever fundamental de recolher tributo só poder ser validamente instituído e exigido pelos se respeitados os princípios constitucionais tributários (igualdade, legalidade, anterioridade, irretroatividade, capacidade contributiva e não confisco, dentre outros) que constituem efetivos limites ao poder de tributar.

Se de um lado, não se compactua com uma concepção radicalizada dos direitos individuais, de outro, muito menos se concebe uma visão ilimitada dos deveres fundamentais.

Neste ponto, chama a atenção o fato de que, com relação aos deveres fundamentais, geralmente, não está previsto nos textos constitucionais nenhuma cláusula que permita a "abertura" do catálogo de deveres fundamentais, o que ocorre normalmente com os direitos fundamentais.[44]

No caso do texto constitucional brasileiro, o § 2º do art. 5º é expresso quanto ao fato de serem *numerus apertus* os direitos fundamentais previstos na Constituição Federal.[45] Os deveres fundamentais, entretanto, por sua própria natureza, são previstos de maneira exaustiva e limitada pelos textos constitucionais.

A inexistência de uma "cláusula aberta" referente aos deveres fundamentais justifica-se, uma vez que, apesar de estes estarem fundados em objetivos e valores constitucionais, inegavelmente operam

---

[44] Comentando sobre a Constituição portuguesa, disserta Canotilho: "A constituição não fornece qualquer abertura, ao contrário do que sucede aos direitos (art. 16º/1), para a existência de deveres fundamentais extraconstitucionais. Em princípio, não existe uma cláusula aberta para a admissibilidade de deveres materialmente fundamentais, mas, também aqui, se podem admitir deveres legais fundamentais (dever de registro, dever de colaborar na administração da justiça). No entanto, como a criação *ex lege* de deveres fundamentais implica, muitas vezes, uma restrição da esfera jurídica dos cidadãos, impõe-se um regime particularmente cauteloso semelhante ao das leis restritivas de direitos, liberdades e garantias." (CANOTILHO, J. J. Gomes. *Direito constitucional e teoria da Constituição*, p. 528).

[45] "§ 2º Os direitos e garantias expressos nesta Constituição não excluem outros decorrentes do regime e dos princípios por ela adotados, ou dos tratados internacionais em que a República Federativa do Brasil seja parte".

restrições às esferas de liberdade e autonomia do cidadão, de maneira que sua previsão deve-se dar de forma positivada. E, mais, por meio de processo legislativo que lhe outorgue um grau de legitimidade e aceitação social que subsidie sua eficácia social.

Em síntese, os deveres fundamentais compõem o estatuto do cidadão, juntamente com os direitos fundamentais, sendo que no Estado Democrático de Direito há intrínseca relação entre deveres e direitos fundamentais, uma vez que não há como assegurar a efetividade dos direitos fundamentais sem o cumprimento dos deveres consagrados constitucionalmente. E não há mais como se conceber um Estado baseado num regime unilateral de deveres.

1.3. Conceito e eficácia jurídica dos deveres fundamentais

Demonstrado que, apesar de sua relação com os direitos fundamentais, os deveres constitucionais possuem autonomia jurídica, cabe a análise de seu conceito e de sua eficácia jurídica. Para tanto, busca-se auxílio em Casalta Nabais:

> Nestes termos, podemos definir os deveres fundamentais como deveres jurídicos do homem e do cidadão que, por determinarem a posição fundamental do indivíduo, têm especial significado para a comunidade e podem por esta ser exigidos.[46]

Para Casalta Nabais, os deveres fundamentais se traduzem em posições jurídicas passivas, uma vez que exprimem a situação de dependência dos indivíduos em face do Estado, revelando o lado passivo da relação jurídica fundamental entre os indivíduos e o Estado ou a comunidade. Situação oposta à dos direitos fundamentais, que, traduzindo uma situação de prevalência do cidadão perante o Estado, revela o lado ativo da mesma relação.[47]

De outro lado, os deveres fundamentais são, essencialmente, vinculados aos indivíduos, ou pessoas humanas. O fato de pessoas coletivas também serem destinatárias de deveres fundamentais não contradiz esse fato, uma vez que estas são instrumentos de afirmação e realização da pessoa humana, sendo que por detrás das pessoas jurídicas estão indivíduos, cuja efetivação de seus direitos fundamentais decorre necessariamente da existência e do funcionamento da comunidade social, viabilizada pela observância dos deveres fundamentais.

---

[46] NABAIS, José Casalta. *O dever fundamental de pagar impostos*, p. 64.

[47] Idem, p. 65.

Ressalte-se, por fim, nesta sintética digressão a respeito do conceito dado pelo jurista português, que os direitos fundamentais constituem posições universais e permanentes. E como encargos exigidos em prol da comunidade social, os deveres fundamentais valem relativamente a todos os indivíduos, vinculando-se ao princípio da universalidade, sendo vedadas discriminações infundadas a respeitos deles, sob pena de violação também do princípio da igualdade.

Em outras palavras, os deveres fundamentais compõem o estatuto constitucional do cidadão, decorrente do seu dever de solidariedade e colaboração como ser integrado em uma comunidade social. Fundamentados em valores consagrados constitucionalmente e que centram no respeito da dignidade humana o objetivo maior do Estado, os deveres fundamentais se impõem à generalidade dos cidadãos não como encargos, mas como instrumentos de efetivação dos direitos fundamentais, na concepção do Estado Democrático de Direito.

A discussão da efetividade jurídica dos deveres fundamentais está centrada no fato de que estes, regra geral, necessitam de concretização legislativa para que possam dar ensejo ao surgimento de obrigações jurídicas individualizadas.

Realmente, neste ponto, mais uma vez, os deveres fundamentais se diferenciam dos direitos fundamentais. Os direitos fundamentais, por natureza, são diretamente aplicáveis, criando, desde o seu surgimento, um direito subjetivo agregado ao patrimônio jurídico do cidadão. Os deveres constitucionais, por sua vez, dirigem-se primordialmente ao legislador, a fim que de que este os concretize, o que é feito de maneira relativamente discricionária, respeitando sempre, é claro, os limites e princípios constitucionais. Mesmo os deveres constitucionais que estão bem desenvolvidos no texto constitucional, configurando mesmo um tipo obrigacional, dependerão da atividade do legislador infraconstitucional, nem que seja para editar a norma legal que traga a sanção para o caso de seu descumprimento.

Essa característica dos deveres fundamentais fez com que surgissem diversos entendimentos sobre sua efetividade. Kelsen defende posição radical de que os deveres previstos na Constituição resultam em elementos juridicamente irrelevantes, haja vista a inexistência de norma jurídica sancionadora de seu descumprimento.[48] Para outros, apesar de não poderem ser classificados como preceitos jurídicos irrelevantes, os deveres constitucionais não constituem deveres jurídicos que comportem uma vinculação imediata e direta, sendo normas autorizadoras da atividade do legislador. Entretanto, em outro sentido,

---

[48] KELSEN, Hans. *Teoria geral do direito e do Estado*, p. 85.

existem doutrinadores que entendem que o comando exteriorizado pelos deveres constitucionais é claro, sendo que, por sua sede constitucional, tem o caráter de verdadeira prestação exigível decorrente do respeito ao seu mandamento e à Constituição.[49]

De plano, há que se afastar a classificação dos deveres constitucionais como normas irrelevantes: primeiro, porque todas as normas constitucionais têm eficácia jurídica e são imediatamente aplicáveis nos limites dessa eficácia, como magistralmente demonstrou José Afonso da Silva;[50] e, segundo, porque, sendo os deveres constitucionais normas que albergam em si valores imprescindíveis à vida social e à dignidade da pessoa humana, somente uma visão da norma jurídica como simples objeto de estudo estanque em si mesmo é que pode esvaziar os deveres constitucionais de qualquer conteúdo material.

Modernamente, encontra-se superada a visão das Constituições como meras declarações programáticas ou de princípios, sem força vinculativa, a não ser quando efetivadas pelo legislador. Pelo contrário, o texto constitucional goza de eficácia e força normativas capazes de impelir seu cumprimento. Não se discute mais o caráter normativo do texto constitucional, considerado como norma jurídica suscetível de aplicação por parte dos poderes públicos encarregados da aplicação do Direito e de observância pelos seus diversos destinatários. Afasta-se, assim, a concepção de que diversos princípios seriam meramente programáticos, pelo que não vinculariam seus destinatários constitucionais.

Entretanto, é fato que a Constituição apresenta preceitos de concretude normativa plena e aplicabilidade imediata – exemplo claro são as normas que reconhecem direitos fundamentais – ao lado de normas de caráter mais genérico e de natureza jurídica diferente, que exigem maior ou menor grau de atividade do legislador para que produzam uma eficácia material – desta natureza são as normas que reconhecem princípios e valores constitucionais.

Mas a existência de normas constitucionais com características distintas quanto à necessidade de atuação do legislador não permite que se classifiquem algumas delas como destituídas de eficácia, conforme demonstra José Afonso da Silva:

> Temos que partir, aqui, daquela premissa já tantas vezes enunciada: não há norma constitucional alguma destituída de eficácia. Todas elas irradiam efeitos jurídicos, importando sempre uma inovação na ordem jurídica preexistente à entrada em vigor da constituição a que aderem e a nova ordenação instaurada. O que se pode admitir é

---

[49] Sobre as diferentes teorias a respeito da eficácia jurídica dos deveres fundamentar, ver: DORADO, Francisco García. *Prohibición constitucional de confiscatoriedad y deber de tributación*, p. 33.

[50] SILVA, José Afonso da. *Aplicabilidade das normas constitucionais*, p. 261.

que a eficácia de certas normas constitucionais não se manifesta na plenitude dos efeitos jurídicos pretendidos pelo constituinte enquanto não se emitir uma normação jurídica ordinária ou complementar executória, prevista ou requerida.[51]

Com relação aos deveres fundamentais, estes não têm seu conteúdo concretizado, pelo menos de forma plena, no texto constitucional. É de sua natureza demandar a atuação do legislador para a sua concretização como norma jurídica capaz de provocar o surgimento de efetivas relações jurídicas obrigacionais.

E por que é da natureza dos deveres fundamentais demandar a concretização posterior pelo legislador? Os deveres fundamentais, como já visto, influem diretamente no estatuto constitucional do cidadão. Em certa medida, limitam sua esfera de liberdade, determinando o âmbito de eficácia dos direitos fundamentais. E, em face dessa função, não seria pertinente que o texto constitucional "tipificasse" exaustivamente os deveres constitucionais, engessando sua caracterização e delimitação. Isso porque a pluralidade e a velocidade de transformação, que caracterizam a vida moderna, tornam inviável e, até mesmo perigosa essa formatação única e imutável, ou mais dificilmente modificável (dado o *status* constitucional dos deveres fundamentais). Daí a vinculação de sua concretização ao trabalho do legislador infraconstitucional, que, sempre tendo em vista os limites e os valores e princípios constitucionais, pode, ao instituí-los formalmente, melhor adequá-los à realidade social.

Alguns deveres, dada a sua importância na estruturação do Estado, demandam da Constituição maior desenvolvimento, com a limitação da atividade do legislador na sua efetivação, como o dever de defesa da pátria e o dever de recolher tributos.

Na Constituição brasileira, essa característica do dever fundamental de recolher tributos é patente. O texto constitucional outorga aos entes federados a competência de instituir tributos. E essa instituição se dá na prática mediante a edição de normas jurídicas pelo Legislativo de cada um dos entes competentes, que determinam os pressupostos de fato que dão ensejo ao surgimento da obrigação tributária, os critérios para sua quantificação e as sanções pelo seu descumprimento, dentre outras características cuja regulação é imposta pelos princípios da legalidade e tipicidade. Mas essa atividade legislativa somente é válida se exercida nos estritos parâmetros previstos pela Constituição. Neste ponto, a Constituição brasileira é exaustiva, prevendo limites e princípios constitucionais tributários que vincu-

---

[51] SILVA, José Afonso da. *Aplicabilidade das normas constitucionais*, p. 82.

lam e moldam a atividade tributária, os quais se constituem em verdadeiros direitos dos cidadãos-contribuintes.[52]

Nesse sentido, os deveres fundamentais se enquadram na classificação proposta por José Afonso da Silva como normas constitucionais de eficácia limitada.[53] Essas normas, na doutrina do constitucionalista paulista, apresentam eficácia jurídica nos seguintes termos: a) estabelecem um dever para o legislador ordinário; b) condicionam a legislação futura, com a consequência de serem inconstitucionais as leis ou atos que as ferirem; c) informam a concepção do Estado e da sociedade e inspiram sua ordenação jurídica, mediante a atribuição de fins sociais, proteção de valores da justiça social e revelação dos componentes do bem comum; d) condicionam a atividade discricionária da Administração e do Judiciário; e e) criam situações jurídicas subjetivas, de vantagem ou de desvantagem.[54]

A doutrina destaca a característica dos deveres constitucionais de, efetivamente, vincular o legislador ordinário à tarefa de editar as normas necessárias à sua plena eficácia. Exteriorizando essa característica dos deveres constitucionais, citem-se Cristina Pauner Chulvi[55] e Francisco Garcia Dorado:

> En segundo lugar, la lectura de la teoría de la irrelevancia jurídica de los deberes constitucionales debe someterse a ciertas reservas en el sentido de que, si bien se trata de preceptos cuyo nivel de concreción no les permite dar lugar a exigencias concretas, puede afirmarse que cuando la Constitución impone un deber público individual de forma general sanciona implicitamente una obligación a cargo del legislador ordinario

---

[52] "Indaga-se, amiúde, se o legislador, ao exercitar a competência tributária, encontra limites jurídicos. Parece-nos induvidoso que sim. Um primeiro limite ele encontra na observância das normas constitucionais. O respeito a tais normas é absoluto e sua violação importa em irremissível inconstitucionalidade da lei tributária. De fato, as normas legais têm sua validade vinculada à observância e ao respeito aos limites erigidos pelas normas constitucionais. O legislador encontra outro limite nos grandes princípios constitucionais, estudados na primeira parte deste livro, que também não podem ser violados. É o caso dos princípios republicano, federativo, da autonomia municipal e distrital, da segurança jurídica, da igualdade, da reserva de competência, da anterioridade, etc., que operam como balizas intransponíveis à tributação. Guiam a ação estatal de tributar, que só será válida se observar todos eles. Exemplificando, o tributo só será válido, se for criado por meio de lei; se esta tiver sido editada de acordo com o processo legislativo (constitucionalmente traçado); se esta lei atender ao princípio da igualdade; se esta lei for irretroativa; se esta lei estiver dentro do campo tributário da pessoa política que a editou; se esta lei observar o princípio da anterioridade; e assim avante. Logo, a Constituição limita o exercício da competência tributária, seja de modo direito, mediante preceitos especificamente endereçados à tributação, seja de modo indireto, enquanto disciplina outros direitos, como o de propriedade, o de não sofrer confisco, o de exercer atividade lícitas, o de transitar livremente pelo território nacional, etc. A competência tributária, portanto, já nasce limitada." CARRAZZA, Roque Antonio. *Curso de Direito Constitucional Tributário*. 7. ed. São Paulo: Malheiros, p. 269).

[53] SILVA, José Afonso da. *Aplicabilidade das normas constitucionais*, p. 82.

[54] Idem, p. 164.

[55] CHUVI, Cristina Pauner. *El deber constitucional de contribuir al sostenimiento de los gastos públicos*, p. 52.

que está obligado a desarrollarla en una esfera de amplia discrecionalidad pero sin influir al punto de modificar la esencia del preceto constitucional o desoir el mandato constitucional, incumpliendolo o suprimiendo esa obligación.[56]

Pode-se arguir em que grau seria a eficácia dessas normas constitucionais para obrigar o legislador a atuar para a sua concretização. No que se refere a alguns deveres constitucionais, é inegável a vinculação política e estrutural do legislador. No caso do dever de recolher tributos, a total omissão do legislador na sua obrigação de efetivar o comando constitucional teria por efeito tornar inviável a própria existência do Estado. Com relação ao deveres constitucionais com outras características, a sua não concretização pelo legislador se configuraria em omissões que são sanáveis por instrumentos normalmente previstos nos textos constitucionais. O texto constitucional brasileiro criou instrumentos que visam à eficácia e à aplicabilidade de suas normas, principalmente as pertinentes aos direitos e deveres constitucionais, como o mandado de injunção,[57] a inconstitucionalidade por omissão[58] e o instituto da iniciativa popular.[59]

O dever do legislador em efetivar os deveres fundamentais decorre do próprio sistema constitucional. Como instrumentos necessários à objetivação dos objetivos constitucionais, os deveres constitucionais podem ser entendidos, em parte, como autorizações para legislar. Permitem, nesse sentido, que o legislador disponibilize ao Poder Público os meios legais imprescindíveis para que este possa atuar na busca da efetividade do texto constitucional, principalmente no que se refere ao atingimento dos objetivos elencados como fundamentais. No texto constitucional brasileiro, os objetivos superiores do Estado estão identificados logo em seus arts. 1° e 3°, conforme será demonstrado oportunamente.

Se os deveres constitucionais, entretanto, impõem uma obrigação ao legislador, como seu destinatário imediato, há que se ter em mente que, em decorrência dos valores que consagram e da sua fun-

---

[56] DORADO, Francisco García. *Prohibición constitucional de confiscatoriedad y deber de tributación*, p. 34.

[57] "Conceder-se-á mandado de injunção sempre que a falta de norma regulamentadora torne inviável o exercício dos direitos e liberdades constitucionais e das prerrogativas inerentes à nacionalidade, à soberania e à cidadania" (art. 5°, LXXI).

[58] "Declarada a inconstitucionalidade por omissão de medida para tornar efetiva norma constitucional, será dada ciência ao Poder competente para a adoção das providências necessárias e, em se tratando de órgão administrativo, para fazê-la em trinta dias" (art. 103, § 2°).

[59] "A iniciativa popular pode ser exercida pela apresentação à Câmara dos Deputados de projeto de lei subscrito por, no mínimo, um por cento do eleitorado nacional, distribuído pelo menos por cinco Estados, com não menos de três décimos por cento dos eleitores de cada um deles." (art. 61, § 2°).

ção constitucional, estes têm como destinatários mediatos e principais os cidadãos. Com efeito, os deveres estatuídos constitucionalmente buscam vincular os cidadãos a certas posturas ou prestações necessárias ao atingimento de objetivos sociais, decorrentes do seu dever de solidariedade social. Essa característica da efetividade dos direitos sociais é destacada, com pertinência, por Casalta Nabais:

> Por fim, há que acentuar que as normas sobre deveres fundamentais que contêm imposições ou ordens constitucionais, como acontece com as relativas aos deveres positivos de actuação, estão longe de reduzir o seu conteúdo normativo a tais imposições ou ordens constitucionais: em rigor e de um lado, estas têm um caracter indirecto ou incidental, pois o legislador apresenta-se face a tais normas como seu "destinatário de passagem" e não o seu destinatário principal e final que é o indivíduo a quem se dirige o conteúdo dos deveres expresso na exigência de um determinado comportamento constitucionalmente definido; de outro lado, os preceitos constitucionais em referência quando estabelecem imposições constitucionais não deixam, por via de regra, ao legislador outra alternativa senão a de concretizarem os deveres fundamentais, o que leva a distinguir estas imposições constitucionais das que são próprias, por exemplo, em matéria de direitos econômicos, sociais ou culturais.[60]

Essa feição dos deveres constitucionais é marcante na configuração do Estado Democrático de Direito, sendo inegável que essa forma de estruturação do Estado e da sociedade modificou profundamente a sua fundamentação. As novas demandas sociais determinaram a ampliação das exigências feitas tanto ao Estado quanto aos cidadãos, com a introdução de deveres decorrentes das novas finalidades e objetivos consagrados constitucionalmente. Vinculados a esses objetivos, os deveres fundamentais não são fins em si mesmos, mas, em verdade, instrumentos que visam a assegurar a eficácia do texto constitucional, na busca dos bens considerados valiosos pela sociedade organizada.

Dessa instrumentalidade deriva que não basta mais fixar sua eficácia única e exclusivamente como mandamento dirigido ao legislador, já que esta se dá, em verdade, em dois planos. Os deveres constitucionais constituem, sim, uma ordem normativa ao legislador, que deverá efetuar sua concretização com a maior eficácia possível, nos limites dados pela própria Constituição. Só que mais importante ainda é a sua eficácia material, como meio de moldar a conduta dos cidadãos, vinculando-os aos objetivos sociais que fundamentaram sua criação.

Não sendo meras normas programáticas, os deveres constitucionais derivam sua força normativa das cláusulas que configuram o Estado Democrático de Direito, que afastam uma perspectiva meramente individualista da cidadania e inserem no estatuto constitucional do cidadão o dever de solidariedade social.

---

[60] NABAIS, José Casalta. *O dever fundamental de pagar impostos*, p. 160.

2. Da evolução do dever de recolher tributos até o liberalismo

Neste capítulo, analisa-se a evolução do dever de recolher tributos através dos tempos até o advento do Liberalismo. Contudo, algumas considerações se fazem necessárias para esclarecer o método empregado e os objetivos que se buscam alcançar com este estudo.

Primeiramente, no que se refere ao marco temporal, a análise partirá das sociedades antigas (grega e romana) e se deterá como maior ênfase na evolução histórica do chamado "Estado Patrimonial" até as denominadas "sociedades liberais". Isso porque, apesar de a exigência de contribuições dos membros de determinada sociedade para a sua manutenção ter acompanhado o ser humano desde as mais primitivas organizações sociais,[61] somente com o advento de uma noção mais concreta de Estado, que ocorreu após a superação do Estado Feudal, é que se pode reconhecer nessa atividade as características, ou gênese destas, que marcam a atividade tributária contemporânea.

O estudo aprofundado da evolução do dever de recolher tributo desde as suas origens mais remotas, apesar de sua importância, foge do objetivo aqui traçado. E, também, não se objetiva uma abordagem eminentemente histórica, de compilação de fatos e dados, com a forma de análise própria dessa ciência humana, do surgimento e da evolução de um dever de contribuição a partir das sociedades mais antigas.

A análise que se propõe está diretamente ligada ao tema deste estudo e tem como foco a íntima conexão entre a atividade tributária e as diversas formas de organização política e de criação do Direito, existentes a partir do Estado Patrimonial.

---
[61] "Podemos dizer que o tributo, na sua significação mais simples, é tão antigo quanto a comunidade humana. Aparece ele com a manifestação da vida coletiva, como necessidade imperiosa do agregado social. Afirma Gunter Schmolders: 'Sempre que existam comunidades que tenham de satisfazer necessidades próprias, existirão também métodos para fazer com que seus membros prestem a sua contribuição material para a satisfação dessas necessidades comuns'." (MORAES, Bernardo Ribeiro de. *Compêndido de direito tributário*, v. 1, p. 349).

O Estado como concepção jurídica ou política ou, ainda, como sistema institucional não se consolida numa forma acabada e estanque. Pelo contrário, encontra-se sempre em mutação, impelido por diversos fatores sociais, culturais, econômicos e políticos. Ou seja, o Estado como forma instrumental de organização social modifica-se tendo em vista a alteração dos fins a que se propõe e das formas consideradas, em determinado tempo, como mais viáveis para a consecução destes.

E a partir da evolução da estrutura estatal é possível identificar seus caracteres definidores e, a partir do confronto com os de outras fases, construir uma classificação por tipos de Estado.[62]

A identificação e a classificação das formas de Estado, além de sua evidente utilidade metodológica, permitem ao estudioso segregar as características ideológicas, políticas e econômicas que singularizam cada fase. A análise dessas diferenças permite também identificar os pontos comuns, fundamentando o reconhecimento de que a liberdade e a propriedade são os dois grandes temas em torno dos quais gira a estruturação da vida coletiva no que se refere a sua organização política e às suas instituições.

Este fato é de primordial importância para o Direito Tributário. Neste ramo do Direito, que está intimamente conectado às temáticas da propriedade e da liberdade, repercute, talvez com mais intensidade que qualquer outro, o desenvolvimento das ideologias políticas e econômicas que determinam a forma pelo qual o Estado busca alcançar o desiderato a que se propõe.

Por isso, mostra-se pertinente estudar e a analisar a conexão entre as ideias políticas e jurídicas dominantes em cada época (dentro do marco temporal fixado) e a formatação da atividade tributária centrada no dever de recolher tributos.

O que caracteriza com maior profundidade um sistema fiscal não é a técnica de imposição em si, mas sim o substrato que alicerça essa atividade; ou seja, o fundamento e os âmbitos pessoal e territorial deste, além dos fins que lhe deram ensejo. Assim, perguntas como "Por que devo recolher tributos?", "Quem deve recolher tributos?", "Quem pode exigir o recolhimento de tributos?" e "Quais os objetivos que fundamentam essa exigência?" estão num primeiro plano para caracterizar qualquer sistema fiscal, em qualquer época.

Existe uma profunda relação entre a concepção política vigente em cada momento histórico e a forma de tributação, não só com re-

---

[62] MIRANDA, Jorge. *Teoria do Estado e da Constituição*, p. 24.

lação à sua estrutura jurídica e procedimental, mas também quanto à forma pela qual os destinatários do dever de tributação o encaram, o absorvem e o cumprem. Inegável que existe um vínculo ético-político entre os que contribuem e o Estado. Todavia, esse vínculo é construído em cada momento histórico e determinado pelas características de cada qual. A forma como se dá, por exemplo, a tributação no Estado Patrimonial é bem diversa daquela do Estado Liberal do século XIX, por exemplo. E são essas diferenças, no tocante à configuração do dever de contribuir, que serão objeto de nossa análise.

A forma de tributação sofreu profundas alterações, decorrentes da evolução das concepções políticas e das formas de estruturação do Estado. Por outro lado, em diversas ocasiões o advento dessas alterações da estrutura estatal se deu por influência direta da questão tributária.

Esse contexto demonstra a importância do estudo proposto, que não tem a mínima pretensão de ser exaustivo e muito menos definitivo. Ele se encontra inserido no marco teórico deste trabalho, que consiste na análise da configuração do dever de tributação no atual Estado Democrático de Direito. Mas, como as estruturas estatais e políticas são dinâmicas e se encontram em permanente mutação, impôs-se a análise deste devir histórico.

Esta análise da forma de desenvolvimento e de consolidação do dever de contribuir é importante não só no campo doutrinário, mas também na esfera prática, uma vez que traz subsídios para a formulação de juízos de valor sobre a missão da atividade tributária, tendo em vista as diversas formas de organização política, de estrutura social e de desenvolvimento econômico.[63]

2.1. Sociedades antigas

Para o estudo histórico que se propõe a fazer, é importante abordar, mesmo que brevemente, as formas de tributação existentes na

---

[63] Sobre a importância do conhecimento das experiências passadas, cite-se Eric Hobsbawm: "A postura que adotamos com respeito ao passado, quais as relações entre passado, presente e futuro não são apenas questões de interesse vital para todos: são indispensáveis. É inevitável que nos situemos no continuam de nossa própria existência, da família e do grupo a que pertencemos. É inevitável fazer comparações entre o passado e o presente: é essa a finalidade de álbuns de família ou filmes domésticos. Não podemos deixar de aprender com isso, pois é o que a experiência significa. Podemos aprender coisas erradas – e, positivamente, é o que fazemos com freqüência – mas se não aprendemos, ou não temos nenhuma oportunidade de aprender, ou nos recusamos a aprender de algum passado algo que é relevante ao nosso propósito, somos, no limite, mentalmente anormais. 'Gato escaldado tem medo de água fria', diz o velho provérbio – acreditamos em seu aprendizado a partir da experiência." (HOBSBAWM, Eric. *Sobre história, ensaios*, p. 36).

Grécia e na Roma antigas, já que, inegavelmente, nessas duas sociedades foram plantados os alicerces culturais e políticos que influenciaram definitivamente a formatação do mundo ocidental moderno, inclusive no que se refere ao sistema fiscal, uma vez que nestas já surgem características que, posteriormente mais desenvolvidas, são de grande importância na configuração do dever de contribuir.

2.1.1. Tributação na Grécia antiga

Na doutrina a respeito da forma de financiamento da estrutura estatal na Grécia antiga, a escassez de documentos especificamente fiscais sobre a época é compensada com os dados extraídos das obras de história e de política e, também, com as informações fornecidas pelos filósofos gregos.[64]

A Grécia antiga, na denominada "Antiguidade Clássica", é singularizada pelo florescimento de uma sociedade na qual se desenvolveram magnificamente não só as artes e a filosofia, mas também a ciência política, marcada pela organização em Cidades-Estado e pela criação da chamada "democracia-grega".

É corrente a relação entre o surgimento dos geniais filósofos gregos (Sócrates, Platão e Aristóteles são os mais importantes) e a forma como estavam estruturadas a sociedade e a economia grega, o que permitia aos considerados cidadãos a possibilidade de uma vida contemplativa.

A sociedade grega pressupunha para seu funcionamento a existência do escravo-mercadoria, caracterizando-se Atenas como a cidade na qual a escravidão mais se expandiu. Do ponto de vista do grego, a cidadania não podia existir sem a sujeição de outros. O trabalho escravo propiciava ao cidadão o tempo livre para os serviços da *polis* e para a vida intelectual. Enquanto os trabalhadores livres eram mais numerosos nas atividades de subsistência, na pequena produção mercantil e no comércio varejista, os escravos predominavam na produção em larga escala, no campo e na cidade, nas minas e nos serviços domésticos. Assim, coexistiam o trabalho livre e o trabalho escravo.

A vida social girava em torno do conceito de cidadania. Todavia, o conceito de cidadania era restrito, estando reservado aos proprietários de terras (a agricultura era a base econômica da economia grega) e àqueles que participavam da vida pública (por exemplo, professores, artistas e magistrados), estando excluídos desse *status* as mulheres, os

---

[64] BUJANDA, Fernando Sainz de. *Hacienda y derecho*, v. I, p. 135.

estrangeiros e os escravos. Sendo uma sociedade de base escravista, aos cidadãos eram reservadas as tarefas públicas e militares.

Em sua estrutura política, as Cidades-Estado passaram por diversas fases, identificadas como oligarquia, tirania e democracia. A mais marcante como experiência histórica, sem dúvidas, foi a chamada "democracia-grega". Esta era, em verdade, uma forma atenuada de oligarquia (governo dos *olígoi*, de poucos), já que somente aquela pequena parcela da população – os "cidadãos" – usufruía os privilégios perante a lei, entre estes o direito de falar nos debates da Assembleia (*isegoira*). As decisões políticas estavam, porém, na dependência de interferências mais restritas, pois na própria Assembleia nem todos tinham os mesmos recursos de atuação, tendo destaque aqueles que possuíam o dom da oratória associado ao conhecimento dos negócios públicos.[65]

Marcos Cintra[66] cita passagem da obra de Andreas Michel Andreades dedicada à história das finanças públicas gregas que ilustra bem tal fato:

> Em Atenas compreendia-se bem a importância de ter as finanças públicas em bom estado e isto está evidenciado pelo fato de que quase todo orador ou estadista eminente fizesse referência constante às finanças da cidade. Desde Aristides, que estabeleceu os fundamentos da hegemonia ateniense [...], a Péricles, que consolidou a supremacia econômica de sua terra e fez vasto programa de obras públicas para embelezar a cidade e gerar empregos para a população. E, finalmente, a Demóstenes, que ensinou como orador e homem público que ter dinheiro é necessário (ao Estado) sem ele nada que é necessário pode ser feito. Conhecimento de finanças era considerado uma qualidade elevada, não apenas para o administrador público, mas também para líder militar. A isso, homens como Alcebíades e Timoteus devem muito de sua glória militar.

As formas de financiamento das Cidades-Estado gregas, como não poderia deixar de ser, foram determinadas pela sua estrutura política, social e econômica. Uma de suas características marcantes era a de serem núcleos populacionais zelosos de sua independência e refratários a se integrarem em uma organização política mais ampla.

As consequências no campo tributário dessa forma de estrutura estatal foram ressaltadas por Sainz de Bujanda:

> Mas sea de ello lo que fuere, es obvio que, organizada la vida colectiva en marco tan estrecho, los gastos públicos ordinarios habían de ser reducidos, cosa que se conjugaba a la perfección con las limitaciones contributivas impuestas por el respeto a la libertad individual, fundamento de la democracia ateniense. Los medios económicos del Estado-ciudad fueron, por tanto, fiel reflejo de una doble circunstancia histórico-política: primera, la forma de gobierno – democracia o tiranía – que decidió el carácter y

---

[65] PLATÃO. *A República*. Coleção "Os Pensadores", p. 7.
[66] CINTRA, Marcos. *Os tributos no nascimento da democracia*. Folha de São Paulo, 21/08/94.

la extensión de los impuestos ordinarios; y segunda, el estado de paz o de guerra, que dio la medida del gasto público y con ella la necesidad de acudir al establecimiento de impuestos extraordinarios. [67]

Aqui desponta o principal traço característico da forma de arrecadação de fundos públicos nas Cidades-Estado gregas, já que essas sociedades foram marcadas por uma concepção de liberdade individual, centrada na pessoa do cidadão, que impedia a exigência a estes de impostos gerais de caráter pessoal.

As contribuições dos cidadãos, a não ser sob o julgo da tirania, sempre foram voluntárias e vinculadas a serviços e a prestações estatais que lhes diziam respeito diretamente. De periodicidade regular, essas contribuições custeavam tanto a manutenção da máquina pública (contribuições denominadas de *epsidóseis*) quanto a realização das festividades, como as encenações de tragédias e comédias e a promoção dos jogos olímpicos (contribuições denominadas *leitorgíais*).[68]

Já os impostos pessoais eram relacionados pelos gregos antigos à tirania, motivo pelo qual seu sistema de financiamento centrou-se em impostos indiretos sobre o consumo (aduaneiros e de mercado), taxas (principalmente judiciais e de utilização de bens comuns) e contribuições voluntárias (*liturgias*).

Os cidadãos, como estavam vinculados ao dever de cumprir o serviço militar, consideravam-se exonerados de uma contribuição compulsória ao financiamento público. De outro lado, as Cidades-Estado, inicialmente, não tinham gastos com a manutenção de um exército, o que para a época reduzia em muito o montante dos gastos públicos e a necessidade de arrecadação.

De relevo o caráter das liturgias, ou contribuições voluntárias feitas pelos cidadãos. Segundo Sainz de Bujanda, a vinculação dos cidadãos às contribuições fiscais não consistia em uma relação de servidão, senão de auxílio do Estado na realização do bem comum. No ideal democrático grego, o homem livre e honrado, de maneira espontânea, disponibilizava tanto seus bens materiais como sua própria vida para o bem da sociedade. Ou seja, tem-se aí a noção de uma contribuição consentida e espontânea, e não imposta, feita em prol do bem comum. Contudo, informa o doutrinador espanhol que tal sistema não era perfeito. Em muitas ocasiões, o egoísmo, sobrepondo-se à noção de dever para com a sociedade, criou tensões e conflitos entre as classes sociais e com o próprio Estado. Isso determinou que as Ci-

---

[67] BUJANDA, Fernando Sainz de. *Hacienda y derecho*, v. I, p. 138.

[68] GODOY, Arnaldo Moraes. Notas sobre o Direito Tributário na Grécia Clássica. *Revista de Informação Legislativa do Senado Federal*, n. 142, Brasília, 1999, p. 5-8.

dades-Estado, adiantando-se em muitos séculos, utilizassem a forma tributária para arrecadar os fundos necessários.[69]

A necessidade de um incremento na arrecadação deveu-se, primordialmente, às guerras que as Cidades-Estado travavam com povos estrangeiros (destaque para a guerra com os persas) e, mesmo, entre si (quando algumas *polis* quiseram se retirar da união militar efetuada para fazer frente aos persas – Confederação de Delos – Atenas os obrigou a permanecer à força, sujeitando-as, inclusive, ao pagamento de tributos). Para o financiamento das empreitadas militares, foram instituídos impostos de caráter extraordinário e pessoal, que deveriam ser suportados pelos cidadãos (incidentes sobre o seu patrimônio e o produto da terra). Como em determinado período o estado de guerra era praticamente permanente, os impostos extraordinários acabaram por se estabilizar, tomando mesmo a feição de impostos ordinários.

Neste ponto, um fato chama a atenção: por que o cidadão grego, para quem normalmente era repugnante o recolhimento de impostos pessoais, considerava aceitável a imposição em tempo de guerra? Exatamente porque neste contexto a tributação assumia um fundamento que a este era bastante caro:, a defesa da honra de sua Cidade-Estado e também da sua condição de cidadão, conforme ressalta. Sainz de Bujanda:

> Se contribuía personalmente cuando lo que se entregaba al Estado iba a ser destinado por éste a salvar el honor de los ciudadanos, obteniendo la victoria sobre los pueblos enemigos; mas era un deshonor levantar las cargas públicas mediante el pago de prestaciones personales obligatorias cuando los gastos podían ser satisfechos con tributos pagados por los vencidos o por pueblos liberados del yugo extranjero, con las liturgias, libremente asumidas por ciudadano, y con las rentas de las minas y dominios del Tesoro. Un deshonor, además, contribuir en un Estado que, como Atenas, no rendía nunca cuentas de lo que obtenía y de lo que gastaba.[70]

Para o cidadão grego o dever de recolher tributo estava intimamente vinculado ao seu *status* de cidadão e à estrutura social vigente. As Cidades-Estado foram organizadas para viabilizar o modo de vida da cidadania grega, em que o recolhimento de impostos pessoais não era adequado ou honroso. Por isso, sua vida econômica devia ser centrada no trabalho escravo e na subjugação de povos estrangeiros, o que deveria permitir a manutenção da *polis* sem a necessidade de tributar o patrimônio pessoal dos cidadãos, que já contribuíam para a manutenção da sociedade, mediante a exploração de suas terras e do trabalho de seus escravos, além da atividade militar. Para o seu

---

[69] BUJANDA, Fernando Sainz de. *Hacienda y derecho*, v. I, p. 139

[70] Idem, p. 144.

senso de liberdade, qualquer contribuição que ultrapassasse aquelas condizentes com a cidadania se configurava como uma intromissão indevida em sua esfera privada, tanto que a tributação pessoal, de caráter extraordinário e vinculado às necessidades de guerra, somente era autorizada mediante o consentimento da Assembleia. Neste caso, como a motivação e a forma de gasto dos valores arrecadados eram justificáveis e fiscalizáveis, os cidadãos autorizavam a tributação, que se adequava neste ponto à sua honra de cidadão.

Identifica-se nesse momento uma questão importante, que vai permear a construção do conceito do dever de recolher tributos, qual seja: sua maior ou menor aceitação não se vincula única e exclusivamente ao grau de apego ao patrimônio individual, mas se refere também, e com grande intensidade, à forma como o contribuinte se enxerga inserido na estrutura política e social e, também, na aferição de como o Estado lhe dá retorno dos valores recolhidos a seu favor.

Portanto, o sistema arrecadatório grego já traziam em seu bojo concepções que se desenvolveram em períodos históricos posteriores e que, inclusive, nos dias atuais, caracterizam o dever de recolher tributos: a) a concepção de que este compõe o *status* de cidadania, no qual se inclui a obrigação de contribuir para o bem comum; b) a vinculação da tributação do patrimônio pessoal a prévia aceitação e a vinculação da arrecadação a uma despesa justificadora; c) a ideia de que determinadas classes sociais estão isentas de recolher tributos, seja pela própria natureza, seja por terem uma função específica na sociedade; e d) determinadas situações concretas justificam, por si sós a criação ou a majoração de tributos.

2.1.2. Tributação na Roma antiga

O Estado Romano, comumente denominado "Império Romano", foi, talvez, a maior potência estatal que já houve, uma vez que estendeu seus domínios pela Europa, África e Ásia, subjugando inúmeros povos. Contudo, o estudo da longa e complexa história do Império Romano, abarcando seu surgimento, desenvolvimento e declínio, ultrapassa o objetivo deste trabalho. Por isso, atém-se aqui tão somente a suas características básicas referentes à tributação.

A organização política romana difere em muito da *polis* grega. O Estado romano refletiu a concepção de vida do seu povo, marcado pela forte necessidade de mando e conquista. Enquanto a sociedade grega primava pela organização estática e contemplativa da vida, o povo romano tinha ânsia de conquistar o mundo e impor-lhe o seu *modus vivendi*. Já a sua estruturação buscava viabilizar o atingimento desses objetivos, sendo sua estrutura marcada pela praticidade e pela concepção do Direito como instrumento de efetivação de sua vontade e poder de mando.

A atividade arrecadatória, como era de se esperar, inseriu-se no aparato estatal e jurídico criado pelos romanos. Entretanto, tanto a forma de Estado quanto a de arrecadação sofreram modificações decorrentes do câmbio da estrutura social e da constante expansão territorial de Roma.

Sendo o Estado romano caracterizado pelo desejo de conquista, nada mais coerente que seu sistema fiscal fosse baseado na exploração tributária dos povos vencidos. Leciona Sainz de Bujanda que os impostos em Roma, principalmente o incidente sobre o solo, não se fundavam sobre a condição de cidadão (diferentemente do que ocorreu na Grécia antiga), mas sim na de inimigo vencido diante do vencedor. Buscava-se, assim, depositar de modo permanente sobre as populações vencidas o peso de suportar seus gastos, objetivando não penalizar seus cidadãos ou reduzir ao máximo possível suas contribuições.[71]

Enquanto o exército romano esteve composto de proprietários que, além de fornecerem homens, aportavam armas, cavalos e víveres, Roma não necessitou onerar de forma mais permanente e incisiva os seus cidadãos. Mas, a partir do momento em que suas empresas bélicas alcançaram maior monta, surgiu a necessidade de exércitos permanentes e profissionais, que exigiam recursos para sua manutenção.

Para arcar com esses e outros custos, o Estado romano lançou mão de impostos extraordinários, incidentes sobre os cidadãos. Mas o cidadão romano, tal qual o grego, julgava desonroso ser obrigado a pagar tributos ao Estado, uma vez que já contribuía para as empreitadas bélicas. Neste ponto, surge o sentido de praticidade e organização do romano. Visando a compatibilizar o imposto extraordinário com o *status* de cidadão, foi-lhe outorgada a natureza jurídica de empréstimo compulsório. Se o cidadão livre não podia, por sua condição, suportar cargas fiscais, nada o impedia, ou atacava a sua honra, de emprestar ao Estado, ainda mais para que este pudesse defender e alargar seus domínios. Ressalte-se, contudo, que na maior parte do tempo os frutos das vitórias militares (botins, indenizações de guerra e exploração das populações vencidas) tornaram desnecessária a utilização de tal expediente.

---

[71] BUJANDA, Fernando Sainz de. *Hacienda y derecho*, v. I, p. 154.

A diferença mais marcante entre o sistema fiscal grego e o romano estava no fato de que o primeiro se baseava no *status* de cidadania, e o segundo, na condição de superioridade sobre os povos vencidos.

Apesar dessa diferença, em ambos estavam presentes as características que marcam a ideia de tributo na Antiguidade, conforme sintetiza Luis Eduardo Schoueri:[72]

> Vê-se, em resumo, na antiguidade, a incompatibilidade entre a liberdade e a tributação, enquanto sujeição. O cidadão, porque livre, não estava sujeito a tributos, conquanto tivesse seus deveres públicos. Estes, no entanto, longe de serem vistos como restrição de sua liberdade, eram exatamente a sua exteriorização. O elevado grau de participação na vida pública tornava indistintos o indivíduo e a coletividade.

O sistema romano vigente no período senatorial, anterior ao Império, gerou grave crise, decorrente de fatores como: desperdício dos recursos públicos, corrupção nas províncias e, principalmente, a posição social dos cidadãos, que se limitavam a consumir os recursos extraídos das províncias sem contribuir de alguma forma para a arrecadação estatal. Essa crise levou Roma à guerra civil, estancada com o advento do Império.

No Império, principalmente na época de Augusto, implantaram-se diversas reformas visando ao soerguimento da estrutura econômica, as quais também se fizeram sentir no campo fiscal. Basicamente, as reformas fiscais consistiram em: regulação dos impostos ordinários pagos pelas províncias, melhoria do sistema de arrecadação e combate à sonegação e aos desperdícios. Surge neste momento, efetivamente, a figura do coletor de impostos, cuja imagem surge daí, já que fundamentava seu poder fiscal na força da máquina militar romana.

No Império Romano, pode-se identificar a primeira estrutura efetivamente organizada para a cobrança dos tributos. Daí é que advém o próprio termo, pois "a palavra *tributo* vem do latim *tributum, -i*, cujo verbo *tributo, -ere*, significa 'dar, conceder, fazer elogios, presentear'. Designava primitivamente as exigências em bens ou serviços que as tribos vencedoras faziam às tribos vencidas. Posteriormente, essas exigências passaram a ser feitas à própria sociedade. Da mesma forma, "o termo *fisco* vem de *fiscus, -i*, que era o cesto de vime em que o coletor de imposto romano ia colocando o dinheiro público que recolhia. Já no tempo de Cícero, famoso líder da Roma Antiga, que

---

[72] SCHOUERI, Luis Eduardo. Tributação e Liberdade. *In*: PIRES, Adilson Rodrigues e TÔRRES, Heleno Taveira (Coords.). *Estudos em Homenagem ao Professor Ricardo Lobo Torres*. Rio de Janeiro: Renovar, 2006, p. 483.

viveu entre 106 a.C. e 43 a.C., o fisco designava, por metonímia, o conteúdo, o próprio Tesouro Público".[73]

O centralismo político e legislativo operado pelo Império logrou êxito e contribuiu para o ressurgimento econômico e a estabilidade política, destacando-se a institucionalização da Fazenda Pública.

Se em um primeiro momento o advento do Império trouxe inegáveis benefícios ao Estado Romano, com o passar dos tempos a excessiva concentração de poder na mão do imperador levou a abusos e descontroles econômicos e administrativos. Centralizada a arrecadação de tributos, que ficava sob o total controle do imperador, ocorreu a confusão – em verdade, unificação – dos recursos públicos com os bens do imperador. Essa característica, aliás, é uma constante nas formas de governo tirânicas ou absolutistas.

De toda maneira, é inegável o desenvolvimento da forma de arrecadação de recursos no Estado Romano, marcado pela institucionalização dessa função e pelas providências dirigidas à sua racionalização e jurisdição, apesar dos desmandos que marcaram as últimas fases do Império.

2.2. Estado feudal ao estado patrimonial

A desorganização e posterior dissolução do Império Romano implicou um processo histórico que vai cominar no denominado "período feudal". Historicamente, a partir do século II, o Império Romano entrou em grave crise, principalmente nas suas cidades, decorrente da desagregação do elo social, da decadência da sua estrutura comercial e do aumento da pressão decorrente das invasões bárbaras.

Esse contexto levou à ruralização, com a migração tanto das elites quanto das massas plebeias das cidades para o campo. O colapso do sistema econômico romano e a insegurança com os constantes embates com os chamados "bárbaros", levaram à desestruturação do sistema de pequenas propriedades rurais, que acabariam se tornando dependentes das grandes propriedades da elite, o que permitiu o incremento da produção e o surgimento de um estado de maior segurança, garantido pelo corpo armado do senhor feudal.

De outro lado, com a dissolução da máquina militar romana, os povos bárbaros lograram consolidar seus domínios territoriais, o que levou ao desenvolvimento de diversos reinos bárbaros, com destaque

---

[73] FRANCO, Silvia Cintra. *Dinheiro Público e Cidadania*. São Paulo: Moderna, 1998, p. 18.

para o reino dos Francos, no século V. O contato com a civilização romana fez com que estes povos assimilassem parte de sua forma de organização, fazendo com que os membros das tribos, a quem cabiam pequenas parcelas de terra, se tornassem, aos poucos, também dependentes da estrutura das grandes propriedades rurais de seus antigos líderes.

Consolidou-se, então, a ordem feudal centralizada na divisão da sociedade entre o servo da gleba e o senhor feudal. Assim, em volta da grande propriedade do senhor feudal orbitavam as pequenas propriedades dos servos. As dificuldades dos servos em desenvolver e proteger suas terras os tornaram dependentes da estrutura (pontes, estradas, fornos, moinhos e armazéns) e da segurança propiciada pela propriedade do senhor feudal. Para que pudessem usufruir dessa estrutura, os servos tinham que prestar diversas obrigações ao senhor feudal. Citam-se, entre outras, a Corveia – trabalho forçado dos servos nas terras do senhor – e as Redevances – retribuições pagas em produtos ou dinheiro.

O sistema feudal perdurou por vários séculos, entrando lentamente em crise a partir do século X. Várias foram as causas da superação do feudalismo. Entre estas, destacam-se a insuficiência da produção agrícola (extensiva e predatória, que exigia o incessante aumento da área explorada), e a crise demográfica (decorrente da fome e de epidemias como a peste negra). Aos poucos, os senhores de terras entraram em crise, enquanto o paulatino incremento do comércio fazia surgir uma nova classe mercantil. Para o desenvolvimento de sua atividade, a classe mercantil precisava quebrar o poder feudal, liberando o contingente servil tanto para servir como mão de obra quanto para consumir. Interessava a seus interesses também o fortalecimento do poder central, com o desenvolvimento do aparato político e jurídico que permitisse o desenvolvimento da atividade comercial.

Assim, principalmente a partir do século XIV, acentuava-se a decadência da ordem feudal e o processo de centralização do poder, com a formação dos Estados Nacionais. A figura do rei tornava-se, aos poucos preponderante, com a centralização político-administrativo--militar, dando origem a uma nova fase histórica; o Absolutismo, ou Estado Patrimonial.

O Estado Patrimonial, na definição de Ricardo Lobo Torres, caracterizava-se pelo financiamento estabelecido basicamente nas rendas provenientes do patrimônio do príncipe. A fiscalidade do príncipe convivia com a do senhorio e com a da Igreja, que gozavam da chamada "liberdade estamental'. Historicamente, desenvolveu-se até o fim do século XVII e início do século XVIII.[74]

Pode-se dizer que o Estado Patrimonial (ou monarquia limitada) reflete uma época de transição, na qual ainda não se encontravam superadas todas as características do feudalismo, mas já começam a germinar as bases que permitiram o surgimento de uma tributação centrada no poder estatal. Politicamente, sua ideia básica apoiava-se na existência de uma dualidade de esferas de poder, o rei e os estamentos, que compunham a comunidade política. Apesar de já possuir legitimidade e poder, o rei tinha de conviver com prerrogativas e privilégios detidos pelo senhorio e pela Igreja, que limitam sua efetividade.

Como a própria denominação "Estado Patrimonial" indica, no que se refere à forma de financiamento da estrutura estatal imperavam as rendas provenientes do patrimônio do príncipe. Em decorrência disso, a atividade tributária restou relegada ao segundo plano de importância.

O rei, como detentor da propriedade imobiliária e de diversos monopólios e outras fontes de renda, utilizava seu patrimônio, que, em verdade, se confundia com o patrimônio estatal, para o exercício e a garantia do seu poder, principalmente por meio do aparato militar. O poder moral (direito divino), o econômico e o militar viabilizaram a empreitada na busca da centralização do poder político. Nessa fase, contudo, a autoridade real não detinha ainda o poder e os meios para acabar com as prerrogativas e os privilégios dos estamentos.

Como no Estado Patrimonial as rendas públicas se confundem com as decorrentes do patrimônio privado do rei, o tributo ainda não ingressava na esfera da publicidade, conforme ressalta Ricardo Lobo Torres.[75] Contribuía para isso, ainda, o fato de que não se encontravam superadas as características feudais, uma vez que o senhorio e a Igreja, a par de ainda conservarem certas parcelas de poder fiscal, não contribuíam para os cofres públicos, detendo imunidades e privilégios.

Por isso, efetivamente, os estamentos limitavam a autoridade real, uma vez que detinham a chamada "liberdade estamental", que lhe outorgavam prerrogativas em face do poder do príncipe.[76]

---

[74] TORRES, Ricardo Lobo. *A idéia de liberdade no estado patrimonial e no estado fiscal*, p. 3.

[75] Idem, p. 14.

[76] Luis Eduardo Schoueri disserta sobre o sistema estamental que marcou o período medieval: "Completavam a estrutura feudal as imunidades, privilégio concedido pelo rei a um grande proprietário ou estabelecimento eclesiástico. Normalmente a imunidade era concedida quando

Caracterizava a liberdade estamental a imunidade dos senhores e da Igreja, que se mantinham fora da esfera de poder tributário do príncipe. Isso se aplicava aos impostos diretos, uma vez que com relação aos impostos indiretos incidentes sobre as coisas, pela sua própria natureza, os estamentos não estavam desonerados.

Exatamente por esse motivo, no Estado Patrimonial há a tendência de cobrar impostos indiretos e proporcionais (com uma forte carga sobre os pobres), visando arrecadar também dos estamentos. Contudo, a excessiva tributação dos pobres e as crises financeiras levaram a revoltas fiscais, como as ocorridas em Portugal nos séculos XVI e XVII.

Com o fim da estrutura feudal, o poder de tributar transferiu-se dos senhores para a figura do rei. No sistema medieval, dada a ausência efetiva de Estado, os senhores feudais acumulavam poder em decorrência dos vínculos de subordinação que detinham perante seus servos e vassalos, o que lhes permitia cobrar deles tributos e rendas patrimoniais decorrentes da exploração da terra. Se no Estado Patrimonial esse poder estava centrado no príncipe, tal não se deu de forma plena, exatamente por se tratar de um período de transição, restando poderes periféricos aos estamentos.

Mesmo no que se refere à órbita de poder tributário do rei, este ainda era precário e, na maioria das vezes, transitório. Sua exigência se dava, quase sempre, em casos de necessidade, quando se apresentavam insuficientes os rendimentos do rei, e mediante "pedido" real, e durava enquanto permanecesse a necessidade que lhe deu ensejo.

Em tempos de guerra, era frequente tal recurso por parte do poder político, alcançando o patrimônio dos cidadãos ou seus rendimentos. Para tanto, recorria-se às cortes e se tentava obter seu consentimento para a aquisição de certas somas de numerário, tendo como base a riqueza dos cidadãos. Reforça-se, nesse momento, a concepção de que

---

o rei não estava satisfeito com os condes, cujos abusos comprometiam a sua autoridade. A imunidade consistia em impedir a atuação dos agentes reais sobre tais domínios. Implicava ser seu detentor o senhor do lugar, responsável diretamente diante do rei. Com a imunidade, o rei se dirigia a seus agentes (*judices*), proibindo-os de penetrar no domínio imune para levantar tropas, prestar serviços de justiça ou cobrar impostos ou freda (remuneração devida pelos criminosos ao rei, por terem violado a paz); reclamar o direito de gite (direito que o senhor tinha de ser alimentado por seu vassalo) ou de prise (direito assegurado ao senhor de tomar, mediante indenização, bens que necessitasse), ou, mais genericamente, exercer qualquer ato de coerção. Note-se que os habitantes do domínio não estavam livres de suas obrigações. Quase sempre deviam serviços militares ao rei, mas sob a condição de imune. Este também cobrava impostos e o freda, pagando ao rei um valor fixo (*forfait*), de que aos poucos o rei foi abrindo mão. Até mesmo casos judiciais mais simples eram resolvidos pelo imune. Assim, este, embora não fosse um funcionário, exercia, ao lado da justiça pública do conde, uma justiça privada". SCHOUERI, Luis Eduardo, op. cit., p. 441.

a exigência de impostos diretos sobre os homens livres decorre do seu consentimento; no caso, mediante a concordância dos três estamentos reunidos.[77]

Neste momento, identifica-se uma importante etapa na construção da ideia da tributação centrada no prévio consentimento daqueles que estão sendo chamados a contribuir para suprir os gastos estatais, conforme leciona com propriedade Misabel Derzi:[78]

> As bases políticas das limitações ao poder de tributar vêm provavelmente da Idade Média, quando se desagrega a estrutura estatal e o rei perde força frente aos senhores feudais, os quais, por "vontade própria", e não por imposição, anuem o pagamento dos tributos. [...] Por isso, o princípio da legalidade dos tributos, antes de afirmar-se na Revolução Francesa e de manifestar-se enquanto princípio fundamental do Estado de Direito no constitucionalismo do século XIX, derivou primeiro, como registra Ottmar Buhler, do corporativismo medieval.

Os impostos extraordinários se tornaram cada vez mais frequentes na generalidade dos Estados europeus, e o princípio do consentimento se reforçou nos últimos anos desse período. Contudo, imperava ainda a concepção de que a receita do Estado tem caráter preponderantemente patrimonial e que o imposto é supletivo e determinado por motivos excepcionais.

Nesse período, ainda não havia a configuração de um dever de contribuir, uma vez que, estando imunes os senhores e a Igreja e concentrando-se o financiamento do Estado no patrimônio do príncipe, existia confusão entre as rendas públicas e reais, o que tirava dos contribuintes a noção de que sua contribuição decorria da sujeição ao domínio privado do monarca (como o pagamento pelo uso de suas terras) ou de uma obrigação fiscal.

Francisco Comín retrata bem como se apresentava a situação fiscal neste período:[79]

> En el Antiguo Régimen, la división entre lo público y lo privado no era tan nitida; no puede hablarse propiamente de sector público. En el caso del gobierno de la monarquía no existía una Hacienda pública, sino una Hacienda real (que se confundía con el patrimonio del monarca), que coexistía con las Haciendas de los diferentes reinos y de los municipios, que contaban con rentas propias; incluso había una fiscalidad paralela de los nobres y da Iglesia que tenían prerrogativas fiscales, que cumplían funciones y oficios cedidos por la corona y que suministraban beneficencia (hospitales).

Reforça essa confusão a permanência de determinados poderes fiscais nos estamentos. Ricardo Lobo Torres elenca como exemplos de

---

[77] *In*: BALEEIRO, Aliomar. *Limitações constitucionais ao poder de tributar*, p. 50.

[78] TORRES, Ricardo Lobo. *A ideia de liberdade no estado patrimonial e no estado fiscal*, p. 28.

[79] COMÍN, Francisco. *Historia de la hacienda pública*, v. I, p. 30.

tributos cobrados pela Igreja o "dízimo de Deus" (10% sobre todos os bens produzidos) e as *conhecenças* (dízimos pessoais de reconhecimento à providência divina ou devidas pelas confissões e comunhões). O senhorio também conservava uma parcela de fiscalidade, que exercia concomitantemente aos seus direitos dominiais; por exemplo, por meio das redizemos.[80]

Pedro Soares Martinez se manifesta assim sobre a estrutura fiscal desta época:

> A figura jurídica do imposto desenha-se imprecisamente nos quadros medievais. Acha-se confundida com prestações de carácter dominial. Foi assim nos diversos Estados europeus. Confundiu-se o imposto com indenizações de guerra, com rendas, com foros prediais, com taxas, com preços, com receitas de monopólios, com todas as prestações devidas ao príncipe, afinal; e mesmo com outras devidas a entidades menores.[81]

O Brasil, após seu "descobrimento", foi inserido no sistema português de exploração colonial, com a aplicação de sua legislação (conjunto de leis e praxes portuguesas, como as Ordenações Manuelinas, que vigoraram de 1514 a 1603). Nesse momento, não havia no País um sistema fiscal. Preocupada tão somente em canalizar bens e rendimentos de suas colônias, a Metrópole passou a buscar a exploração de seus monopólios, por exemplo, mediante o quinto do pau-brasil, considerado o primeiro tributo exigido no Brasil.[82]

Com o desenvolvimento da colonização em suas primeiras fases,[83] por intermédio do sistema de capitanias hereditárias (1532-1548), e a instituição do Governo Geral (1548-1763), até a chegada da Corte Portuguesa, em 1808, foram instituídos tributos ordinários (a maioria decorrente do monopólio real sobre a exploração das riquezas coloniais) e tributos extraordinários, exigidos em ocasiões especiais, como para cobrir indenizações de guerra e para promover a manutenção de tropas e fortalezas (são exemplos disso as derramas e as fintas). Tais tributos eram cobrados pelos chamados "rendeiros" (que concentravam poder excessivo, inclusive para prender o contribuinte em atraso ou que sonegasse o cumprimento de suas obrigações) e pagos *in natura*.[84]

---

[80] TORRES, Ricardo Lobo. *A idéia de liberdade no estado patrimonial e no estado fiscal*, p. 32.

[81] MARTÍNEZ, Pedro Soares. Manual de direito fiscal, p. 468.

[82] MORAES, Bernardo Ribeiro de. *Compêndido de direito tributário*, v. 1, p. 108.

[83] Idem, ibidem.

[84] Idem, p. 113.

Capistrano de Abreu assim disserta sobre os direitos da Coroa e dos donatários de capitanias hereditárias:[85]

> Para os donatários poderem sustentar seu estado e a lei da nobreza, eram-lhes concedidas dez léguas de terra ao longo da costa, de um a outro extremo da capitania, livres e isentas de qualquer direito ou tributo exceto o dízimo, distribuídas em quatro ou cinco lotes, de modo a intercalar-se entre um e outro pelo menos à distância de duas léguas; a redízima (1/10 da dízima) das rendas pertencentes à coroa e ao mestrado; a vintena do pau-brasil (declarado monopólio real, como as especiarias), depois de forro de todas as despesas; a dízima do quinto pago à coroa por qualquer sorte de pedraria, pérolas, aljôfares, ouro, prata, coral, cobre, estanho, chumbo ou outra qualquer espécie de metal; todas as moendas d'água, marinhas de sal e quaisquer outros engenhos de qualquer qualidade, que na capitania e governança se viessem a fazer; as pensões pagas pelos tabeliães; o preço das passagens dos barcos nos rios que os pedissem; certo número de escravos, que poderiam ser vendidos no reino, livres de todos os direitos, a redízima dos direitos pagos pelos gêneros exportados, etc.

Em verdade, nessa época não se pode falar da existência de um sistema ou organização fiscal propriamente dita. O que existia era a exploração das riquezas naturais pelos portugueses que chegavam à Colônia, com o pagamento dos direitos devidos à Coroa, confundindo-se recolhimentos de natureza tributária com valores decorrentes dos monopólios reais.

Em 1549, em Salvador, Tomé de Souza instalou o Governo Geral, como uma tentativa do rei dom João III de retomar o controle da colônia americana, já que as capitanias hereditárias não se desenvolveram de modo a trazer os resultados esperados pela Coroa Portuguesa. As iniciais previsões entusiasmadas com a nova colônia não se confirmaram, já que, ao contrário do que ocorreu com as possessões espanholas do Peru e do México, nas terras brasileiras não se encontraram de forma imediata e fácil pedras e metais preciosos. Buscou-se, então, uma melhor organização da arrecadação de riquezas. Para tanto, foi editado um conjunto de leis extravagantes, com destaque para o Regimento de 17 de dezembro de 1548, pelo qual, conforme destaca Arnaldo Moraes Godoy, a superintendência e a fiscalização dos negócios da Real Fazenda eram efetuadas pela figura do provedor-mor, cuja função precípua era zelar pela arrecadação do dinheiro público.[86]

A receita colonial foi centrada nos frutos do comércio do pau-brasil e de outras especiarias e na cobrança de direitos reais sobre alfândegas e sobre produtos naturais (metais, pedras preciosas, pescados e colheitas).

---

[85] ABREU, Capistrano de. *Capítulos da história colonial (1500-1800)*, p. 66.

[86] Godoy, Arnaldo Moraes. A Tributação na História do Brasil. *Revista dos Procuradores da Fazenda Nacional*. Brasília: Consulex, junho de 2001, p. 134.

Dessa forma, as práticas tributárias que chegaram ao Brasil colonial foram repercussões diretas daquelas que vigiam em Portugal. Não só as estruturas eram copiadas, mas também a disseminação da corrupção e da sonegação caracterizava a Matriz e a Colônia:[87]

> Este início de prática tributária trazia consigo vícios e defeitos que se perpetuariam por toda a história brasileira. Talvez assertiva possa estar marcada por uma dose de exagero; mas não deixa de ser real o quanto algumas heranças coloniais ainda fazem parte do presente brasileiro. Decorrentes da longa distância que separa Portugal das suas terras na América, inúmeras maneiras de se burlar o fisco foram sendo gestadas. É praticamente unânime entre os historiadores a idéia que a sonegação fiscal esteve sempre presente em todo o Brasil colonial. Mais do que a sonegação do contribuinte, ocorria a constante corrupção do funcionário régio responsável pela arrecadação. Ou seja, a maneira como se elegeram os tributos a serem cobrados e a forma como isso seria feito, e por que, levaram à institucionalização das fraudes fiscais. Mais do que a má vontade dos contribuintes, a estrutura fiscal e suas decorrências engendravam as condições para que o arrecadado fosse sempre inferior ao que minimamente projetavam as autoridades fiscais lusas.

Também na fase colonial brasileira estavam presentes as características do Estado Patrimonial, como o fato de que a propriedade urbana e a rural, bem como o capital, eram isentas, preservando os interesses da aristocracia portuguesa.[88]

A corrupção e o desvio dos valores de tributos que deveriam ser repassados à Coroa Portuguesa, bem como a inexistência de um orçamento público, ditavam a política fiscal, uma vez que eram comuns as cobranças extraordinárias, que, somadas à tributação regular, incutia nos contribuintes a sensação de permanente opressão fiscal.

2.3. Estado de polícia

O Estado de Polícia, ou Estado Absolutista, compreende a fase histórica (caracterizada principalmente no século XVIII) em que se consolidou a reconstrução (ou construção) da unidade do Estado e da sociedade, centralizada na figura do rei e na noção de nação, superando-se o *status* anterior, em que o poder político se encontrava fracionado por força dos privilégios detidos pelos estamentos.

Para Jorge Miranda, a expressão "Estado Absoluto" é imprecisa, uma vez que não é possível a existência do Estado à margem do Di-

---

[87] AMED, Fernando José e NEGREIROS, Plínio José de Campos. *História dos Tributos no Brasil*. São Paulo: Edições SINAFRESP, 200, p. 47.

[88] GODOY, Arnaldo Moraes, op. cit., p. 135.

reito e nenhum governante se encontra totalmente desvinculado das normas jurídicas. Sobre o sentido correto do termo, em seu entendimento, disserta o constitucionalista português:

> O sentido próprio só pode ser o de Estado absoluto como aquele em que se opera a máxima concentração do poder no rei (sozinho ou com seus ministros) e em que, portanto: 1º) a vontade do rei (mas sob a formas determinadas) é lei; 2º) as regras jurídicas definidoras do poder são exíguas, vagas, parcelares e quase todas não reduzidas a escrito. Assim se explicam tanto os exageros dos teóricos do absolutismo (que sustentam que os únicos deveres do príncipe para com os súbditos ou para com o Estado são deveres morais, embora gravíssimos) como os dos monarcómanos (que chegam a defender o tiranicído).[89]

A superação da ordem feudal se deu de maneira paulatina e com intensidade e peculiaridades diferentes nos diversos Estados da Europa Continental. Contudo, as condições determinantes podem ser sintetizadas de maneira relativamente uniforme, podendo-se fixar como marco o século XIII, no qual ocorreu o desenvolvimento das cidades e da vida burguesa. Surgiu neste período uma classe média, de artesãos e mercadores, cuja influência sobre as estruturas e o funcionamento das organizações políticas medievais aumentou com o decorrer do tempo. E foi exatamente o desenvolvimento da vida nas cidades que desestruturou a ordem feudal. A vida urbana atraiu amplos setores da população campesina, que viu na migração uma forma de se libertar do julgo dos senhores e de mudar a forma de viver. O êxodo camponês abalou profundamente o sistema feudal, com a perda da mão de obra do camponês e da renda que decorria do seu trabalho. Mais tarde, já no começo da era moderna, a própria nobreza, atraída pela vida nas cidades, abandonou os seus feudos, indo se fixar nos burgos, continuando, contudo, a viver da renda da exploração de seus direitos feudais, em decadência, mas ainda existentes.

Enfraquecidos os vínculos entre o senhorio e a servidão/vassalagem, com o consequente aumento da população urbana de homens livres, ocorreu a modificação da própria estrutura política. O feudalismo não se ajustava mais ao sistema de vida social em implementação, no qual os homens livres buscavam um novo vínculo político, materializado na figura do monarca. Surgiu, então, o *status* de súdito, de natureza política pública e diferente da jurídico-privada que os ligava aos senhores. Não que no antigo sistema não houvesse qualquer vínculo com o monarca, só que este era intermediado pelo vínculo senhorial. Agora, tornando-se direto o vínculo entre monarca e súditos, abalava-se fortemente o poder dos senhores.

---

[89] MIRANDA, Jorge. *Teoria do estado e da Constituição*, p. 42.

Pode-se afirmar, então, que o processo formativo desses novos entes políticos se deu em decorrência das condições históricas, que permitiram aos monarcas superar os antagonismos e as divisões medievais, no seguinte sentido: a) soberania única, em lugar da multiplicidade de centros de poder político, centralizada no monarca; b) unificação territorial do poder, com a extensão do poder real a todos os âmbitos da nação; e c) formação de um Direito geral e uniforme em lugar do pluralismo jurídico representado pela liberdade estamental.[90]

Visando a estruturar seu poder e viabilizar a empreitada econômica do Estado, baseada no mercantilismo, os chamados "déspotas esclarecidos" promoveram o centralismo administrativo, com o desenvolvimento de um corpo burocrático mais aparelhado e atuante, sendo esta uma das características marcantes do período.

O mercantilismo constituiu-se na doutrina econômica do Estado de Polícia, sendo, em sua essência, nacionalista e intervencionista, auferindo a riqueza do Estado pela quantidade de metais preciosos que acumulava, seja por meio da manufatura ou do comércio. Para tanto, seus formuladores propunham medidas como a proibição da saída de metais preciosos e a busca de saldos favoráveis na balança comercial.[91] Esses objetivos exigiam dos Estados maior organização e eficiência, já que sua consecução exigia maior grau de intervenção na economia, inclusive por meio do financiamento direto de empreendimentos mercantis. A implementação dessas políticas somente se apresentou viável devido à concentração do poder decisório no monarca.

É neste contexto político e econômico que passaram a ocorrer alterações no sistema de recolhimento dos tributos, já que também no campo fiscal ocorria a centralização do poder fiscal nas mãos do monarca, com o aperfeiçoamento do aparato arrecadatório, visando à maior eficiência. A noção de tributo é, talvez pela primeira vez, objeto de análise mais técnica, efetuada pelos cameralistas, visando tornar mais eficiente a administração financeira.

De maneira ainda não sistemática, deu-se início à diferenciação entre o patrimônio do príncipe e o do Estado, mas não se pode dizer que já havia nesse momento a publicização do tributo.

No que se refere ao dever de recolher tributos, nessa fase histórica começaram a ser germinadas concepções que viriam a ser importantes para o advento do liberalismo e do Estado de Direito. Conforme lecio-

---

[90] BUJANDA, Fernando Sainz de. *Hacienda y derecho*, v. I, p. 251.
[91] BALEEIRO, Aliomar. *Uma introdução à ciência das finanças*, p. 14.

na Ricardo Lobo Torres, se no Estado Patrimonial o tributo libertava o homem apenas das obrigações militares, no Estado de Polícia começou a ser exigido como contraprestação pela liberdade de comércio e pela acumulação de riqueza, fatores condenados no período anterior.[92]

Se o objetivo do Estado era, nesse período, acumular riquezas, os reis absolutistas passaram a incentivar as atividades dos particulares que podiam trazer resultados econômicos. Entretanto, essa liberdade de atividade estava vinculada à contribuição para o Estado, corporificada no tributo.

Como destaca Ricardo Lobo Torres em seus estudos, a correlação entre tributação e liberdade é de inegável importância na configuração do dever de recolher tributos. Se no Estado Patrimonial havia a liberdade estamental, em que a tributação necessitava do consentimento dos estamentos, no Estado de Polícia passou-se à liberdade do príncipe, em que a tributação se tornou fundamental ao interesse do Estado (corporificado no monarca). Em decorrência disso, tornaram-se frequentes as imposições fiscais sem a audiência das Cortes. Iniciou-se, também, uma importante mudança de concepção, em que o tributo passou a ser encarado não como uma forma de opressão da liberdade, mas como o seu preço. Ou seja, iniciou-se uma noção de troca entre o Estado e o contribuinte, em que a liberdade é assegurada mediante os meios disponibilizados pelos cidadãos. O tributo começou, dessa forma, a ser encarado como o ônus decorrente do contrato social que deu ensejo à organização do Estado.

Entretanto, essa noção ainda não estava suficientemente desenvolvida nesse período, uma vez que, de regra, o tributo ainda era apropriado de forma privada e tinha natureza fortemente contraprestacional. Contudo, já estava plantada a semente de uma nova forma de entender o dever de recolher tributos, que, posteriormente desenvolvida, iria motivar e catalisar algumas das mais importantes mudanças políticas e sociais que caracterizarão o Estado Moderno.

No desenvolvimento histórico do Brasil, o Absolutismo é marcado pela restauração da Coroa Portuguesa e pela crise econômica do Império português, decorrente da perda de parcela importante de seus domínios coloniais. Neste contexto, as receitas vindas do Brasil se tornaram vitais para a manutenção do Estado português e das suas elites, que se encontravam empobrecidas e estranguladas com

---

[92] TORRES, Ricardo Lobo. *A idéia de liberdade no estado patrimonial e no estado fiscal*, p. 83.

a relação de endividamento e de dependência em face do império britânico.[93]

Este estado de necessidade trouxe consequências diretas para a tributação. A partir de 1750, com o Marquês de Pombal, instaurou-se uma política administrativa mais racional e rigorosa, e, ao mesmo tempo, uma política fiscal que visava retirar o máximo possível de riqueza da Colônia.

Alicerçada em objetivos que, mais do que arrecadatórios, eram efetivamente espoliativos, a política fiscal se radicalizou. O cumprimento de metas de arrecadação pelos responsáveis pela arrecadação é buscado independentemente da capacidade dos colonos de pagar os tributos exigidos e, também, sem se levar em conta de forma efetiva seus nefastos efeitos sobre as atividades econômicas desenvolvidas na colônia brasileira.

A política pombalina era centrada na necessidade de melhorar a organização administrativa na colônia, principalmente no que se refere às funções fiscal e militar, de forma a aumentar a arrecadação dos tributos e a ocupação em seu território, para que multiplicar as chances de descobrir novas fontes de riqueza e de diminuir os riscos de invasões estrangeiras.

Nesse período, surgiu uma figura histórica importante no que se refere à administração colonial: o contratador. Invariavelmente, este cargo era atribuído a ricos comerciantes, representantes da elite colonial. Sua função principal era garantir a arrecadação do montante pré-fixado pela Fazenda Real. Era comum o contratador arrecadar em leilão, por preço fixo, o total que deveria recolher aos cofres no triênio sobre contrato. A partir deste momento, cabia-lhe gerir com autonomia a cobrança dos tributos dos contribuintes, para o que se utilizava de um aparato administrativo e militar.[94]

---

[93] "Com a assinatura do Tratado de Methuen, em 1703, que determinava Portugal como comprador preferencial dos panos ingleses e estes, compradores dos vinhos portugueses, a materialização do domínio britânico sobre a nação lusitana estava definitivamente estabelecida e era irresistível. [...] Esse tratado – de fato marcado pela simplicidade de termos – selou uma balança comercial desfavorável para Portugal, já que esta nação comprava muito mais panos ingleses do que seus vinhos eram adquiridos. Além do mais, os panos ingleses, vendidos sempre em quantidades crescentes, permitiam o desenvolvimento da indústria na Inglaterra, o que mais tarde, deu origem à Revolução Industrial. Também outro resultado trágico para a economia lusitana: a nascente manufatura portuguesa não pôde resistir às mercadorias inglesas, que chegavam ao país ibérico a preço sem qualquer possibilidade de concorrência. Dessa maneira, parte considerável do ouro brasileiro foi parar na Inglaterra". AMED, Fernando José e NEGREIROS, Plínio José de Campos, op. cit., p. 100-101.

[94] Idem, p. 108.

O auge da política pombalina se deu no século XVIII, e foi marcado pela busca de se retirar o máximo possível da exploração mineral das Minas Gerais. Além do Quinto, o mais importante dos tributos cobrados da atividade mercantil incidiam ainda sobre os colonos diversas cobranças, como aqueles referentes a dízimos reais e eclesiásticos e o pagamento de direitos de passagem.

A tensão entre colonos, principalmente da elite ligada à atividade mineraria, e o aparato fiscal da Coroa Portuguesa ia aumentando exponencialmente, não só pela carga fiscal, mas também pela consolidação de uma estrutura opressora, em que aqueles que detinham parcelas de poder político e militar, destas se utilizavam de forma violenta, exploradora e corrupta.

A rigorosa disciplina administrativa que a Matriz fez incidir sobre a atividade minerária, bastante diferente do que ocorreu na exploração de produtos agrícolas, foi destacada por Caio Prado Júnior:[95]

> Em resumo, o sistema estabelecido era o seguinte: para dirigir a mineração, fiscalizá-la e cobrar tributo (o quinto, como ficou denominado), criava-se uma administração especial, a Intendência de Minas, sob a direção de um superintendente; em cada capitania em que se descobrisse ouro, seria organizada uma destas intendências que independia inteiramente de governadores e quaisquer outras autoridades da colônia, e se subordinava única e diretamente ao governo metropolitano de Lisboa.
>
> O descobrimento de jazidas era, obrigatoriamente e sob penas severas, comunicado à intendência da capitania em que se fizera. Os funcionários competentes (os guardas-mores) se transportavam então ao local, faziam a demarcação dos terrenos auríferos, e em dia e hora marcados e previamente anunciados, realizava-se a distribuição entre os mineradores presentes.
>
> Entregues as datas aos contemplados, deviam eles dar início à exploração no prazo de quarenta dias, sob pena de devolução. Transações com as datas não eram permitidas, e somente se autorizava a venda na hipótese devidamente comprovada da perda de todos os escravos. Neste caso o minerador só podia receber nova data quando provasse que adquirira outros trabalhadores. Mas isto somente uma vez, pois da segunda que alienasse sua propriedade perdia definitivamente o direito de receber outra.

Por todo o século XVIII eclodiram diversas revoltas e rebeliões, como a chamada "Sedição da Vila Rica", decorrente da criação da Casa de Fundição, em Vila Rica, acabando por desaguar na Inconfidência Mineira, em 1789.

O movimento, também conhecido por "Conjuração Mineira", teve origens complexas, que não se limitavam à questão fiscal. Numa definição bem sintética, pode ser definido como um movimento que reuniu proprietários rurais, intelectuais, clérigos, militares e alguns não integrantes da elite (como era o caso de Tiradentes), numa cons-

---
[95] PRADO JR., C. *História econômica do Brasil*. 20.ed. São Paulo: Brasiliense, 1977, p. 38.

piração que pretendia eliminar a dominação portuguesa e criar um país livre no Brasil.

As Minas Gerais, por ser à época o centro da exploração colonial portuguesa, baseada na extração do ouro e de diamantes, sentiam mais fortemente o aumento da pressão fiscal e econômica da Metrópole, que se encontrava em grave crise econômica.

A insatisfação latente na colônia ensejou um ambiente propício ao fomento de ideiais libertários, inspirados na Revolução Francesa e na Independência das treze colônias da América do Norte. O contato com o ideário iluminista era feito pelos filhos da elite colonial, que eram enviados à Europa para estudar.

Os ideais dos inconfidentes não eram uniformes ou solidamente definidos, o que decorria da diversidade de seus componentes e dos interesses e aspirações que os motivavam a participar do movimento. Tal contexto explica, por exemplo, que a maioria era contrária à abolição da escravatura. As ideias liberais dos conjurados tinham seus limites bem definidos, podendo-se dizer que o ideal de liberdade era construído a partir do interesse de uma minoria, a quem interessava, preponderantemente, a ruptura da sujeição política e economica à Metrópole. Contudo, esses objetivos não pressupunham a vontade de que houvesse uma mudança efetiva das estruturas socioeconômicas. E, mesmo do ponto de vista político, a liberdade possuía limites, já que a proposta de mudança do regime (pois a maioria era republicana) não implicava o direito de participação política a todos os homens, independetemente de cor, sexo e classe social.

Apesar de não ser o motivo exclusivo, a questão fiscal era fator decisivo e mola de impulsão do movimento. A expectativa de uma drástica derrama por parte da Metrópole, com a utilização de força militar para sustentar a tomada de bens dos moradores da região mineira pelos cobradores, levou os inconfidentes a planejar a conjuração, a ser realizada antes da cobrança fiscal.[96]

---

[96] "Especificamente em relação à Conjuração Mineira, havia a questão dos impostos atrasados. Desde a época do Marquês de Pombal existia uma nova sistemática tributária: a Colônia deveria remeter 100 arrobas de ouro como imposto a cada ano. Sempre que a arrecadação não atingisse essa cifra, a diferença seria contabilizada para uma cobrança posterior. Quando o valor devido chegasse a um patamar que o fisco português considerasse inaceitável, a cobrança era feita pelo sistema que recebeu o nome de Derrama.

No ano de 1789, o valor de impostos atrasados havia atingido níveis significativos e começaram a circular boatos em Minas Gerais, de que o governador da capitania estava preparando a decretação da temida Derrama. Mais do que isso, Lisboa havia mandado esse novo governador para Minas Gerais exatamente com a tarefa de cobrar impostos atrasados. A Derrama era temida por se tratar de uma cobrança sui generis, já que caracterizada pela violência dos responsáveis pela ação. Como numa batalha de guerra, as tropas militares portuguesas cercariam as regiões que

O aprofundamento da exploração colonial, com o aumento da pressão pela arrecadação de recurso para a matriz e de medidas restritivas à liberdade dos colonos, levou a um crescente de insatisfação, principalmente na elite colonial, que se sentia impedida de acumular riquezas e de gerir sua atividade produtiva. Este estado de insatisfação inseria-se em um contexto histórico de mudanças culturais (Iluminismo), econômicas (Revolução Industrial) e política (Revolução Francesa e Independência das colonias da América do Norte), que fomentavam a eclosão de movimentos contestatórios na colônia, como também são exemplos a Conjuração Baiana (1798), a Conjuração do Rio de Janeiro (1794), a Conspiração dos Suaçunas, em Pernambuco (1801), e a Revolução Pernambucana, de 1817.

A Inconfidência Mineira foi desbaratada pelo governo do Visconde de Barbacena (governador de Minas Gerais), depois da delação de Joaquim Silvério dos Reis. Interessante é o fato de que antes mesmo do conhecimento do movimento insurgente o governador já tinha cancelado a derrama, muito provavelmente, pela percepção de que o grau de endividamento da elite mineira com a Coroa não permitiria que essa suportasse pacificamente a cobrança.

Denunciado o movimento, as autoridades locais iniciaram rápida e severa repressão. O vice-rei dom Luís de Vasconcelos determinou a imediata prisão de Tiradentes, que se encontrava no Rio de Janeiro, e enviou reforço de tropas para Minas Gerais. Por ordem da Rainha Maria I, instalou-se um tribunal para julgar os insurgentes, utilizando-se o rito processual da devassa, previsto nas Ordenações do Reino. Aplicou-se, então, um rito criminal específico, marcado pela inquisitoriedade, sem o respeito às prerrogativas de defesa e ao contraditório, já que se confundiam a pessoa do acusador e a do julgador. A devassa arrastou-se até 1792, ano em que foram lidas as sentenças dos réus, com a condenação de muitos à pena capital. Mas, com exceção de Tiradentes, todos tiveram a pena comutada por prisão ou degredo na África. O alferes, condenado à morte e sem o beneplácito da clemência, foi utilizado como exemplo da força da Coroa Portuguesa. Sua escolha foi incentivada por vários fatores, como o de, diferentemente dos demais inconfidentes, ser de origem pobre, ter pouca instrução e ter se empenhado no julgamento a defender os ideais do movimento. A execução ocorreu no Rio, no Largo da Lampadosa, em 21 de abril de 1792. Seu corpo foi esquartejado, e a cabeça foi exposta no alto de um poste da praça central de Vila Rica.

---

deveriam pagar tais impostos. Os cobradores entrariam em cada casa com a assistência dos militares". AMED, Fernando José e NEGREIROS, Plínio José de Campos, op. cit., p. 158.

Os movimentos coloniais, com destaque para o mineiro e o baiano, marcaram o fim do século XVIII e descortinaram o início de um período de grandes mudanças políticas e econômicas no Brasil, com a vinda da família real portuguesa para o país, em 1808, em fuga das tropas de Napoleão. Transmudada a sede do Império para a colônia americana, iniciou-se uma nova fase no Estado Absolutista português e deu-se o grande passo para a emancipação política e econômica da colônia (iniciada com abertura dos portos às nações amigas).

2.4. Do estado de direito (estado fiscal)

A partir do Absolutismo, com suas características de desenvolvimento da vida urbana vinculada à quebra dos vínculos feudais, além da uniformização e centralização do poder nas mãos do monarca, que consolida o Estado Nacional, bem como a maior organização e estruturação do aparato estatal, foram criadas as condições para o desenvolvimento do chamado "Estado Moderno" ou " Estado de Direito".

O Estado de Direito é decorrente do desenvolvimento das ideias iluministas e liberais, sendo, no campo político, uma resposta ao autoritarismo das monarquias absolutas e à necessidade de limitação e contenção do poder estatal, efetivada, primordialmente, pela exigência do respeito às garantias mínimas veiculadas por meio dos chamados "direitos fundamentais", principalmente o da propriedade, mediante seu reconhecimento constitucional.

Esse período de transição do Estado Absolutista para o Estado de Direito é caracterizador da estreita relação entre as instituições políticas e a atividade tributária, cada uma influindo para o desenvolvimento e a transformação da outra. É difícil precisar se foi a mudança da estrutura política que alterou a forma de tributar ou se foi a necessidade de modificar o sistema fiscal que determinou a transformação política. Pode-se mesmo dizer que o que há é uma influência recíproca tão forte que impede uma diferenciação cirúrgica.

O absolutismo político, em sua forma mais desenvolvida e radical, exteriorizou-se fortemente no campo fiscal. O poder centralizado na figura do monarca teve sua expressão fiscal no estabelecimento de tributos sem qualquer forma de consentimento dos súditos. Substituiu-se a noção de que a tributação pessoal do homem livre somente se daria com o seu consentimento (tradição que, como visto, vem das sociedades mais antigas e que culminou na chamada "liberdade estamental"), para vinculá-la à soberania discricionária do príncipe, fundamentada na delegação divina. Dessa forma, a própria moderação dos tributos ficava na pendência da generosidade do monarca e do sentimento de que a carga tributária não podia ser de tal monta de forma a impedir os súditos de manter suas atividades geradoras de riqueza, fonte dos recursos a serem arrecadados (decorrente dos trabalhos dos teóricos do mercantilismo e do cameralismo).

A irresignação à excessiva concentração do poder nas mãos do príncipe, com a consequente opressão da liberdade dos súditos, principalmente no que se refere ao direito de propriedade, impedindo o desenvolvimento da classe social que se encontra na vanguarda do período, a burguesia, deu ensejo a movimentos teóricos, sociais, políticos e econômicos que desaguaram na construção do chamado "Estado de Direito".

A análise de todos esses movimentos, com suas características e implicações próprias, em razão de sua complexidade e de sua variedade, foge aos objetivos desta obra. Assim, o estudo se dará de forma sintética, ressaltando as características mais importantes desse momento histórico e fixando-se nos desdobramentos que se referem efetivamente ao dever de recolher tributos.

2.4.1. *O estado de direito como uma resposta ao estado absolutista*

No campo político, a doutrina liberal sintetiza-se na oposição à concentração do poder político no monarca, com a afirmação do princípio da separação dos poderes e a fixação do princípio da legalidade como norma básica da vida política.

Os ideais burgueses de liberdade e de propriedade se contrapunham ao absolutismo, atacando-o em seus fundamentos, como a ideia de poder derivado da vontade divina. Como contraposição e base filosófica das aspirações burguesas, reforçava-se o discurso contratualista da existência de direitos inerentes ao homem como tal e que eram anteriores e independentes de sua integração na sociedade política. Sendo anteriores e independentes à organização política, esses direitos não podiam ser desconsiderados ou violados pelo poder estatal, sendo limites objetivos ao seu campo de atuação.

O Estado, como criação deliberada e consciente da vontade dos indivíduos que o compõem, é limitado pela vontade destes, que impõem os limites de sua atuação.

Essa concepção política teve seu grande momento de afirmação na Revolução Francesa (1789), quando se infirmou o princípio da soberania popular, que se encerrava e se exterioriza na chamada "vontade geral". Assim, cabia ao Parlamento ou às Assembleias Legislativas modelar a Constituição do próprio Estado, declarando os direitos e as garantias individuais, e exercitar, de forma geral, as atribuições de direção da estrutura estatal.

Sainz de Bujanda ressalta as consequências da introdução, pela Revolução Francesa, de três ideias cardeais – liberdade, igualdade e fraternidade –, cujos desdobramentos iriam sofrer oscilações no século XIX, inspirando a todo o momento o jogo político que se travava nesse período. Indiscutivelmente, esses três conceitos determinaram o desenvolvimento posterior da ciência política, cristalizando-se como princípios nucleares do estado de cidadania (isso, claro, ressaltando as diversas interpretações formuladas a respeito destes). O princípio de liberdade significou o reconhecimento de uma esfera de direitos inerentes ao cidadão que não podia ser desconhecida ou desrespeitada pelo Poder Público; o princípio da igualdade pressupôs a anulação dos privilégios, com a transformação de uma sociedade dividida em estamentos ou em classes em uma sociedade de cunho individualista; e o princípio da fraternidade derivou em fórmulas de tipo nacionalista, reforçando os vínculos internos entre os cidadãos de determinada nação.[97]

A partir desse momento, visualizam-se as características que opõem o Estado de Direito ao Estado Absolutista, sintetizadas por Jorge Miranda:

> Em vez da tradição, o contrato social; em vez da soberania do príncipe, a soberania nacional e a lei como expressão da vontade geral; em vez do exercício do poder por um só ou seus delegados, o exercício por muitos, eleitos pela colectividade; em vez da razão do Estado, o Estado como executor de normas jurídicas; em vez de súbditos, cidadãos, e atribuição a todos os homens, apenas por serem homens, de direitos consagrados nas leis. E instrumentos técnicos jurídicos principais tornam-se, doravante, a Constituição, o princípio da legalidade, as declarações de direitos, a separação de poderes, a representação política.[98]

Buscava a burguesia, nesse momento, limitar o exercício do poder estatal, que passou a ter como função primordial defender e proteger a liberdade. Contudo, apesar do discurso burguês de reconhecimento de direitos gerais de todos os homens, necessário, até mesmo, para cooptar as demais classes sociais, em verdade, tem-se a afirmação dos

---

[97] BUJANDA, Fernando Sainz de. *Hacienda y derecho*, v. I, p. 315.
[98] MIRANDA, Jorge. *Teoria do Estado e da Constituição*, p. 45.

direitos que correspondem a seus interesses como classe social, com ênfase nos direitos de livre iniciativa econômica e propriedade.

A teoria da separação dos Poderes foi, essencialmente, o instrumento de limitação do poder estatal e de proteção aos diretos de liberdade. Fundamentava-se em Locke e, principalmente, no genial pensamento de Montesquieu, que via nesta o princípio maior de organização de um Estado Constitucional, no qual o poder político do Estado estaria fracionado em três Poderes (Executivo, Legislativo e Judiciário), modelarmente separados e mutuamente contidos, de acordo com a ideia de "o poder contém o poder".[99]

Criou-se, então, o mecanismo em que a própria estrutura do poder limitava o seu exercício, com o Poder Executivo submetido às normas elaboradas pelo Poder Legislativo, de natureza representativa dos cidadãos e vinculado às diretrizes por essas fixadas no que se referia às tarefas do governo.

Necessitava-se, contudo, de um instrumento que permitisse a consolidação e a estabilidade dessa nova forma de organização política. Surgiu, então, a necessidade de consagrar de forma escrita e solene não só a estrutura do Estado, como também os direitos e garantias do indivíduo. Isso se deu por intermédio do Direito, com o movimento constitucionalista.

O constitucionalismo trouxe, nesse momento, algo diverso e original. Não consistia em simples estruturação jurídica do Estado, mas sim na exteriorização de um novo sistema jurídico, político e filosófico da vida pública, que a cria e justifica.

A própria concepção do Direito se alterou. A técnica e a razão o transformaram em um sistema de normas abstratas, cuja interpretação deveria dar-se mediante métodos puramente lógicos, indiferentes à influência de fatores externos de cunho valorativo, moral ou político. O Direito passou a ser concebido como lei, produto da vontade geral e decorrente da razão. Seu âmbito de aplicação se alterou, abarcando não só os súditos, mas também o monarca e o próprio Estado, que passou a se organizar e a atuar segundo o determinado pela Constituição e pelas leis. Ou seja, a partir desse momento, a administração pública passou a ser regrada pelas determinações legais, o que afastou o discricionarismo que instabilizava o exercício dos direitos fundamentais.

As revoluções burguesas, matizadas pela Revolução Francesa, representam o cume de um processo histórico de consolidação do Es-

---

[99] BONAVIDES, Paulo. *Do estado liberal ao estado social*, p. 44.

tado. O Estado Absoluto consistiu em uma reação aos ordenamentos medievais e a sua pluralidade de poderes concorrentes, sendo uma etapa na formação da estrutura estatal moderna. Ocorre que, consolidado o Estado Nacional, interna e externamente, o poder absoluto dos reis perdeu sua razão histórica de existir. A partir desse momento, ocorreu um descompasso entre o sistema absolutista e a organização social, quando passou a despontar uma nova classe, a burguesia, dotada de maior dinamismo e consciência de suas necessidades de seu desenvolvimento (essa consciência dá ensejo ao florescimento de riquíssima filosofia política, como a de Locke, a de Montesquieu e a de Rosseau). Buscou, então, a burguesia a alteração do sistema político, para que este se ajustasse a sua realidade e a seus interesses, vendo no Estado de Direito, limitador do poder estatal e garantidor de suas liberdades e do direito de propriedade, o instrumento político hábil a permitir seu desenvolvimento. Paulo Bonavides,[100] com propriedade, identifica que o Estado de Direito, ou Estado Liberal, em sua primeira fase, configura-se na ascendência do econômico (a burguesia), que controla e dirige o político (a chamada "liberal-democracia"), de forma totalmente inversa ao antigo regime, em que o político (o poder do rei) tinha ascendência sobre o econômico (o feudo). Portanto, é inegável que o Estado de Direito teve sua origem na reação da burguesia ao sistema absolutista de governo.

2.4.2. A tributação e o advento do estado de direito (estado fiscal)

A tributação teve influência decisiva em todo o processo histórico-político que culminou com o surgimento do Estado de Direito, fruto das revoluções burguesas dos séculos XVIII e XIX. Essa influência foi notória no trânsito do mundo feudal para o mundo moderno, já que o desenvolvimento das instituições financeiras do Estado teve imensa significação, constituindo um dos pilares sobre o qual se construiu o Estado Nacional. A transformação, entretanto, não foi homogênea ou se deu ao mesmo tempo e com a mesma intensidade em todos os Estados Absolutistas. A transição do feudalismo para o Estado Nacional foi um processo lento e que ocorreu de forma diferenciada em cada Estado. O mesmo se pode afirmar da passagem do sistema fiscal feudal (que, rigorosamente, nem mesmo pode ser assim nomeado) para um sistema de arrecadação estatal com as feições que

---

[100] BONAVIDES, Paulo. *Do estado liberal ao estado social*, p. 55.

caracterizam a tributação no mundo moderno. Importante, no que se refere aos objetivos deste trabalho, é identificar a influência da tributação nesse processo e as transformações que ocorreram no dever de recolher tributos.

No período absolutista, os reis, visando à superação do sistema feudal com a centralização do poder político em suas mãos, trabalhavam no sentido da construção do Estado Nacional como estrutura unitária e soberana em substituição ao fracionamento do poder que caracterizava o feudalismo.

A tributação se inseria no contexto político-econômico, em que se buscava a afirmação do poder dos monarcas e o fortalecimento do Estado, sob a ótica econômica do mercantilismo e do cameralismo. O tributo ainda não possuía as características que o identificavam no Estado Moderno, mas já era encarado de forma mais objetiva como meio de obtenção de recursos.

Os monarcas, premidos pela necessidade de obter recursos, desenvolveram a ideia que irá caracterizar a Fazenda Pública moderna: a obtenção coativa de recursos, subtraídos da riqueza dos particulares, mediante o exercício de sua soberania. Com a fixação de um poder político unitário e soberano, a obtenção coativa de recursos começou a ser efetuada de forma constante e ser encarada como um dos meios por excelência de obter o recursos fiscais (não ainda como o principal, haja vista que a exploração colonial e a comercial são encaradas pelo mercantilismo como a forma primordial de obtenção de recursos pelo Estado). O Estado Nacional, no campo financeiro, caracterizava o surgimento da noção de soberania financeira, que permitia a obtenção (pela via fiscal) dos recursos necessários ao cumprimento dos fins a que historicamente estava vinculado. Mas isso não ocorreu de forma fácil e imediata. O Estado Nacional teve, nesse campo, de superar a tradição medieval, inspirada em doutrinas voluntaristas do imposto, bem como a resistência de núcleos de poder feudal que aspiravam conservar no Estado seus antigos privilégios.

À medida que os monarcas obtinham sucesso em sua empreitada, com a consolidação do poder político e do poder econômico na figura do príncipe, consolidava-se o sistema absolutista, marcado pelo autoritarismo com a total submissão dos súditos à vontade do soberano. Isso se dava também no campo fiscal, com a prática do autoritarismo fiscal, no que se refere tanto à arrecadação como ao gasto. Esse autoritarismo crescia à medida que as economias nacionais entravam em crise, em decorrência dos excessivos gastos da corte real e das diversas guerras que assolaram a Europa nesse tempo. A carga fiscal se incrementava excessivamente sobre os súditos, principalmente a burguesia, porque ainda não se encontrava totalmente superada a liberdade estamental. Ao lado da convivência de privilégios dos estamentos, o absolutismo autoritário não mais pressupunha qualquer tipo de consentimento para a criação e majoração dos tributos.

A tributação, nesse momento, assumia um perfil eminentemente opressivo e de obstáculo ao desenvolvimento da burguesia como classe econômica e social. A configuração que o absolutismo, em seu estado mais crítico, imprimiu ao dever de recolher tributos foi um dos principais motores para as revoluções burguesas. Alexis de Toqueville destacou essa correlação:

> Me atrevo a asegurar que el dia en que la nación – cansada de los continuos desórdenes que acompañaron al cautiverio del rey Juan y la demencia de Carlos VI – permitó a los reyes establecer un impuesto general sin su concurso, y en que la nobleza tuvo la cobardía de dejar que se impusieran cargas al tercer estado con tal de quedar ella exeta, ese día se sembró el germen de casi todos los vicios y abusos que fueron minando al antiguo régimen, hasta causarle la muerte, y admiro la singular sagacidad de Conmines al decir: Carlos VII, que consiguió imponer la talla a su voluntat, sin el consentimiento de los estados, contrajo una grave responsabilidad para sí y sus sucesores e infligió a su reino una herida que sangra largo tiempo.[101]

A configuração do dever de recolher tributo em determinado momento histórico passou a definir, numa relação dialética, a noção de liberdade que aí vigora. O desenvolvimento da vida nas cidades, com a quebra dos vínculos com os senhores feudais, levou ao desenvolvimento de uma classe de homens livres. Essa alteração da estrutura social e da base econômica, com o incremento do comércio e o enriquecimento dos burgueses, alterou a forma de encarar a liberdade individual e a sua relação com o poder estatal, em todos os níveis, inclusive o tributário.

As revoluções burguesas tiveram como base filosófica a doutrina do direito natural de cunho contratualista e racionalista, que, no campo tributário, teve sua exteriorização mais importante na concepção de que o tributo devia ser fruto do consentimento dos cidadãos. Não negavam a existência e a importância desse dever, que, contudo, passa a ser encarado sob nova ótica, como ônus necessário ao sustento de um Estado garantidor das liberdades do homem. Reconhece-se a relação de meio e fim, em que o fundamento do tributo se encontra nas funções do Estado, vinculadas aos termos do contrato social.

---

[101] O *antigo regime e a revolução*. Apud PLAZAS VEGA, Maurício A. *El liberalismo y la teoría de los tributos*, p. 39.

Paradigmático nesse sentido é o pensamento de Locke[102] de que a tributação é instituto consentido e atua em contrapartida à proteção propiciada pelo Estado:

> Verdade é que os governantes não podem sustentar-se sem grande dispêndio, sendo natural que todos quantos gozam de uma parcela de proteção paguem do que possuem a proporção necessária para mantê-lo. Todavia, será ainda com seu próprio consentimento, isto é – o consentimento da maioria, dado diretamente ou por intermédio dos seus representantes. Se alguém pretender possuir o poder de lançar impostos sobre o povo, pela autoridade própria, sem estar por ele autorizado, invalidará a lei fundamental da propriedade e subverterá o objetivo do governo.

A teoria do contrato social foi basilar nesse momento de transformações políticas e sociais. No campo da liberdade, exteriorizava-se no sentido de que o homem nasce, por sua natureza, livre e de que somente o seu consentimento o obriga validamente perante terceiros. É esse mesmo consentimento que o insere no corpo político. É dizer, dada a sua conveniência e as vantagens daí advindas, o indivíduo se compromete a sair do estado de natureza e se incorporar à sociedade civil como cidadão. Esse consentimento, ao mesmo tempo em que lhe traz as vantagens da vida social (principalmente a segurança e o afastamento da lei do mais forte), requer dele contrapartidas ou ônus. O indivíduo se vincula a suportar e a cumprir seus deveres de cidadão e a submeter-se aos ditames emanados pelos poderes políticos que caracterizam a sociedade civil.[103]

Entre os direitos que são naturalmente inerentes ao homem sobressai o de propriedade. Não se aceitam mais entraves arbitrários ao seu exercício, e a exigência de contribuições ao poder estatal é limitada, estando vinculada ao prévio consentimento e sendo devida por todos, excluídos os benefícios advindos de privilégios de nascimento ou classe social. O tributo é uma limitação ao direito de propriedade, cuja validade está em sua justificação e na forma como são aplicados os recursos públicos. Sua validade é decorrente do próprio contrato social, em que os indivíduos abrem mão de uma parcela de sua liberdade em favor do Estado, mas não de uma organização que seja um fim em si mesmo e que esteja a serviço do interesse de poucos. O Estado detém a legitimidade tributária à medida que se enquadra em suas funções inerentes de garantia e segurança dos direitos de liberdade.

---

[102] LOCKE, John. *Segundo tratado sobre o governo*, p. 140.
[103] BERMEJO, Juan Manuel Pérez. *Contrato social y obediência al derecho en el pensamiento de John Rawls*, p. 23.

Conforme registra Ricardo Lobo Torres, no Estado Fiscal, ou no Estado de Direito, a liberdade é o limite do poder fiscal, atuando por meio das imunidades e das proibições de privilégio e confisco:

> O monopólio do poder fiscal exercido pelo Estado, com a extinção da fiscalidade periférica da Igreja e da nobreza, não é absoluto ou ilimitado. O poder tributário, pela sua extrema contundência e pela aptidão para destruir a liberdade e a propriedade, surge limitadamente no espaço deixado pela autolimitação da liberdade e pelo consentimento no pacto constitucional. Em outras palavras, o tributo não limita a liberdade nem se autolimita, senão que pela liberdade é limitado, tendo em vista que apenas a representação e o consentimento lhe legitimam a imposição.[104]

O tributo, ao mesmo tempo em que é o preço da liberdade (o ônus que decorre do pacto social e da criação de uma estrutura política garantidora das liberdades individuais), é por este mesmo limitado. Nesse momento, quando não há ainda uma divisão como objeto de estudo entre o Direito Tributário e o Direito Financeiro, a limitação do poder tributário era analisada nas duas vertentes que caracterizam as finanças públicas, a arrecadação e o gasto.

A fórmula encontrada para vincular as receitas e os gastos foi o desenvolvimento da figura jurídica do orçamento. Ao se alocar no Parlamento a competência de aprovar, via lei, o orçamento, pretendeu-se evitar os abusos do Fisco, assegurando-se os direitos econômicos do contribuinte. Confluíram para esse instituto dois princípios caros às revoluções burguesas: o que coloca a legitimidade do tributo no seu prévio consentimento; e o que atribuía à vontade dos cidadãos a fixação e a fiscalização da forma de gasto dos recursos públicos.[105] Com relação ao gasto, nesse momento histórico a preocupação era eminentemente de controle, visando a evitar desperdícios e descontroles capazes de levar as finanças públicas a défices e crises de financiamento. Não existiam preocupações de ordem social ou redistributivista, o que somente ocorrerá em períodos históricos posteriores.

Nesse momento, estatuíram-se os pressupostos de legitimidade do dever de contribuir. Com efeito, para o cidadão do século XIX era essencial assegurar-se de que a Administração somente poderia exi-

---

[104] TORRES, Ricardo Lobo. *A idéia de liberdade no estado patrimonial e no estado fiscal*, p. 27.

[105] "Dessarte, as regras iniciais relativas aos orçamentos públicos, erigidas pela doutrina financeira no século XV, estabeleciam os seguintes nortes para sua elaboração: 1) os ingressos devem cobrir apenas as necessidades para que tenham sido solicitados; 2) não se pode arrecadar mais do que tenha sido solicitado; 3) o tributo não deve durar além das necessidades extraordinárias que determinaram a sua criação. Com a gradativa evolução do conceito de Estado, associada à perda de importância da arrecadação patrimonial, substituída pela imposição de tributos, acaba por evoluir, conseqüentemente, a noção de orçamento. Não mais poderia concebê-lo como forma de controle dos gastos pessoais do titular do poder, mas como meio de controle jurídico e político dos gastos necessários à manutenção do Estado, administrado no interesse do cidadão." SPAGNOL, Werther Botelho. *As contribuições sociais no direito brasileiro*, p. 49.

gir dele contribuições financeiras na medida e na forma determinada por um orçamento previamente aprovado por seus representantes e, ainda, que essa mesma Administração haveria de destinar os fundos arrecadados consoante o determinado pela peça orçamentária.

Ocorreu, então, a publicização do tributo. Excluídas as esferas marginais de tributação, concentrava-se a atividade arrecadatória no Estado. A confusão entre a esfera privada e a pública tinha levado o Estado Absolutista à falência, em decorrência de diversos fatores, como: gastos excessivos das cortes, desperdício, guerras externas e insuficiência da arrecadação, pela manutenção de privilégios estamentais e inexistência de um sistema tributário efetivamente organizado e eficiente.

O Estado moderno é, desde então, identificado como o Estado Fiscal, cujas necessidades financeiras são essencialmente cobertas por impostos.

Marciano Seabra de Godoi sintetiza com precisão as transformações por que passou a tributação no período:

> Na ordem dos fatos históricos e na ordem da história das idéias, o tributo começa a assumir suas características atuais e passa a ocupar a posição de principal categoria de receita pública exatamente no período em que o princípio da igualdade de todos os cidadãos perante a lei é afirmado pelas vitoriosas revoluções burguesas, que estabelecem uma nova ordem jurídica, política e social da qual o tributo é ao mesmo tempo garantia (enquanto preço da liberdade individual antes negada pelo absolutismo e pelo feudalismo), conseqüência (a liquidação do imenso patrimônio imobiliário da igreja e da nobreza e a retirada do Estado das atividades econômicas impediam que as antigas receitas dominiais continuassem a financiar os gastos governamentais, os quais passam a contar fundamentalmente com a arrecadação tributária) e possível ameaça (uma vez que a arbitrariedade e o autoritarismo do fisco podem sufocar a liberdade dos cidadãos).[106]

Com o advento do Liberalismo, a tributação foi alçada ao primeiro plano, como meio efetivo de obtenção de recursos para o Estado. Diversos teóricos da escola liberal clássica apresentaram soluções para o problema tributário. Como não poderia deixar de ser, o enfoque dado à tributação esteve conjugado com a concepção de Estado do Liberalismo.

Em síntese, a partir das revoluções burguesas e com o advento do Estado de Direito, o tributo assumiu as feições que irão caracterizá-lo no mundo moderno. A primazia da tributação como meio de financiamento do Estado e a instituição de princípios como o da legalidade

---
[106] GODOI, Marciano Seabra de. *Justiça, igualdade e direito tributário*, p. 182.

e o da igualdade na tributação revelam-se como avanços de grandes proporções e que determinam o sistema fiscal moderno.

O fundamento do dever de recolher tributos sofreu notável transformação. O tributo passou a se fundamentar não mais em vínculos de sujeições impostos pela religião ou pela tradição, para se alicerçar na vontade dos cidadãos. Não se contribui mais para a glória de Deus ou do príncipe, mas para a consecução dos fins atribuídos ao Estado. Tornou-se um ônus decorrente do contrato social, sendo um dever inerente à condição de cidadão. Se a tributação é um ônus inafastável, por outro lado é limitado, não podendo ser exercido de maneira a oprimir as liberdades individuais. O tributo assume, assim, caráter instrumental, vinculado aos fins estatais, os quais, por sua vez, tornam-se determinados e limitados pelos direitos fundamentais do homem.

2.4.3. Da tributação no liberalismo

O Liberalismo é caracterizado pela defesa de um Estado Mínimo, com o menor grau possível de intervenção estatal na interação das forças econômicas no livre mercado. Entretanto, o nível dessa intervenção e os fins que se entendem pertinentes ao Estado marcam e diferenciam as diversas fases e correntes que se desenvolveram na doutrina liberal.

A escola clássica do Liberalismo teve como precursor e maior figura o escocês Adam Smith, que, em sua obra *Investigação sobre a natureza e riqueza das nações* lançou as suas bases teóricas. Em apertada síntese, defendia o "Pai do Liberalismo" que o Estado deve intervir o mínimo possível na economia, de modo semelhante ao que ocorre com as leis naturais, limitando-se o homem a descobrir, e não interferir, por meio do ente estatal, nas leis de mercado. O mercado, mediante a célebre "mão invisível", trabalharia em prol da felicidade coletiva, e qualquer ação do Estado no sentido de alterar a ordem natural seria lesiva aos interesses individuais e coletivos. A respeito do papel do Estado, este deve limitar-se a tarefas bem determinadas: a) defesa externa; b) segurança e justiça interna; e c) gastos públicos destinados à promoção do comércio e à educação dos cidadãos.

No campo da tributação, Adam Smith parte do pressuposto de que os ingressos derivam, em última análise, de três diferentes fontes: salários, benefícios e rendas, sendo que os impostos são pagos por intermédio de uma ou outra dessas fontes ou das três, indiferentemente. Antes de proceder à análise dos impostos que gravam as referidas fontes, Smith formulou quatro princípios atinentes à tributação de maneira geral.

Com base nas lições de Dino Jarach,[107] esses princípios podem ser sintetizados desta forma: a) princípio das faculdades, ou princípio da igualdade – os súditos de cada Estado devem contribuir para o sustento do governo, o mais aproximadamente possível, em proporção com suas respectivas capacidades; b) princípio da certeza – o imposto que cada indivíduo está obrigado a pagar deve ser certo, e não arbitrário, sendo que o tempo, a maneira e o valor a ser pago devem ser claros para o contribuinte; c) princípio da comodidade – todos os impostos devem ser recolhidos no tempo e no modo que sejam convenientes para o contribuinte; e d) princípio da economicidade – o imposto deve ser estruturado para exigir o menos possível dos contribuintes em face do que efetivamente entra para o Tesouro público.

Dos princípios tributários formulados por Adam Shmith, podem-se deduzir as características básicas da concepção liberal clássica sobre a atividade fiscal.[108] Suas preocupações básicas giravam em torno da produtividade e da igualdade dos tributos.

Buscava-se o rendimento ótimo dos tributos, para que a exigência sobre os contribuintes se desse na menor medida possível, sem a perda das condições do Estado de cumprir suas funções (ressalta-se que a própria concepção minimalista das funções estatais já cooperava para diminuir a quantidade de recursos necessários). Raciocinava-se no sentido de que deva haver o mínimo de desperdício de recursos, permitindo a menor diferença entre os valores pagos pelos contribuintes e os efetivamente percebidos pelos cofres públicos, e o mínimo de sonegação, ou seja, entre o previsto por lei e os valores na realidade

---

[107] JARACH, Dino. *Finanzas públicas y derecho tributario*, p. 8.

[108] Inegável que o Liberalismo clássico trouxe importantes avanços no trato da tributação, fruto de uma análise técnica e racional, vinculada, claro, à concepção de Estado defendida pelos seus teóricos. Conforme ressalta Misabel Derzi, os princípios tributários de Adam Smith trazem em seu bojo uma concepção de liberdade e cidadania que influiu, e continua influindo, nos textos constitucionais modernos. Disserta a ilustre tributarista: "Diversificadas são as escolas de política econômica, as ideologias e os princípios que as orientam. Não obstante, certas regras econômicas atravessaram a prova dos séculos, incorporando-se às experiências jurídicas dos povos e foram, não raramente, erigidas em normas constitucionais de contenção do poder estatal. E assim aconteceu porque tais regras, buscadas à Ciência das Finanças, respondem a necessidades técnicas ou a universais de justiça, igualdade do ser humano que o Direito busca realizar, mas que não são domínio exclusivo dessa ou daquela ciência, porém fundamento ético comum aos demais. Os princípios básicos do sistema tributário, expressados pelo economista Von Justi, e difundidos por Adam Smith em seu clássico *An Inquiry into the Nature and Causes of the Wealth of Nations* (London, 1776), a saber, capacidade contributiva, certeza, comodidade e economicidade, já inspiram códigos e constituições por mais de duzentos anos, porque mesclam não só padrões mínimos de ética e de justiça, como de técnica e razoabilidade". (*In*: BALEEIRO, Aliomar. *Limitações constitucionais ao poder de tributar*, p. 3).

pagos pelos contribuintes. Os meios indicados eram: a diminuição da burocracia envolvida no recolhimento de tributos; e o estabelecimento de tributos indiretos, que se confundem com os preços dos produtos e cuja "invisibilidade" impede o ânimo de fraude dos contribuintes.

Mauricio Plazas Vegas cita passagem de Adam Smith em que ele descreve as condições de produtividade dos tributos:

> Un impuesto puede sacar, de hecho, del caudal de los particulares, mucha mayor cantidad que la que llega a entrar en el Tesoro público, de las cuatro maneras siguientes: La primera, si la exacción o cobranza de él requiere un gran número de oficiales o dependientes [...] la segunda, si el impuesto es de tal natureza que oprime o coarta la industria, desanimando al pueblo para aplicarse a ciertos ramos de negociación que proporcionarían trabajo y mantedendrían la mayor número de gentes [...] la tercera, se reduce a las confiscaciones y descomisos en que justamente incurren los desgraciados que pretendieron evadirse del caudal del impuesto, porque estas penas arruinan el caudal que pudiera, en beneficio del fisco, girarse de un modo lícito, y la pérdida de estos capitales, aunque justamente impuesta al contraventor, viene ocasionada por lo excesivo de la contribución, pues no hay mayor incentivo para el contrabando que los altos derechos que al ser eludidos prometen altas ganancias al defraudador [...] en cuarto, y último lugar, si sujeta a los pueblos a frecuentes visitas y odiosas fiscalizaciones de los recaudadores o administradores de rentas [...] cuando no son indispensablemente necesarias.[109]

A preocupação com a produtividade da tributação se encontra aliada à da neutralidade da imposição fiscal. O Liberalismo reconhecia a função da tributação como meio de arrecadação de recursos para o Estado, mas repelia qualquer influência desta sobre a atividade econômica. A estrutura fiscal devia ser neutra, não influindo no desenvolvimento natural do mercado. Na passagem citada, essa preocupação é notável, repelindo-se que a carga fiscal possa desincentivar certos ramos de negócios ou indústria.

Como ao próprio Estado era vedado intervir na economia, mesmo que fosse com o objetivo de auxiliar o seu desenvolvimento, essa proibição seria ainda maior se essa intervenção ocorresse via tributação. Até porque na concepção liberal clássica a influência da tributação na economia é preponderantemente negativa e limitadora do seu desenvolvimento. Essa concepção da neutralidade da imposição se desenvolveu e tem influência sobre os sistemas tributários atuais. Mas, de outro lado, desenvolveu-se também posteriormente, tanto na teoria quanto na prática, a concepção da tributação como importante e válido meio de intervenção no meio econômico e social. A chamada "tributação extrafiscal" caracteriza o Estado moderno em seu caráter

---

[109] PLAZAS VEGA, Maurício A. *El liberalismo y la teoría de los tributos*, p. 48.

interventor e de utilização do tributo com outros objetivos que não só o de arrecadação.

O Liberalismo teve ainda especial interesse pela questão da igualdade da tributação, na medida em que esta afetava igualmente a todos. O princípio da igualdade de Smith equivale, na posterior evolução, ao princípio da capacidade contributiva. Contudo, sua concepção de igualdade da imposição é meramente matemática, derivada da proporção entre a base imponível e o tributo. Na concepção liberal clássica, o tributo deveria aumentar proporcionalmente à base imponível. Só que esse aumento se daria em termos absolutos, e não relativos, uma vez que a alíquota aplicável seria única e imodificável. Nesse momento, não havia ainda a configuração do princípio da capacidade contributiva em seus termos atuais, principalmente no que se refere à capacidade contributiva subjetiva, nem também da noção de progressividade na tributação.

Se ainda não se tinha configurado em seu atual sentido, o princípio da capacidade contributiva, foi inegável o avanço da noção de igualdade do Liberalismo clássico. Com a defesa da igualdade na tributação, mesmo de uma igualdade eminentemente formal, foram afastados diversos critérios discriminatórios utilizados para distribuir o ônus tributário, como os decorrentes de *status* civil (nobre, clérigo, plebeu), raça e religião, conforme destaca Marciano Seabra de Godoi.[110] Em uma análise histórica, essa concepção de igualdade tributária se adequava à concepção político-jurídica liberal que privilegiava a igualdade perante a lei. Entretanto, é inegável que nesse momento se lançavam sementes que posteriormente iriam germinar e se desenvolver para dotar o princípio da igualdade, pedra angular da sociedade ocidental moderna, de materialidade e conteúdo.

Outro avanço inegável do Liberalismo no campo tributário consistiu na preocupação com a segurança jurídica, repelindo-se a discricionariedade na tributação, que levava o contribuinte a uma situação de incerteza, e com a racionalidade na forma de recolhimento dos tributos, como meio de evitar abusos e desperdícios.

Contudo, se as revoluções burguesas e o Liberalismo político-econômico foram, indiscutivelmente, avanços e trouxeram a questão da liberdade e da cidadania a um primeiro plano de importância, de outro lado, representaram o triunfo de uma classe e de uma nova ordem social. Se ao Liberalismo repugnava a simples ideia de um Estado intervencionista, sob o manto da defesa da liberdade individual e de atuação, este fechou os olhos ao autoritarismo e à opressão econô-

---

[110] GODOI, Marciano Seabra de. *Justiça, igualdade e direito tributário*, p. 188.

mica, em que os interesses privados dominaram a vida política, econômica e social, muitas vezes, com objetivos exclusivamente egoístas. Isso explica por que logo após a vitória de forças transformadoras baseadas no discurso da igualdade e fraternidade entre os homens presencia-se na primeira fase da Revolução Industrial, com base na teoria da liberdade contratual, à desumana espoliação do trabalho e do emprego de desumanos métodos de exploração econômica. As contradições internas do sistema liberal levaram à sua crise e ao surgimento de novas ideologias sociais que demandaram a alteração da forma de organização do Estado e da sociedade.

No que se refere à história do Brasil, a vinda da família real portuguesa em 1808 marcou o rompimento formal com o passado colonial e o início de transformações nos campos social, político e econômico.

A chegada da Corte trouxe consigo novas despesas,[111] sendo que para fazer frente a elas se utilizou da imposição fiscal, com a criação de novos tributos, como: Direitos de guindaste, instituído por alvará de abril de 1808; Pensão para a capela imperial, instituído por alvará de 20 de agosto de 1808; Décima urbana, instituída em 27 de junho de 1808; Contribuição de polícia, instituída por decreto de 13 de maio de 1809; Imposto de Transmissão e Propriedade, conhecido como "Sisa", criado por alvará de 03 de junho de 1809; Imposto de selo sobre papel, no Alvará de 17 de junho de 1809.

Com a abertura dos portos, incrementou-se a tributação aduaneira, tendo a Carta Régia estipulado que toda a mercadoria importada estaria sujeita ao pagamento de imposto aduaneiro no percentual de 24%, sem diferenciação da nacionalidade dos navios. Tendo em vista a supremacia inglesa nas relações com Portugal, foram formalizados os tratados de 1810, que trouxeram vantagens aduaneiras aos ingleses que desequilibram ainda mais a balança comercial entre os dois países.

---

[111] "Com a vinda da Corte portuguesa para o Brasil, inicia-se a fase do reinado português no Brasil, culminando com a declaração da sua independência em 1822. Tal evento, atrelado à dependência econômica à Inglaterra, fez nascer novos tributos, então desconhecidos, bem como se proliferaram os já existentes, preponderantemente incidentes sobre as exportações e as transações comerciais. Ainda com a sua chegada, novas estruturas administrativas foram criadas, houve um significativo incremento e melhoria das áreas urbanas e a concentração de capitais nas principais cidades. Novamente, para corresponder a estes serviços e a este excesso de despesa, foi estabelecido um regime tributário excessivamente centralizador, convergindo toda a atividade econômica e financeira das capitanias para o luxo da corte bragantina no Rio de Janeiro e o sustento das repartições civis e dos corpos militares, que tinham sido criados". MARTUSCELLI, Pablo Dutra. Para uma compreensão histórica do Sistema Tributário Nacional, p. 4212/4213. Trabalho publicado nos Anais do XIX Encontro Nacional do CONPEDI realizado em Fortaleza – CE nos dias 09, 10, 11 e 12 de Junho de 2010 (http://www.conpedi.org.br/manaus/arquivos/anais/fortaleza/3117.pdf).

Ao mesmo tempo, cresciam os problemas e as dificuldades no campo fiscal. Os órgãos herdados do período colonial apresentavam diversas imperfeições no que se refere à arrecadação e à fiscalização. A diversidade de métodos de cobrança e de normas fiscais, que variavam no que se refere ao poder central e às provinciais, e estas entre si, contribuía para a confusão fiscal. Conforme destaca João Francisco Neto,[112] "as diversas administrações fiscais, diante da falta de competências claras e definidas, sentiam-se à vontade para criar novos tributos, que se superpunham e acrescentavam-se às contribuições existentes no período colonial".

Os excessos e desmandos do período joanino levaram à eclosão de revoltas, nas quais a matéria tributária exerciam importante influência. Nesse contexto, é paradigmática a Revolução Pernambucana de 1817, que trazia com a luta contra o Poder Real reivindicações contra a situação de injustiça tributária. Como aconteceu com anteriores revoluções contra o Poder, a revolta foi violentamente reprimida, com a execução de seus principais líderes.

Sobre as inspirações fiscais e liberais do movimento, cite-se:[113]

> Neste sentido, podemos perceber que, de fato, houve um ajuste entre os principais elementos que compõe o ideário liberal, uma vez que lutava não somente pela diminuição de tributos mas contra aqueles que estipulavam a política tributária. Além disso, os revolucionários pernambucanos, na medida em que aspiravam à proclamação da república, sinalizam igualmente um objetivo político bem claro. Num sentido, demonstravam uma nítida identidade com o liberalismo professado na época por ingleses e norte-americanos, evidentemente muito distante daquele superficial da Coroa portuguesa instalada no Brasil.

A mudança do quadro geopolítico europeu transformou-se após a derrota de Napoleão, em 1815. Apesar da restauração dos tronos usurpados pelo expansionismo francês, os ideais da Revolução Francesa marcaram as sociedades e influenciaram a dinâmica política, reforçando as exigências liberais, que absorveram o retorno das monarquias, com a exigência de sua tutela por Cartas Constitucionais.

Esse contexto se mostrou presente também nas colônias. No caso brasileiro, o objetivo da Coroa portuguesa de retomar o controle da colônia se chocava com as aspirações da elite local, que tinha interesses próprios que não mais se compatibilizavam com a dominação colonial, provocando a situação propícia para o rompimento e a declaração da Independência.

---

[112] FRANCISCO NETO, João. *Sistema tributário na atualidade e a evolução dos tributos*. São Paulo: Impactus, 2008, p 97.
[113] AMED, Fernando José e NEGREIROS, Plínio José de Campos, op. cit., p. 187.

Declarada a independência por Dom Pedro I, a manutenção da Monarquia se deu com base no instável equilíbrio entre duas facetas da realidade política da época, em que o liberalismo de influência europeia convivia com a estruturação conservadora da sociedade.[114] Além disso, o imperador tinha por objetivo construir de um poder imperial nos mesmos moldes das antigas monarquias europeias. Essa dinâmica, que colocava interesses e ideais em conflito nos bastidores do poder, levou ao errático processo de elaboração da primeira Constituição da recém-nascida nação, que, após a dissolução, por Dom Pedro I, da Assembleia Constituinte (inclusive com a prisão de elementos liberais), promulgou a Constituição de 1824, elaborada por um Conselho compostos por membros de sua confiança e indicação.

No campo fiscal, a Independência não produziu mudanças imediatas, tendo sido mantida, basicamente, a estrutura vigente no período colonial. Apesar da previsão no artigo 179, item 15, da Constituição de 1824 de que "ninguém será isento de contribuir para a despesa do Estado em proporção dos seus haveres", o princípio da capacidade contributiva, na forma como era entendido na época, não saiu da previsão formal, já que não havia na estrutura socioeconômica brasileira as condições para a sua efetiva aplicação.

Ivone Rotta Pereira destaca:[115]

> As ideias de liberdade, justiça fiscal e capacidade contributiva que pressupõem que cada um deva ser cobrado de acordo com suas possibilidades – não passavam de ficções, já que não existia qualquer garantia real para a defesa desses princípios. Os privilégios fiscais do clero e dos senhores rurais subsistiam, pois esses segmentos continuavam livres das obrigações tributárias. Mais tarde, o poder fiscal periférico dos senhores rurais foi eliminado e, em vez de instituir tributos, passaram a gozar de novos privilégios e monopólios, estendidos também à burguesia comercial ascendente. À população não restava senão a resistência à opressão fiscal, porém, em face do baixo grau de cultura, da falta de recursos materiais e da ausência de liderança, era difícil organizar alguma forma de reação.

---

[114] "Declarada a Independência, seguiram-se conflitos sangrentos, de inspiração liberal, principalmente no Nordeste. Desde os tempos que antecederam a Independência, já circulavam pelo Brasil as idéias liberais, inspiradas, economicamente, na Inglaterra e, politicamente, na França, como resposta ao conservadorismo. Os liberais, na sua maioria republicanos, defendiam as causas da liberdade e da igualdade, propunham a incorporação dos trabalhadores à vida política, posicionando-se contra o absolutismo do imperador e do poder econômico que, aqui, se concentrava nas mãos dos proprietários rurais. Esse programa era apoiado por parte significativa dos intelectuais, jornalistas, profissionais liberais e pela burguesia, pois todos se opunham, também, à escravidão. É verdade que pouco se empenharam para impedir que ele continuasse, temendo que sua abolição levasse o país a uma verdadeira catástrofe, tal era no Brasil a dependência econômica do trabalho escravo". PEREIRA, Ivone Rotta. *A tributação na história do Brasil*. São Paulo: Moderna, 1999, p 24.

[115] PEREIRA, Ivone Rotta. *A tributação na história do Brasil*. São Paulo: Moderna, 1999, p. 26.

No período do Primeiro Reinado, a maior evolução do sistema tributário foi a legislativa, que levou à segregação de despesas e receitas do governo geral e das províncias.[116] A arrecadação tributária pouco se distinguiu do período colonial, destacando-se os impostos alfandegários, vinculados a diversos tratados comerciais firmados com outras nações.

Na avaliação de Paul Hugon:[117]

(...) durante todo o Primeiro Império nada se fez do ponto de vista tributário; continuaram a ser cobrados os mesmos impostos criados no período do reinado; isto equivale a dizer que permaneceu a má distribuição dos tributos, continuou desigual e injusta a tributação entre os gêneros, persistiram as dificuldades na verificação da arrecadação e da tomada de contas. Basta dizer que, no Relatório do Ministério da Fazenda, de 1831, se aponta o fato do açúcar ser taxado cinco vezes, a aguardente oito, o tabaco seis, o gado seis e o algodão três vezes.

O Segundo Reinado, que se iniciou em 23 de junho de 1840, foi marcado pelo aprofundamento dos conflitos políticos (liberais versus conservadores), federalistas (províncias *versus* governo imperial), sociais (escravidão *versus* abolição), econômicos (crise do café) e externos (Guerra do Paraguai). Essas contradições internas levaram à deflagração de revoltas, como as Revoltas Liberais de 1842 e a Revolta Liberal de 1848.

No campo tributário, ocorreram alterações fiscais, com a abolição e alteração de impostos e a elevação de taxas. A dinâmica das modificações fiscais era determinada por fatores como as crises da lavoura cafeeira e epidemias, como a da febre amarela e a da cólera. Mas nenhum fator foi mais determinante que a Guerra do Paraguai, que provocou alterações fiscais, notadamente no Imposto de Indústrias e Profissões, além da previsão de um imposto pessoal (precursor do

---

[116] As características da Constituição de 1824 no que se refere à tributação foram sintetizadas por Arnaldo Moraes Godoy, conforme ressalta João Francisco Neto: "a) Não houve discriminação de rendas. O poder fiscal estava centralizado na pessoa do imperador. Não havia uma separação de competências entre o poder central, províncias e municípios e vilas; b) A Declaração de Direitos, artigo 179, consagrou a capacidade contributiva no inciso XV, onde lemos: Ninguém será exempto de contribuir para as despesas do Estado em proporção de seus haveres; c) Também se consagrou a isonomia, dentro de uma perspectiva liberal, no mesmo artigo 179, inciso XIII: 'A lei será igual para todos, quer proteja, quer castigue, e recompensará em proporção os merecimentos de cada um'; d) Á Assembleia Geral (no caso, o Legislativo) competia: 'Fixar anualmente as despesas públicas e repartir a contribuição direta', nos termos do artigo 15, X; c) Á Câmara dos Deputados era garantida a iniciativa sobre impostos, lê-se no artigo 36, I; d) No título 7º, capítulo III, desenhou-se a Fazenda Nacional, especialmente no artigo 170, onde se vê: A Receita e despesa da Fazenda Nacional será encarregada a um Tribunal, debaixo do nome 'Tesouro Nacional', onde em diversas estações, devidamente estabelecidas por lei, se regulará a sua administração, arrecadação e contabilidade, em recíproca correspondência com as tesourarias e autoridades das Províncias do Império." FRANCISCO NETO, João. *Sistema tributário na atualidade e a evolução dos tributos*. São Paulo: Impactus, 2008, p. 102.

[117] HUGON, Paul. *O Impôsto*. 2. ed. Rio de Janeiro: Financeiras, p. 163.

atual Imposto sobre a Renda). Terminada a guerra, ocorreu uma revisão do sistema tributário, inclusive com a abolição de vários impostos, como o Imposto de ancoragem e doca e o citado imposto pessoal.[118] Mas a dívida pública, em patamares excessivos, devido ao custo da guerra e de empréstimos contraídos à Inglaterra, levou à prática do aumento da carga tributária e ao esvaziamento econômico das províncias.

Bastante relevante foi também o efeito que a modificação da tributação aduaneira trouxe no campo econômico. Isto se dá com a chamada "Tarifa Alves Branco", de 1844, que aumentava as taxas aduaneiras sobre três mil artigos manufaturados importados, com o declarado objetivo de melhorar a balança comercial brasileira. Sua instituição acabou tendo uma importância bem maior, por ter dado impulso a um movimento de substituição de importações e da instalação de fábricas no país, aproveitando-se da liberação de capitais do comércio de escravos e dos barões do café. Com o fim do tráfico negreiro e a posterior abolição da escravatura, os capitais empregados no comércio de escravos também impulsionaram a industrialização. símbolo desse movimento foi Irineu Evangelista de Souza, o barão de Mauá, que dirigiu inúmeros empreendimentos, tais como bancos, companhias de gás, companhias de navegação, estradas de ferro, fundição e fábrica de velas. A importância de sua dinâmica atuação levou à intitulação do período como "Era Mauá".

A abolição da escravatura e a força política e de organização obtida pelo Exército após a Guerra do Paraguai são considerados fatores determinantes para o fim do regime imperial e a proclamação da República. No campo tributário, o período imperial se encerrou sem que fosse efetivamente consolidado um sistema tributário nacional que se fundasse numa divisão da arrecadação mais condizente com a situação econômica do país à época ou que permitisse uma divisão mais proporcional da receita pública entre o poder central e as províncias.[119]

---

[118] AMED, Fernando José e NEGREIROS, Plínio José de Campos, op. cit., p. 218/219.

[119] Bernardo Ribeiro de Moraes, citado por João Francisco Neto, relata que no Orçamento Público apresentado à Assembleia Geral de 1889 "a receita pública geral do Império continha, dentre outros, os seguintes tributos: direitos de importação, expediente dos gêneros livres de direitos de consumo, expediente de capatazias, armazenagem, imposto de faróis, imposto de doca, direitos de exportação de gêneros nacionais, direitos de exportação da pólvora e metais preciosos, imposto do selo, imposto de transmissão de propriedade, imposto de indústrias e profissões, imposto de transportes, imposto predial, imposto sobre subsídios e vencimentos e imposto do gado. Havia, ainda, rubricas de receita extraordinária: emolumentos das repartições públicas, selos dos bilhetes de loterias, contribuição para o montepio da Marinha e tantos outros". FRANCISCO NETO, João, op. cit., p 108.

2.4.4. A crise do liberalismo

A doutrina liberal, tanto no campo político como no econômico, predominou nos países da Europa Ocidental até o advento das duas Grandes Guerras Mundiais. Numa primeira fase, compreendeu o período que Eric Hobsbawn define como "Era das Revoluções" (1740-1848), com o enfoque no capitalismo concorrencial e no liberalismo político e econômico. Num segundo momento, na denominada "Era dos Impérios" (1875-1914), prevaleceram o capitalismo monopolista e o imperialismo entre as principais potências europeias, com a exploração de colônias, principalmente na África e na Ásia.[120]

As contingências políticas e econômicas que levaram à eclosão dos dois conflitos mundiais e às suas consequências no período pós-guerra, todavia, detonaram a crise da doutrina liberal, com a sua reforma e o surgimento de novas concepções econômicas e políticas, principalmente o desenvolvimento de programas de seguridade social, na maioria dos países ocidentais, e as políticas de desenvolvimento econômico e social, aplicadas nos países afetados pelos conflitos e nas nações subdesenvolvidas.

A Primeira Guerra Mundial (1914-1918) recebeu essa denominação em decorrência do número de Estados envolvidos, os quais sofreram graves consequências econômicas e sociais, vendo-se às voltas com a difícil empreitada da reconstrução do pós-guerra. Se não foi um conflito com a extensão, o número de nações envolvidas, o tempo de duração e o grau de destruição que marcam a Segunda Guerra Mundial, o primeiro conflito constituiu-se no cume da crise do imperialismo europeu e do liberalismo que o caracterizava. O esforço de guerra afetou as estruturas econômicas e sociais, que tiveram de ser mobilizadas de forma centralizada para fazer frente às demandas da produção e do consumo. As necessidades do conflito determinaram que os governos interviessem e planejassem a economia para assegurar a produção dos bens de toda a índole que se faziam necessários ao esforço bélico. Com a intervenção governamental na estrutura produtiva, a economia deixou de ser um meio livre e sujeito tão somente às forças de mercado.[121]

Se a Primeira Guerra Mundial já havia colocado em xeque o liberalismo econômico, a Crise de 1929, com certeza, aprofundou sua crise, tendo influído decididamente na mudança do pensamento econômico e financeiro. O colapso da Bolsa de Valores de Nova Iorque e

---

[120] GODOI, Marciano Seabra de. *Justiça, igualdade e direito tributário*, p. 180.

[121] JARACH, Dino. *Finanzas públicas y derecho tributario*, p. 31.

a depressão econômica que se abateu sobre os Estados Unidos e demais países capitalistas simbolizaram o descrédito com as doutrinas e medidas econômicas e financeiras que caracterizavam o liberalismo até então vigente.

Não se propõe aqui a fazer uma análise profunda das causas e consequências da "Grande Depressão", mas apenas balizar seus efeitos como marco da superação de uma forma de liberalismo e do surgimento do Estado Intervencionista, que caracteriza, em muito, os Estados ocidentais do século XX.

Como paradigma da concepção intervencionista do Estado, tem-se a obra de John Maynard Keynes, que teve enorme repercussão e importância na construção da estrutura estatal e econômica do pós-guerras.

Os estudiosos das ciências econômicas e das finanças consideram a "Grande Depressão" a hecatombe do capitalismo clássico, materializada por uma profunda depressão da economia, causada pela abundância de bens e serviços, aliada à escassez de compradores, fato que, conjugado a uma desenfreada especulação financeira, levou a estado de ruína milhares de empresas e à bancarrota os investidores da Bolsa de Valores de Nova Iorque.[122] Sua importância não está tão somente na profundidade da crise econômica, mas, principalmente, na constatação dos limites e dos defeitos das teorias econômicas clássicas. Com efeito, nos termos da doutrina liberal, a *Depressão* seria necessariamente superada pelos mecanismos de mercado, por meio da célebre máxima de que a oferta gera a sua própria demanda, o que ocorreria sem influências externas ao mercado. Em síntese, raciocina-se que, como a depressão leva à redução dos salários e da demanda por produtos, as empresas se veriam obrigadas a intervir, com a mobilização das forças econômicas na superação da crise.[123]

Contudo, as forças de mercado não conseguiram estancar a crise econômica, tendo permanecido um "equilíbrio na ruína", em que os

---

[122] PLAZAS VEGA, Maurício A. *El liberalismo y la teoría de los tributos*, p. 54.

[123] Os economistas liberais neoclássicos do período entendiam que haveria uma ligação inversamente proporcional entre salários e empregos. Por essa correlação, o aumento de empregos é determinado e determina uma baixa nos salários. Ou seja, se o nível de emprego aumentar a remuneração por unidade de trabalho terá no curto prazo e de modo geral de baixar, aumentando consequentemente os lucros.
"Para quase todos os economistas neoclássicos, a única causa concebível do que parecia desemprego involuntário era a recusa dos trabalhadores em aceitar reduções suficientes em seus salários. Assim, durante a Grande Depressão, quando os economistas neoclássicos foram consultados pelos governos quanto à maneira mais eficaz de combater a depressão econômica, até os neoclássicos mais humanitários e que mais simpatizavam com a situação dos trabalhadores recomendaram nada mais que um corte em todos os salários". (HUNT, E. K. *História do pensamento econômico*, p. 434.)

empresários não investiam por já existir excesso de oferta e os consumidores não compravam em decorrência da falta de recursos, em decorrência do desemprego. Criou-se, assim, um círculo vicioso, que os teóricos liberais não conseguiam furar.

Nesse contexto, surge a teoria econômica de Keynes. A partir das teorias clássicas, o célebre economista apresentou uma nova interpretação da interação das forças econômicas, com a superação de dogmas como o da infalibilidade da lei da oferta e da procura. Construiu-se, a partir daí, uma nova teoria econômica, diversa da clássica, sustentando a possibilidade de a economia encontrar um equilíbrio em uma situação de desemprego brutal. Com base no entendimento de que os salários são mais flexíveis na alta do que na baixa, conclui-se que a oferta e a demanda de dinheiro não dependem tão somente das leis econômicas de incremento na oferta com o posterior aumento da procura, decorrente da baixa de preços. Os agentes econômicos levam em consideração outros fatores em suas decisões, principalmente a análise de riscos, o que desmentiria o paradigma clássico de que a lei da oferta e procura é orientada por supostos e infalíveis comportamentos naturais.[124]

Para Keynes, o nível de consumo depende da renda, que, no entanto, mantém uma elasticidade muito menor do que esta. Desse fato decorre a poupança constituída de recursos, que podem ou não ser investidos, o que dependeria da decisão efetiva dos empresários em fazê-lo. Essa decisão é determinada pela sua expectativa de lucro, que é muito flutuante, principalmente em uma situação de crise e de incertezas, que, dessa forma, afeta o volume de novos investimentos, causando reflexos nos níveis de emprego e de renda da população. Os reflexos no nível de emprego e renda, por sua vez, diminuem a demanda agregada, fato que torna ainda menos atrativos os investimentos. Ou seja, gera-se um círculo vicioso de baixo investimento, demanda e emprego.

A partir de Keynes, a análise econômica se transformou, com o entendimento de que não se trataria de uma ciência infalível e exata, como a matemática. Tendo o homem como protagonista, a economia está sujeita às suas inclinações pessoais, que não são predeterminadas, como entendiam os clássicos, mas sujeitas a variantes de risco e conveniência, principalmente no que se refere às decisões de poupar ou de consumir.

Como não se pretende aqui fazer a análise econômica da teoria keynesiana, importa, especificamente, esclarecer como, a partir de

---

[124] PLAZAS VEGA, Maurício A. *El liberalismo y la teoría de los tributos*, p. 55.

seus estudos e conclusões, se construiu a ideia da intervenção estatal na economia. Como sintetiza Marciano Seabra de Godoi,[125] Keynes propôs o combate à situação de "equilíbrio na ruína", com base no estímulo a investimentos privados na produção e, também, mediante o mecanismo de despesas ativas, criadoras de rendimentos, o que movimentaria a economia. Para tanto, o economista se debruça sobre a questão do desemprego como causa maior da depressão econômica. Em seu entendimento, os grandes problemas do mundo capitalista consistiam no desemprego e na concentração das riquezas. E esses problemas não seriam superáveis simplesmente pelas forças econômicas, sendo necessário que o Estado participasse como agente ativo da economia, e não apenas como agente regulador. Essa intervenção ativa se daria, em síntese, da seguinte forma: a) por intermédio de um Estado regulador que crie mecanismos capazes de redistribuir a renda na economia (no campo fiscal, a tributação progressiva seria uma das formas); e b) mediante uma participação ativa na economia, por meio do gasto público (mesmo que seja necessária a emissão de dinheiro para financiar o gasto público), como forma de recuperar o dinamismo econômico.

O gasto público, dessa forma, é encarado de forma inovadora, tendo papel catalisador da economia, mediante investimentos capazes de superar a insuficiência dos investimentos privados. As obras públicas são analisadas não apenas pela utilidade que carregam em si, mas pelo papel que sua consecução pode ter na dinâmica produtiva. Ou seja, o gasto estatal é inserido como peça importante na estrutura econômica, sendo um fator, muitas vezes, determinante para a manutenção e o crescimento do dinamismo econômico, uma vez que movimenta forças produtivas e gera empregos e salários, que, por sua vez geram consumo, criando-se um círculo virtuoso. Nesse contexto, o próprio déficit público poderia ser necessário como instrumento para se chegar ao pleno emprego. Essa concepção, posteriormente, iria sofrer pesado combate dos teóricos neoliberais, que identificavam a emissão de dinheiro e o déficit fiscal como causadores da inflação.[126]

---

[125] GODOI, Marciano Seabra de. *Justiça, igualdade e direito tributário*, p. 181.

[126] "A poupança excessiva, ou subconsumo, poderia chegar a retrair ou desestimular os investimentos. A redução, ou mesmo a cessação, dos novos investimentos gera efeitos estruturais na evolução do sistema, pois determina um novo equilíbrio, se bem que em nível inferior ao do *status quo ante*. Daqui se infere que equilíbrio e depressão são incompatíveis. Encontra-se, então, a chave do significado político da teoria keynesiana: provocar a intervenção do Estado na geração e canalização dos investimentos. Caberia basicamente ao Estado realizar o controle dos meios de pagamento e da taxa de juros. Ora, o nível de emprego de um certo momento depende, numa economia capitalista, da demanda efetiva. Noutras palavras: depende da proporção da renda que é gasta em consumo e investimento. Daí a possibilidade de entesouramento, quando o estado das expectativas não for favorável. Punha-se por terra o dogma sayano de que a cada

O paradigma do Estado Intervencionista determinou o crescimento do aparato estatal e de sua burocracia, bem como das ações públicas de grandes proporções, seja por meio de obras ou de empresas públicas que movimentam o setor produtivo, principalmente naquelas atividades consideradas prioritárias.

Também no campo jurídico se fez sentir essa intervenção, com o desenvolvimento de todo um campo regulatório, nas mais diversas áreas da vida social e econômica, principalmente na esfera contratual, em que a norma jurídica tendendo a pormenorizar a relação, privilegiando os interesses da parte considerada em posição de desvantagem. Isso se deu, principalmente, no campo trabalhista, no qual as legislações laborais consagraram diversos mecanismos de proteção do trabalhador, como o salário mínimo, o direito de férias e o direito de organização sindical. No campo financeiro, as atividades bancárias e de crédito foram objeto de forte regulação e fiscalização, visando diminuir as possibilidades de especulações e fraudes.

A crise e a superação do Estado Liberal deram-se também, e com grande profundidade, no campo das relações sociais e de trabalho. O Liberalismo e a vedação da intervenção do Estado no campo econômico ensejaram uma situação de exploração social, em que a massa de trabalhadores se via refém dos donos do capital e sem a garantia dos direitos trabalhistas mínimos. Principalmente após a Segunda Guerra Mundial, desenvolveram-se teorias socialistas e comunistas que se contrapunham ao Liberalismo e determinaram uma mudança na relação do Estado com os conflitos entre capital e trabalho.

Nos países ocidentais, as forças políticas, para afastar o fantasma do comunismo, que buscava na insatisfação social e das massas trabalhadoras as condições de se implantar, reformularam a forma de atuação do Estado na doutrina do chamado "Welfare State", ou "Estado de Bem-Estar Social".

Paulo Bonavides disserta sobre essa transformação da concepção do papel do Estado:

> À medida, porém, que o Estado tende a desprender-se do controle burguês de classe, e este se enfraquece, passa ele a ser, consoante as aspirações de Lorenz von Stein,

---

venda corresponderia uma compra. A *loi dês débouches* não passava de um engano otimista: toda oferta não gera a sua própria procura. Era o fim do *laissez-faire,* como escreveria, em 1926, o próprio Keynes. Além do controle dos meios de pagamento e da taxa de juros, caracterizadores de um intervencionismo monetarista, necessitar-se-ia de mais ação estatal. O simples aumento dos recursos disponíveis para investimento não basta. É preciso que haja intervenção ao lado da demanda, incrementando-se os gastos governamentais em obras públicas. Eis, pois, a relevância dos investimentos públicos, bem como da intervenção estatal, para raciocinar com mais amplitude." (FALCÃO, Raimundo Bezerra. *Tributação e mudança social,* p. 138).

o Estado de todas as classes, o Estado fator de conciliação, o Estado mitigador de conflitos sociais e pacificador necessário entre o trabalho e o capital.

Nesse momento, em que se busca superar a contradição entre a igualdade política e a desigualdade social, ocorre, sob distintos regimes políticos, importante transformação, bem que ainda de caráter superestrutural.

Nasce aí, a noção contemporânea do Estado Social. [127]

Neste momento, não iremos nos deter sobre o Estado Social. Isso se dará no próximo capítulo, na análise do atual Estado Democrático de Direito e na relação com o dever de recolher tributos.

Voltando ao campo da tributação, a superação do Liberalismo e o advento do Estado Intervencionista provocaram transformações no campo da fiscalidade.

A partir do keynesianismo, consolidou-se a tese do intervencionismo fiscal, pela qual a tributação é um dos instrumentos fundamentais com que conta o Estado para orientar e dirigir a economia nacional.

Segundo Plazas Vega, o intervencionismo estatal se deu conta de que a tributação pode exercer influência direta sobre a economia. Dessa forma, é relevante a análise da relação dos efeitos que o aumento ou a diminuição de determinado tributo ou do conjunto da tributação produzem no campo econômico. Assim, nos tributos indiretos, o seu aumento determinaria também o dos preços das mercadorias gravadas. Já nos tributos diretos o aumento produziria a redução da disponibilidade de recursos para o consumo ou para a remuneração dos fatores de produção. A partir desse momento, consolida-se a concepção de que a tributação se configura como importante instrumento de intervenção na economia – por exemplo, no controle dos níveis de consumo e produção e dos índices inflacionários.[128]

Ainda consoante Plazas Vega:

[...] o intervencionismo de tipo tributario puede tener connotaciones sociales y an familiares. La aplicación de alícuotas progresivas con mayor incidencia sobre los contribuyentes de más altos niveles de renta permite la redistribución directa de ingreso a través de subsidios o indirecta, por vía del gasto público social en beneficio de las gentes de menores recursos. Y los recargos a la soltería o los descuentos o reducciones del gravamen efectivo por pagar, a su turno, pueden servir de estímulos a las decisiones de conformar familias, cuya razón de ser no es inimaginable su se tiene en cuenta que en algunos países el bajo número de habitantes es el problema fundamental.[129]

---

[127] BONAVIDES, Paulo. *Do estado liberal ao estado social*, p. 185.

[128] PLAZAS VEGA, Maurício A. *El liberalismo y la teoría de los tributos*, p. 62.

[129] Idem, ibidem.

Nesse contexto, o imposto de renda, com suas características de tributo pessoal e direto, assume maior importância, como o mais adequado à noção de justiça fiscal e compatível de ser utilizado como ferramenta de intervenção governamental. A imposição progressiva sobre a renda é encarada como meio de redistribuição da renda, aliada à isenção do chamado "mínimo-existencial". Ou seja, uma importante marca do Estado Intervencionista no campo fiscal é a feição extrafiscal dada à tributação, com a preponderância dos impostos (não vinculados a uma específica contrapartida estatal), que não têm mais um caráter exclusivamente arrecadatório, sendo, em muitos casos, instrumento de intervenção governamental em diversos campos, como o industrial, o financeiro e o social, com função redistributista.[130]

De outro lado, o paulatino incremento das tarefas do Estado, seja como interventor na economia ou como provedor social, passou a catalisar a necessidade de recursos e levou ao crescimento da carga tributária, sendo uma das críticas que serão posteriormente levantadas pelos teóricos do neoliberalismo.

Realmente, a partir da década de 1980 o Estado interventor e de bem-estar social entrou em crise e começou a sofrer contestações teóricas e políticas. No campo teórico, surgiram as chamadas "escolas neoliberais", que buscavam o "resgate" do indivíduo diante do "gigantismo" estatal, em seu entendimento, ineficiente e burocrático. Ainda nessa mesma década, essa concepção foi colocada politicamente em prática, nos governos de Margaret Thatcher (Inglaterra) e Ronald Reagan (Estados Unidos), em que "a maioria das empresas é privatizada, e os serviços sociais e as garantias previdenciárias de abrangência universal são colocados em xeque por insuficiência de recursos públicos com que custeá-los e pela decisão política da classe média em não se sujeitar a novos aumentos de impostos)".[131]

Pode-se ressaltar que o dever de tributar sofreu grandes modificações no período entre a consolidação e crise do modelo liberal. No Liberalismo, a tributação se consolidou como meio por excelência de recursos públicos, mas se encontrava limitada a essa função e à garantia dos direitos individuais, que se encontravam a salvo de interferên-

---

[130] "A importância do imposto é um traço comum às finanças clássicas e modernas; em certo sentido, dir-se-á que ela sofre um reforço. A função extra-fiscal do imposto leva a torná-lo (muitas vezes mediante o aumento das taxas ou a criação de novos impostos) num instrumento de política financeira, cada vez mais usado para corrigir as desigualdades (imposto social) e prosseguir objetivos econômicos (como meio de política econômica). E o aumento das despesas provoca, por seu lado, sensível acréscimo da carga tributária (peso do conjunto dos impostos sobre os rendimentos privados)". (FRANCO, António Luciano de Souza. *Manual de finanças públicas e direito financeiro*, v. I, p. 506).

[131] GODOI, Marciano Seabra de. *Justiça, igualdade e direito tributário*, p. 182.

cias estatais. Reforçaram-se nesse período o princípio da segurança jurídica e o da igualdade da tributação (em seu formato meramente formal). O dever de recolher tributos é ônus ou preço da liberdade, mas não pode ser formatado de forma tal que influa no exercício do direito de livre iniciativa e de propriedade.

A crise do Liberalismo levou à transformação na concepção do Estado e, consequentemente, da tributação. O Estado passa a ter papel ativo na atividade econômica, não só em sua regulação, que se aperfeiçoa, mas, principalmente, em seu desenvolvimento. A intervenção econômica passou a ser efetuada, preponderantemente, mediante gastos públicos, seja em obras ou por meio de empresas estatais. Intervém-se também no campo social, buscando o Estado garantir maior equilíbrio de oportunidades (com investimentos em educação e saúde, por exemplo) e de desenvolvimento das camadas menos favorecidas (por intermédio da previdência e da assistência social). A tributação se inseriu nesse contexto, com o aumento das cargas fiscais (visando ao financiamento dessas tarefas), preponderando os tributos pessoais e os progressivos (que têm também uma função redistribuidora). Como característica mais importante da tributação nesse período, consolidou-se o entendimento de que a tributação podia e deveria ser usada com fins extrafiscais, constituindo-se em importante instrumento de intervenção estatal não só no campo econômico, mas também no social.

2.5. Tributação no Brasil a partir da República

As contradições do regime imperial, que se apoiava em um sistema social-político-econômico que não mais se adequava à realidade do país, acabaram por levar à proclamação da República, em 15 de novembro de 1989. Os historiadores apresentam diversos elementos que contribuíram para essa ruptura da ordem vigente. Como este estudo não tem por aspiração ou objetivo ter a natureza de um trabalho da ciência histórica, serão destacados apenas alguns dos elementos que são indicados como promotores deste evento: a) descontentamento do Exército com o regime monárquico, baseado em privilégios e aberto à corrupção (a ideologia positivista era difundida nos quartéis e incitava os militares a terem um projeto político que vislumbrava na República e no Federalismo o futuro da nação); b) desenvolvimento de uma classe média urbana, que demandava maior liberdade de expressão e participação política; c) perda do apoio da aristocracia rural, a partir da abolição da escravatura;e d) perda do apoio da Igreja, descontente com interferências de Dom Pedro II em assuntos religiosos.

A proclamação da República foi um processo efetuado e conduzido pelas elites, sem a real participação popular. A maioria da população ficou indiferente ao processo ou o considerou como um golpe de Estado. Destaque-se nesse contexto a chamada "Guerra de Canudos". O enfrentamento entre as forças armadas da República e o movimento messiânico-social liberado por Antônio Conselheiro, entre 1896 e 1897, na comunidade de Canudos, no sertão da Bahia, teve entre os seus panos de fundo a pregação do Conselheiro de que a República seria uma manifestação do anticristo na Terra, que visava à profanação dos mandamentos da Igreja Católica, com a separação do Estado e da Igreja, a celebração do casamento civil e a cobrança coativa de tributos.

Mario Vargas Llosa, em seu notável romance "A guerra do fim do mundo", caracterizou precisamente todo o caldo cultural-religioso-social-econômico envolvido na instigante experiência de Canudos, como nessa passagem a respeito dos impostos:[132]

> Uma manhã de 1893, entrando em Natuba, o Conselheiro e os peregrinos ouviram um zumbido de vespas enraivecidas que subia ao céu da praça da Matriz, onde homens e mulheres tinham se reunido para ler ou ouvir a leitura de uns editais recém-colocados na tabuletas. Iam cobrar impostos, a República queria cobrar impostos deles. Mas o que eram impostos? – perguntavam muito dos vizinhos. São como os dízimos, explicavam outros. Igual a antes, se uma pessoa tinha cinqüenta galinhas e devia dar cinco à missão e uma arroba a cada dez que colhia, os editais estabeleciam que se desse à República uma parte de tudo o que se herdava ou produzia. Todos deviam declarar nos municípios, então autônomos, o que possuíam e ganhavam para saber o que lhes corresponderia pagar. Os arrecadadores de impostos expropriariam para a República tudo o que houvesse sido ocultado ou diminuído de valor.
>
> O instituto animal, o senso comum e séculos de experiência fizeram aquela gente compreender que aquilo seria talvez pior que a seca, que os arrecadadores de impostos acabariam sendo mais vorazes que os abutres e bandidos. Perplexos, assustados, encolerizados, acotovelam-se e comunicavam uns aos outros sua apreensão e sua ira em vozes que, confundidas, integradas, provocavam essa música beligerante que subia ao céu de Natuba quando o Conselheiro e seus esfarrapados ingressaram no povoado pela rota do Cipó. As pessoas rodearam o homem de azulão e obstruíram o seu caminho até a Igreja de Nossa Senhora da Conceição (consertada e pintada por ele mesmo várias vezes nas décadas anteriores) aonde se dirigia com seus trancos de sempre, para contar-lhe as novas que ele, sério e olhando através de todos, mal pareceu escutar.

---

[132] LLOSA, Mario Vargas. *Guerra do Fim do Mundo*. São Paulo: Companhia das Letras, 1999, p. 35-36.

Entretanto, instantes depois, ao mesmo tempo que uma espécie de explosão interior punha seus olhos ígneos, começou a andar, a correr, entre a multidão que se abria à sua passagem, em direção às tabuletas com os editais. Chegou a elas e sem se incomodar de as ler jogou-as por terra, o rosto desfigurado por uma indignação que parecia resumir a de todos. Em seguida, com voz vibrante, pediu que queimassem aquelas maldades escritas. E quando ante os olhos surpresos dos vereadores o povo fez o que lhes determinou e, além disso, começou a celebrar, arrebentando foguetes como em dia de feira, e o fogo dissolveu em fumaça os editais e o susto que provocaram, o Conselheiro, antes de ir rezar na Igreja da Nossa Senhora da Conceição, deu aos seres daquele afastado rincão uma grave primícia: O Anticristo estava no mundo e se chamava República.

Proclamada a República, instaurou-se uma nova ordem jurídica, a partir da Constituição de 1891, de texto fortemente inspirado na Constituição americana e na teoria da repartição de poderes. Entre suas principais características têm-se: a) instituição da forma federativa de Estado e da forma republicana de Governo (art. 1º); b) autonomia dos Estados, que elegeriam seus representantes, poderiam criar bancos regionais e contrair empréstimos no exterior, além de autorização para terem corpos militares próprios (federalismo); c) repartição dos Poderes nas três funções clássicas, Executivo, Legislativo e Judiciário (art. 15); d) instituição do sufrágio universal, limitado pelos requisitos censitários e com vedação do direito às mulheres, analfabetos, mendigos e praças das Forças Armadas (art. 70); e e) separação entre a Igreja e o Estado, não sendo mais assegurada à Religião Católica o *status* de religião oficial, estabelecendo-se, desse modo, o direito de culto externo a todas as religiões (art. 11, § 2º).

No campo fiscal, a Constituição de 1891 firmou a repartição da competência tributária entre a União e os Estados, com base em um sistema rígido de rendas. À União competiam os impostos sobre importação, direitos de entrada, saída e estadia de navios e as taxas de selo, correios e telégrafos federais, além da competência residual. Já aos Estados, os impostos de exportação de produtos de sua produção, sobre imóveis urbanos e rurais, sobre indústrias e profissões, transmissão de propriedades, além da taxa de selos, referentes a atos de seu governo e negócios de sua economia. Aos municípios não foi outorgada competência, cabendo aos respectivos Estados a elaboração de leis referentes a sua organização. A maior autonomia tributária dos Estados levou ao surgimento de práticas que contemporaneamente são denominadas de "guerra fiscal". Desde o Império, foram instituídas normas que proibiam as províncias de taxarem os produtos que transitavam em suas fronteiras. Ao mesmo tempo, a Carta Constitucional outorgava ao Poder Central o imposto sobre as importações e aos Estados o de exportação, instituindo uma distribuição de competências tributárias que contribuía para agravar a disparidade de arrecadação entre os Estados pobres e os ricos Estados exportadores, estimulando uma situação de instabilidade fiscal, aumentando a instabilidade do sistema e acirrando as disputas políticas.

Ivone Rotta Pereira explica a reação dos Estados a essa situação:

> Como forma de compensar a escassez de recursos decorrente dessa política fiscal distanciada da realidade, alguns estados se fizeram de desentendidos e passaram a tributar mercadorias que vinham de qualquer outra região, caracterizando uma importação interna, embora adotassem as mais diversas denominações para esse tributo: taxa de trânsito, imposto de consumo, taxa de estatística, de desembarque, etc. Ou, então, cobravam imposto sobre o "giro de capital" das empresas importadoras de bens estrangeiros, o que vinha a ser um imposto de importação disfarçado, concorrendo com o federal e contrariando novamente dispositivo legal. Havia ainda quem tributasse com alíquotas mais elevadas as mercadorias estrangeiras que tivessem similar nacional, sob pretexto, e até com alguma dose de razão, de proteger as indústrias locais.[133]

Já no que se refere aos direitos e garantias do cidadão contribuinte, apesar da inspiração dos textos liberais, efetivamente, encontrava-se prevista apenas a legalidade tributária.

Fabrício Augusto de Oliveira[134] destaca que o sistema tributário da primeira Carta Republicana apresentava uma estrutura mais enxuta se comparada àquela que vigorava no último ano do Império, tendo sido excluídos impostos cobrados no regime anterior, como os impostos de armazenagem, de faróis, de docas e de transportes, tendo sido eliminados também alguns tributos provinciais, como os dízimos de gêneros alimentícios, subsídio literário e taxa de viação em estradas provinciais.

A evolução tributária mais importante da Primeira República foi a instituição do imposto de renda, da forma como é conhecido atualmente, por meio do artigo 31 da Lei de Orçamento 4.625, de 31/12/22, que dispunha: "Fica instituído o imposto geral sobre a renda, que será devido anualmente, por toda pessoa física ou jurídica, residente no território do país, e incidirá, em cada caso, sobre o conjunto líquido dos rendimentos de qualquer origem".

A busca de instituição de um imposto sobre a renda vinha desde o Segundo Reinaldo, mas esbarrava na resistência política dos mais abastados, que argumentavam ser "injusto" tributar-se a renda daqueles que mais contribuíam para o desenvolvimento econômico do

---

[133] PEREIRA, Ivone Rotta. *A tributação na história do Brasil*. São Paulo: Moderna, 1999, p. 41.

[134] OLIVEIRA, F. A. *A Evolução da Estrutura Tributária e do Fisco Brasileiro: 1889-2009*. Texto para Discussão do IPEA. Brasília, IPEA, 2010, p. 9.

país. Como o Imposto de Renda é tecnicamente o imposto que mais se adequa ao conceito moderno de justiça fiscal, sua instituição sempre foi decorrência da evolução não só econômica, mas também político--ideológica das nações, em busca da construção de sociedades mais justas. A proclamação da República, alicerçada em ideais positivistas e liberais, abriu campo para essa evolução, cabendo a Rui Barbosa a retomada de sua proposição, em 1891. Mas demandaram-se anos de acaloradas discussões entre os defensores e os refratários ao imposto, antes de este ser finalmente instituído, em 1922, e colocado em prática, em 1924 (Decretos 16.580 e 16.581).[135]

No campo político, a partir da chegada ao poder, em 1894, do paulista Prudente de Morais, iniciou-se a fase civil de governo, que durou até 1930, conhecida como a da "Política dos governadores", ou da "Política do café com leite". Nesse período, o poder dos governadores, principalmente dos dois estados mais forte economicamente – São Paulo e Minas Gerais – sobrepunha-se aos partidos políticos e ao Congresso. A interlocução do próprio Presidente da República era feita diretamente aos governantes estaduais, já que lhe cabia na prática sua condução e manutenção no Poder Central.

A economia brasileira baseava-se nas monoculturas exportadoras, exploradas pelos grandes latifundiários, que controlavam não só o poder econômico, mas também o político e o social. Até 1910, a Presidência da República era previamente definida por consenso das elites. O voto era apenas uma confirmação pró-forma. A concentração do poder político levava as elites paulista e mineira a cada vez se utilizarem do Estado para a consecução de seus interesses, desconsiderando por que as políticas implementadas estavam aprofundando o desequilíbrio econômico, com graves consequências sociais. Essa política dirigista teve o seu ápice com o *Convênio de Taubaté*, de 1906, na prática, um acordo entre os cafeicultores, que vinculou o tesouro público a assumir os riscos da operação de produção e comercialização de café, ao prever que: a) os Estados sustentariam um preço mínimo por saca de café; b) o governo compraria e armazenaria os excedentes da produção; e c) sobretaxação de exportações para a obtenção de recursos destinados a executar o programa.[136]

Na prática, tratava-se da utilização dos cofres públicos, ou seja, dos impostos pagos pelos contribuintes, para salvaguardar os lucros dos grandes latifúndios de café, configurando um exemplo da insi-

---

[135] AMED, Fernando José e NEGREIROS, Plínio José de Campos, op. cit., p. 251/252.
[136] Idem, p. 237.

diosa e permanente prática brasileira da socialização dos prejuízos privados.[137]

Apesar de o poder político nesse momento ainda estar centralizado nas grandes oligarcas estaduais, o Brasil não estava imune às grandes mudanças que o mundo atravessava nas primeiras décadas do século XX. O crescimento do comércio internacional, no qual o país se inseriu fortemente com o café e a borracha, liberavam capitais, que eram utilizados no desenvolvimento dos setores industrial e de serviços e no desenvolvimento dos centros urbanos.

A cidade de São Paulo e, em menor escala, a do Rio de Janeiro tiveram o seu perfil alterado profundamente com o desenvolvimento industrial e o incremento do afluxo de imigrantes. O crescimento desorganizado aprofundava os problemas sociais, inclusive de saúde pública, com as grandes massas populacionais morando em periferias sem qualquer estrutura e, muito menos, estrutura pública. No mesmo contexto, aprofundava-se a exploração e a precarização do trabalho urbano, dando ensejo ao surgimento de um combativo movimento sindical. Contudo, tanto os novos setores da burguesia e das classes médias quanto o grosso da população não encontravam a devida repercussão no sistema político da República Velha, ainda voltado à garantia dos interesses da oligarquia rural tradicional.

O país chegou à eleição de 1930 em meio a uma grave crise política, decorrente do aprofundamento da incompatibilidade entre o sistema vigente e os tempos vigentes. A crise econômica de 1929 contribuiu para o descontentamento por parte de amplos setores da sociedade com o estado de coisas vigente. Politicamente, o rompimento do acordo oligárquico pelo presidente Washington Luís, que indicou o também paulista Júlio Prestes para sua sucessão, cedendo à pressão dos fazendeiros de café paulistas, abriu espaço para um novo rearranjo de forças, com o surgimento da denominada "Aliança Liberal", que reuniu as forças políticas de Minas Gerais, Rio Grande do Sul e Paraíba e de grupos de oposição de outros Estados.

---

[137] "Os governos estaduais comprometiam-se a comprar previamente, por preço fixado, a safra prevista do café, desde que fosse limitada a área de plantio, para evitar a superprodução. Os bancos estrangeiros, financiando os governos estaduais para essa operação, adquiriam virtual controle sobre a comercialização do produto. Este, uma vez entregue, seria guardado em estoques oficiais, a serem fornecidos aos mercados internacionais, à medida da procura. É claro que, a médio prazo, isso criaria a necessidade, tantas vezes ocorrida, de se destruírem os estoques excedentes – prejuízo pago pelo governo, vale dizer, pelo povo, através de impostos, atingindo o conjunto da população, em mais um mecanismo de socialização das perdas, comum aos Estados capitalistas, agravado na República oligárquica". MENDES JR., Antônio e MARANHÃO, Ricardo. *Brasil História*: texto e consulta, volume 3, República Velha, p. 203 – *Apud*, AMED, Fernando José e NEGREIROS, Plínio José de Campos, op. cit., p. 237.

Na eleição, o Governo se utilizou das tradicionais práticas de manipulação, intimidação e fraude, o que garantiu a vitória de Júlio Prestes. O resultado não foi reconhecido pela "Aliança Liberal", que, utilizando-se do discurso da legalidade e das forças políticas dos Estados que a compunham e do apoio do jovem oficialato militar (os chamados "Tenentes") e de setores da burguesia industrial, da classe média e do operariado, deflagrou o movimento que ficou conhecido como "Revolução de 1930".

Após a tomada do poder pelo movimento capitaneado por Getúlio Vargas, deu-se início à reformulação das estruturas políticas até então vigentes. O líder gaúcho assumiu a chefia da Junta Provisória e, pelo Decreto 19.398/30, determinou a dissolução do Congresso Nacional, das Assembleias Legislativas e das Câmaras Municipais, tendo sido substituídos os governadores por interventores nomeados pelo presidente da República.[138]

A prática de governar por meio de decretos caracterizou o período de 1930 a 1934, no qual se configurava um verdadeiro vácuo constitucional. Este estado de coisas provocou a insatisfação de diversos setores da sociedade, principalmente da burguesia paulista, que se insurgiu mediante o movimento constitucionalista de 1932. Apesar de reprimido, o movimento contribuiu decisivamente para a instalação da Assembleia Constituinte de 1933.

A Constituição de 1934 apresentou avanços em matéria tributária, principalmente na efetiva delimitação das competências tributárias dos três entes. Bernardo Ribeiro de Moraes[139] elenca como pontos de destaque: a ampliação dos impostos de competência da União Federal (imposto de renda e de consumo); a competência estadual para a instituição do imposto de venda e consignações; a definição da parcela de competência tributária dos municípios; vedação da tributação cumulativa entre os Entes Federados.

A vida da nova Carta foi bastante curta, tendo sido interrompida com a promulgação da Constituição de 10 de novembro de 1937, que na verdade pouco alterou o sistema tributário anterior. Pode-se dizer que se buscou até aperfeiçoar o sistema de discriminação de competências tributárias. Um exemplo foi a supressão do imposto estadual sobre combustíveis de motor a explosão e do imposto municipal sobre a renda de imóveis rurais, com a consolidação na União dos impostos

---

[138] NETO, João Francisco. *Sistema tributário na atualidade e a evolução dos tributos*. São Paulo: Impactus, 2008, p. 113.

[139] MORAES, Bernardo Ribeiro de. *Compêndido de direito tributário*. Rio de Janeiro: Forense, 1996. v. 1, p 67-68.

sobre a renda e o consumo. No que se refere às garantias do cidadão e do contribuinte, o texto constitucional é lacônico, com pouquíssimas limitações ao poder tributar, que se encontravam em dispositivos dos artigos 23, 25, 32 e 37, contemplando, basicamente, a previsão da legalidade tributária, a vedação à utilização da tributação como limitação ao livre tráfego de pessoas ou mercadorias, a imunidade recíproca e a vedação à bitributação.

O primeiro período de governo de Getúlio Vargas terminou em 1945, com a eleição do general Eurico Gaspar Dutra para presidente da República. O Brasil, acompanhando o novo mundo pós-Segunda Guerra Mundial, promulgou novo texto constitucional, em 18 de setembro de 1946.

A nova Carta Magna retornava o país ao rol dos Estados Democráticos e incorporava o ideal liberal, que predominava nos países ocidentais após o conflito mundial. As liberdades individuais, de imprensa, de manifestação e expressão, e de organização partidária e sindical, e a inviolabilidade do lar e da correspondência, entre outros direitos, foram novamente garantidas ao povo brasileiro. No campo tributário, novamente não se têm uma profunda modificação.[140] A situação de penúria dos municípios, aprofundada desde a extinção do imposto cedular sobre imóveis rurais, foi socorrida mediante a introdução de dois impostos para a sua órbita de competência – o imposto sobre atos de sua economia ou assuntos de sua competência (imposto do selo municipal) e o imposto de indústrias e profissões – além das contribuições de melhoria de competência das três esferas. Mas a principal inovação foi a criação do sistema de repartição de receitas tributárias, com os municípios (excluídas as capitais) participando de 10% da arrecadação do imposto de renda e da arrecadação do IR e de 30% do excesso sobre a arrecadação municipal da arrecadação estadual (exclusive imposto de exportação) no território do município, bem como do imposto único sobre combustíveis e lubrificantes, energia elétrica e minerais do país, de competência da União. Já os Estados, passaram a ter participação no imposto único. A União recuperou a

---

[140] "A Constituição Federal promulgada em 18 de setembro de 1946 apresenta as seguintes características, entre outras: a) instituí a competência concorrente da União e dos Estados na utilização do campo remanescente, porém com a participação obrigatória dos três poderes na receita dos novos tributos; b) fixa a competência para as diversas unidades políticas, vedando-se a bitributação; c) promove a separação dos campos de incidência, mediante a discriminação de cada um dos diferentes tributos, ao mesmo tempo em que se precisa a atribuição ao ente tributante; d) institui o sistema de subsídios intergovernamentais, com o estabelecimento de contribuições da União e dos Estados em favor dos Municípios; d) regime do imposto único para os combustíveis e lubrificantes, a ser arrecadado pela União, de cujo produto participariam os Estados e os Municípios". NETO, João Francisco. *Sistema tributário na atualidade e a evolução dos tributos*. São Paulo: Impactus, 2008, p. 125.

competência residual, com a repartição da arrecadação dos novos impostos, com 20% para os Estados e 40% para os municípios.[141]

Nos anos seguintes, foram efetuadas diversas alterações na sistemática de cobrança de diversos tributos e, também, em definições de competências tributárias. Merece destaque a Portaria do Ministério da Fazenda 7.847, de 19/08/53, que instituiu comissão para elaborar o Código Tributário Nacional. O resultado dos seus trabalhos chegou a ser enviado ao Congresso Nacional, mas não vingou. Apesar disso, sua parte geral foi base para a reforma tributária que ocorreu em 1965.[142]

O segundo governo de Getúlio Vargas, agora alçado pelo poder pelo voto popular, em 1950, foi marcado por um projeto desenvolvimentista centrado na forte presença do Estado em áreas estratégicas para o desenvolvimento do país, sendo paradigmática a criação da Petrobras, após forte campanha popular sintetizada no bordão "O petróleo é nosso". No campo político, sua principal característica foi o populismo, com a busca da legitimação por meio da manipulação das massas populares. Contudo, Getúlio Vargas chegou ao ano de 1954 pressionado por uma grave crise econômica, sem o apoio tanto das elites políticas e econômicas, que desconfiavam de sua política populista e nacionalista, quanto da população, desgostosa em face do aumento do custo de vida e da queda dos salários. O Presidente estava cada vez mais acuado e temeroso da iminência de um golpe de Estado, situação que iria se tornar ainda mais grave com a tentativa frustrada de assassinato do oposicionista Carlos Lacerda, episódio conhecido como "crime da Rua Toneleiros", que resultou na morte do major da Aeronáutica Rubens Vaz. Vargas foi acusado de ser o mentor do atentado, principalmente quando as investigações apontaram o seu guarda-costas Gregório Fortunato como responsável direto. O ápice da crise ocorreu com o "Ultimato de generais", de 22/08/54, que exigia sua renúncia. Na madrugada do dia 24/08, Getúlio Vargas suicidou-se, deixando a célebre Carta-Testamento, que provocou comoção nacional.

A economia no período entre o segundo governo Vargas e a deposição de João Goulart foi marcada pelo seu desenvolvimento, com a forte industrialização do país, financiada pelo grande fluxo de capital estrangeiro. A produção industrial no período de 1945 a 1965 mais que dobrou, destacando-se pela construção de indústrias, principal-

---

[141] VARSANO, Ricardo. *A evolução do Sistema Tributário Brasileiro ao longo do século*: anotações e reflexões para futuras reformas, p. 4. (www.ipea.gov.br/pub/td/td0405.pdf)

[142] AMED, Fernando José e NEGREIROS, Plínio José de Campos, op. cit., p. 272.

mente a do aço, a mecânica, a elétrica e a automobilística. Interligado, ocorreu o crescimento do investimento em infraestrutura, com a construção de novas estradas, incremento do aparato elétrico, a modernização dos portos e a construção da nova capital federal, Brasília.

Esse período democrático se encerrou no governo João Goulart, que foi marcado pela grande instabilidade política, econômica e social. Sua tentativa de implementar reformas de bases mais profundas, principalmente a reforma agrária, a busca de apoio nos movimentos populares de base e nos sindicatos e a adoção de uma política internacional mais independente do Estados Unidos provocaram a reação das elites e das camadas mais conservadoras da sociedade, insufladas também pela pregação contrária ao seu governo pela Igreja e pelas articulações do governo norte-americano, visando a limitar seu campo de atuação. A tensão política se agravava a cada novo ato do governo, aumentando as articulações políticas e dos meios militares, visando a sua deposição. A pregação contrária por parte da mídia contribuiu para um estado de comoção nas parcelas mais conservadoras da sociedade, o que culminou com manifestações promovidas com a denominação comum de "Marcha da Família com Deus pela Liberdade", sendo as maiores a ocorrida em São Paulo, em 19/03/64, com a participação de cerca de 500 mil pessoas, e a do centro do Rio de Janeiro, em 02/04/64, a "Marcha da Vitória", que teve a presença estimada de um milhão de pessoas.

O movimento executado pelas forças militares a partir de 31 de março de 1964 tem sido denominado como "Golpe de Estado", "Revolução" ou "Contrarrevolução", a depender da corrente histórica, ideológica ou política dos analistas. A análise de suas causas e da forma como se desenvolveu o período militar tem sido feita com base em diversos ângulos. No plano internacional, com a sua inserção na disputa geopolítica-ideológica entre os Estados Unidos e a União Soviética, como as duas grandes potências mundiais que emergirem no pós-Segunda-Guerra Mundial. As duas potências, a partir de 1945, iniciaram uma disputa estratégica na construção de dois blocos de países e áreas de influência: o capitalista e o comunista. Apesar de não terem se enfrentado num conflito militar direto (por isso o nome de "Guerra Fria"), a disputa política fomentou diversos conflitos, nos quais as duas ideologias se enfrentaram, como a Guerra da Coreia (1950-1953) a Guerra do Vietnã (1962-1975) e a Guerra do Afeganistão (1979-1989). Na América do Sul, área de influência americana, a Guerra-Fria levou à proliferação de ditaduras militares, apoiadas pelas forças conservadoras locais, que visavam a impedir o crescimento dos partidos e forças políticas de esquerda, e, também, a obstar a implementação de reformas econômicas e sociais que se chocavam com os interesses do *status quo*, sendo emblemáticos os golpes contra os governos de Salvador Allende no Chile (que saiu morto do Palácio de La Moneda, no golpe de 11 de setembro de 1973) e de João Goulart, no Brasil. O movimento militar de 1964 se insere no contexto internacional, já que o Governo João Goulart com suas reformas de base, tentativas de limitação ao capital estrangeiro e aproximação diplomática com países do eixo comunista, como China e Cuba, descontentava fortemente os Estados Unidos. Como resposta, a diplomacia americana atuou fortemente sobre as lideranças militares, políticas e empresarias, buscando a queda do Governo Goulart. Essa participação ativa se encontra historicamente comprovada nos dias atuais, com a liberação de telegramas e atas de reuniões efetuadas pelo então Embaixador americano no Brasil Lincoln Gordon.

Internamente, os historiadores apontam e analisam diversos fatores que teriam levado ao golpe militar. Não se pretende aqui efetuar uma análise com o grau de profundidade exigido pela ciência histórica, mas apenas buscar uma contextualização mais genérica. O Governo João Goulart, pelo seu caráter reformista, buscava nas massas sua força de sustentação política. O apoio a partidos e grupos socialistas e de esquerda levou a uma bipolarização ideológica, com confrontos nas cidades e no campo, sendo um exemplo a repressão pelos latifundiários nordestinos aos movimentos da Liga Camponesa, de Francisco Julião.

A visão de que João Goulart pretendia instituir o sistema comunista no país, mediante um golpe popular, e instituir uma ditadura de esquerda foi difundida por órgãos da grande imprensa, tendo sido absorvida principalmente pelas classes médias e as camadas mais conservadoras da sociedade. Reforçaram a criação de um ambiente refratário ao governo medidas como a aproximação diplomática com Cuba e China, além de problemas envolvendo as forças armadas, como a Revolta dos Marinheiros, ocorrida em 25 de março de 1964, na qual essa classe de militares se insurgiu contra a hierarquia, exigiam melhores condições para os militares e também pediam apoio às reformas políticas de base propostas pelo Presidente. O movimento era representado pelo seu líder, José Anselmo dos Santos, mais conhecido como Cabo Anselmo. O Comício da Central do Brasil, ocorrido em 13 de março de 1964, foi o evento final para a mobilização das forças políticas, militares e econômicas envolvidas no golpe. Nesse ato, o Presidente Goulart e o seu cunhado, Leonel Brizola, anunciaram as reformas de base que pretendiam executar, incluindo um plebiscito pela convocação de nova Constituinte, a reforma agrária e a nacionalização das refinarias particulares de petróleo. O Presidente também criticou o sentimento anticomunista e a utilização da imprensa e das entidades religiosas como instrumentos de oposição ao governo.

As forças políticas conservadoras, concentradas nos partidos políticos da UDN e do PSD, temiam que Leonel Brizola vencesse as eleições presidenciais e, a partir daí, com apoio das massas (sindicatos, movimentos rurais e baixas patentes das Forças Armadas), desse andamento ao projeto político propalado no Comício da Central do Brasil. Essa visão era compartilhada pela ala conservadora da Igreja Católica e pelos Estados Unidos, que participaram ativamente da construção do movimento militar que explodiu em 31 de março, dando ensejo ao golpe que em 1º de abril de 1964 depôs o governo constitucional de João Goulart.

O movimento militar se iniciou no dia 28 de março de 1964, quando se reuniram em Juiz de Fora/MG os generais Olímpio Mourão Filho e Odílio Denys, juntamente com o governador do Estado de Minas Gerais, Magalhães Pinto. O objetivo da reunião era programar uma data para início do levante, a princípio prevista para 4 de abril de 1964. Apesar da falta de consenso na cúpula militar, já que havia dúvidas quanto ao momento ideal para seu início na parcela do generalato comandada por Castello Branco, o general Olímpio Mourão deu início ao golpe no dia 31 de março, ao partir com suas tropas de Juiz de Fora/MG para o Rio de Janeiro/RJ.

Forças militares legalistas, que poderiam debelar o movimento iniciado por Mourão Filho, não se mantiveram fiéis ao Presidente, juntando-se às tropas rebeladas rumo ao Rio de Janeiro. João Goulart, após ver frustrada a tentativa de resistência, através da mobilização, pela liderança de Leonel Brizola, do Terceiro Exército no Rio Grande do Sul, resolveu, então, sair do país, para evitar a eclosão de uma guerra civil, exilando-se no Uruguai.

Além do receio de derramento de sangue, pesou na decisão de João Goulart a falta de apoio no Congresso Nacional. Antes mesmo de sua saída do país, o presidente do Congresso Nacional declarou vaga a Presidência, argumentando que o Presidente já havia abandonado o território nacional. Apesar de protestos de políticos como Darci Ribeiro, Waldir Pires e Tancredo Neves, empossou o Presidente da Câmara, Ranieri Mazzilli, como governante provisório.

O Regime Militar se consolidou nos primeiros quatros anos, de 1964 a 1967, a partir do Ato Institucional n. 1, que, de modo arbitrário, suspendeu por dez anos os direitos políticos daqueles considerados contrários ao regime, além de dar início à perseguição de políticos e congressitas, com ameaças, cassações, prisões e expulsões do país. Se no começo ainda se tentava dar uma ar democrático ao movimento, que buscava sustentação no status de "revolução", o estado de exceção se consolidava e radicalizava com a edição do Ato Institucional n. 5, de dezembro de 1968, que liquidou num só golpe os poucos espaços democráticos ainda existentes. Por meio desse artificial ato jurídico, o Congresso Nacional foi colocado em recesso, e estabeleceu-se a censura prévia à imprensa e aos meios de comunicação.

Elio Gaspari,[143] em seu livro *A Ditadura Envergonhada*, narra com maestria todos os fatores e jogos de bastidores que levaram à edição do Ato Institucional n. 5. Cito as passagens a respeito do seu anúncio:

> Horas mais tarde, Gama e Silva anunciou diante das câmaras de TV o texto do Ato Institucional nº 5. Pela primeira vez desde 1937 e pela quinta vez na história do Brasil, o Congresso era fechado por tempo indeterminado. O Ato era uma reedição de conceitos trazidos para o léxico político em 1964. Reestabeleciam-se as demissões sumárias, cassações de mandatos, suspensões de direitos políticos. Além disso, suspendiam-se as franquias constitucionais da liberdade de expressão e de reunião. Um artigo permitia que se proibisse ao cidadão o exercício de sua profissão. Outro patrocinava o confisco de bens. Pedro Aleixo queixara-se de que "pouco restava" da Constituição, pois o AI-5 de Gama e Silva ultrapassava de muito a essência ditatorial do AI-1: o que restasse, caso incomodasse, podia ser mudado pelo presidente da República, como ele bem entendesse. Quando o locutor da Agência Nacional terminou de ler o artigo 12 do Ato e se desfez a rede nacional de rádio e televisão, os ministros abraçaram-se.
>
> A pior das marcas ditatoriais do ato, aquela que haveria de ferir toda uma geração de brasileiros, encontrava-se no seu artigo 10: "Fica suspensa a garantia do *habeas corpus* nos casos de crimes políticos contra a segurança nacional". Estava atendida a reivindicação da máquina repressiva. O habeas corpus é um inocente princípio do direito, pelo qual desde o alvorecer do segundo milênio se reconhecia ao indivíduo a capacidade de livrar-se da coação ilegal do Estado. Toda a vez que a Justiça concedia o habeas corpus a um suspeito, isso significava apenas que ele era vítima de perseguição inepta, mas desde os primeiros dias de 1964 esse instituto foi visto como um túnel por onde escapavam os inimigos do regime. Três meses depois da edição do AI-5, estabeleceu-se que os encarregados de inquéritos políticos podiam prender quaisquer cidadãos por sessenta dias, dez dos quais em regime de incomunicabilidade. Em termos práticos, esses prazos destinavam-se a favorecer o trabalho dos torturadores. Os dez dias de incomunicabilidade vinham a ser o dobro do tempo que a Coroa portuguesa permitia pelo Alvará de 1705. Estava montado o cenário para os crimes da ditadura.

A partir daí, radicalizou-se o cenário político, com a repressão aos movimentos políticos de esquerda, às manifestações artísticas que questionassem de qualquer forma o momento vivido pela nação e,

---

[143] GASPARI, Elio. *A Ditadura Envergonhada*, p. 340/341.

principalmente, à luta armada que se tentou implementar no centro-oeste e no norte do país. A ditadura militar durou vinte anos, até o início da distenção nos últimos anos da década de sententa e seu encerramento, em 15 de janeiro de 1985, com a eleição do governador de Minas Gerais Tancredo Neves para Presidente da República pelo Colégio Eleitoral, com José Sarney como vice-presidente, derrotando o candidato da situação, o deputado federal Paulo Maluf, apesar da frustração da não aprovação da Emenda das Eleições Diretas.[144]

Em seus primeiros anos, o Regime Militar buscou implementar as ideias positivistas que tradicionalmente dominavam as escolas militares desde a proclamação da República. A partir de uma concepção de que o país estava numa situação caótica, fruto dos considerados desmandos dos últimos governos civis, os militares implantaram políticas de reformas em várias áreas, com destaque para a econômica, abragendo a estrutura fiscal.

Conforme consigna sólido estudo a respeito da política financeira, a chamada "Reforma Tributária", de 1965/67, teve as seguintes prioridades: a) depurar o sistema de impostos inadequados para o estágio de desenvolvimento atingido pelo país e ajustá-lo à nova realidade econômica; b) recompor a capacidade de financiamento do Estado, adequando-a ao novo papel que havia assumido na condução do processo de acumulação; c) transformar o instrumento tributário em uma poderosa ferramenta do processo de acumulação; d) criar incentivos fiscais e financeiros para estimular e apoiar setores considerados estratégicos no novo modelo de desenvolvimento; e e) desenhar um modelo de federalismo fiscal que contribuísse para que os recursos repartidos entre as esferas governamentais fossem prioritariamente destinados a viabilizar os objetivos do crescimento.[145]

A Reforma Tributária já vinha sendo estruturada desde o governo João Goulart, mas com o golpe militar sua implementação se tornou uma prioridade governamental, extremamenta facilitada pelo arbítrio que detinha o Poder Executivo. A situação econômica, com a desaceleração e o baixo crescimento da economia de 1961 a 1964 (4,5% ao ano), e a galopante inflação (projetada para 144% em 1964) impunham ao Golpe a necessidade de promover imediatas mudanças econômicas, sob pena de a deteriorização no cenário econômico solapar o apoio da classe média e do grande capital.

---

[144] Proposta de Emenda Constitucional (PEC) n. 5, apresentada pelo Deputado Federal Dante de Oliveira (PMDB) no dia 2 de março de 1983. Em 24 de abril de 1984, a Proposta de Emenda foi derrubada por falta do número mínimo de votos necessários, apesar de ter obtido 298 votos a favor, contra 65 e 3 abstenções.

[145] OLIVEIRA, F. A. *A lógica das reformas do sistema tributário*: 1966-2002.

A reestruturação da administração fazendária já era considerada imprescindível antes mesmo do movimento militar, tanto que em 1963 já havia sido criada uma Comissão de Reforma no âmbito do Ministério da Fazenda.

Ricardo Varsano,[146] em artigo publicado pelo IPEA, resume os resultados da Reforma Tributária implementada entre 1965 e 1967:

> Um novo sistema tributário foi paulatinamente implantado entre 1964 e 1966, concedendo-se prioridade para as medidas que, de um lado,
>
> contribuíssem de imediato para a reabilitação das finanças federais e, de outro, atendessem de forma mais urgente os reclamos de alívio tributário dos setores empresariais, que constituíam a base política de sustentação do regime: a administração fazendária federal foi reorganizada; o IR sofreu revisões que resultaram em vigoroso crescimento de sua arrecadação; e o imposto de consumo foi reformulado dando origem ao Imposto sobre Produtos Industrializados (IPI), com resultado semelhante.
>
> A Emenda Constitucional nº 18/65 que, com algumas alterações, incorporou-se ao texto da Constituição de 30 de janeiro de 1967 e o Código Tributário (Lei nº 5.172, de 25 de outubro de 1966) são os documentos legais que marcam o fim dos trabalhos desta reforma.
>
> (...)
>
> Além de bem-sucedida quanto ao objetivo de reabilitar rapidamente as finanças federais – a receita do Tesouro Nacional, que atingira o mínimo de 8,6% do PIB em 1962, recuperou-se e, em 1965, já chegava aos 12% –, a reforma da década de 60 teve os méritos de ousar eliminar os impostos cumulativos, adotando, em substituição, o imposto sobre o valor adicionado – hoje de uso generalizado na Europa e na América Latina, mas, na época, em vigor apenas na França –, e de, pela primeira vez no Brasil, conceber um sistema tributário que era, de fato, um sistema – e não apenas um conjunto de fontes de arrecadação – com objetivos econômicos, ou, mais precisamente, que era instrumento da estratégia de crescimento acelerado traçada pelos detentores do poder.

Em termos legislativos, a Reforma Tributária foi centrada em dois documentos legais, a Emenda Constitucional n. 18/65[147] e o Código Tributário Nacional (Lei n° 5.172/65).

Bernardo Ribeiro de Moraes[148] indica como características reformadoras da Emenda Constitucional n. 18/65: a) procurou estabelecer um sistema tributário nacional; b) discriminou os impostos tendo em vista as suas bases econômicas; c) com relação aos impostos, excluiu

---

[146] VARSANO, Ricardo. *A evolução do Sistema Tributário Brasileiro ao longo do século*: anotações e reflexões para futuras reformas, p. 0-98. (www.ipea.gov.br/pub/td/td0405.pdf)

[147] A Constituição de 1967 ratificou a Emenda Constitucional n. 18/65 e somente acrescentou a competência residual da União para instituir impostos que não tivessem base de cálculo e fato gerador idênticos a tributos já previstos.

[148] MORAES, Bernardo Ribeiro de. *Compêndio de direito tributário*. Rio de Janeiro: Forense, 1996. v. 1, p 104.

alguns do sistema, alterou a competência e/ou denominação de outros; d) incentivou a coordenação das atividades entre União, Estados e Municípios; e) concentrou impostos na competência da União e estabeleceu nova discriminação de rendas tributárias; f) alterou regras de distribuição da arrecadação; e g) implementou maior unidade nas normas fiscais.

O objetivo de melhorar a estruturação do sistema tributário nacional foi em grande medida, atingido. A eliminação da competência residual de Estados e Municípios extinguiu a possibilidade de criação indiscriminada de tributos. Complementarmente, sistematizou de forma mais racional os impostos em relação às bases econômicas tributadas, com a substituição de impostos que não possuíam essas bases, e fatos geradores bem definidos, com a estruturação da incidência fiscal em três grupos: comércio exterior; patrimônio e renda; produção, circulação e consumo de bens e serviços. Ainda nesse contexto, promoveu-se a substituição dos impostos especiais (caso do Imposto sobre Indústrias e Profissões e do Imposto de Licença) por outros mais bem definidos, como o Imposto sobre Serviços de Qualquer Natureza, o Imposto sobre Transportes e Comunicações e o Imposto sobre Operações Financeiras. No Imposto de Renda das Pessoas Físicas, foram extintas as isenções previstas para diversas categorias, como professores, jornalistas e magistrados. Iniciou-se também, a criação de contribuições parafiscais, destinadas a custear despesas específicas, sendo muito relevante a instituição do Fundo de Garantia do Tempo de Serviço (FGTS), em 1967, e do Programa de Integração Social (PIS)/Programa de Formação do Patrimônio do Servidor Público (PASEP), em 1969 e 1970; e, por fim, no que se constituiu em seu maior avanço, a eliminação da cumulatividade da incidência do Imposto sobre Vendas e Consignações, pelo sistema não cumulativo do Imposto sobre a Circulação de Mercadorias (ICM).[149]

O Código Tributário Nacional (CTN), por sua vez, trouxe inegável avanço em relação à sistematização e organicidade no que se refere à base de incidência dos impostos que abrangia e aos institutos básicos do Direito Tributário. A Lei 5.172, de 25 de outubro de 1966, com seus originais 217 artigos, disciplinou a estrutura jurídica básica do sistema tributário, regulando a competência tributária e as suas limitações; instituiu as normas gerais sobre a legislação tributária, obrigação, crédito e administração tributária; e disciplinou as regras de incidência de diversos impostos.

---

[149] OLIVEIRA, F. A. *A Evolução da Estrutura Tributária e do Fisco Brasileiro*: 1889-2009. Texto para Discussão do IPEA. Brasília, IPEA, 2010, p. 32/33.

O CTN surgiu a partir de um projeto elaborado por Rubens Gomes de Souza, em 1954, revisto e adaptado ao sistema tributário instituído pela Emenda Constitucional n. 18/65. Seu texto é reconhecido como extremamente bem elaborado, tanto que após ter sido recepcionado como lei complementar pela Constituição de 1988, continua ainda em vigor, com um número relativamente pequeno de alterações.

A par das alterações legislativas, ocorreram mudanças estruturantes na administração fiscal federal, notadamente com a criação da Secretaria da Receita Federal, em 1968, e a instituição de declarações e cadastros fiscais que permitiram maior controle e segurança à arrecadação.[150] À Receita Federal foi outorgada a competência de gerir de forma unificada os tributos federais, tendo sido aparelhada com corpo técnico profissionalizado e constante aprimoramento tecnológico.[151]

Contudo, apesar de a reforma fiscal implementada pela ditadura militar buscar reestruturar o sistema fiscal, tendo obtido êxito em certa escala, a dinâmica do regime, que concedia benefícios e incentivos fiscais àqueles mais próximos do Poder e com mais capacidade de penetração na sua estrutura burocrática, levou ao aumento da desigualdade do país e reduziu seu efeito positivo em termos de arrecadação. O capital econômico vinculado a setores considerados pelo Governo Central como estratégicos e prioritários, como o financeiro, o exportador e o das indústrias automobilística, de bens duráveis e militar (entre outras), obteve diversas benesses financeiras do governo (como incentivos subsidiados, perdão de dívida e aportes financeiros diretos do caixa público) além de benefícios fiscais (isenções, reduções de base de cálculo e anistias).

---

[150] "No campo administrativo do Ministério da Fazenda, as mudanças que foram realizadas dariam novo *status* à administração tributária em termos de eficiência. Iniciadas nos primeiros anos da década de 1960, estas mudanças evoluíram nos anos seguintes, passando pela criação da SRF, em 1968, e se ampliariam na década de 1970. Entre estas mudanças, cabe destacar: *i)* a instituição, a partir do exercício de 1963, da declaração de bens como parte integrante da Declaração do Imposto de Renda; *ii)* a instituição, em 1964 (Lei n. 4.503, de 30/11/1964), do Cadastro Geral das Pessoas Jurídicas, depois transformado em Cadastro Geral de Contribuintes (CGC) e, ulteriormente, no atual Cadastro Nacional da Pessoa Jurídica (CNPJ); *iii)* a criação, em 1964, do Serviço Federal de Processamento de Dados (Serpro), empresa pública subordinada ao Ministério da Fazenda, que passaria a ser responsável pelo processamento de dados dos contribuintes; *iv)* a autorização da cobrança da arrecadação federal pela rede bancária, sistemática que, regulamentada em 1965, entrou em vigor em 1966, começando pelas cidades do Rio de Janeiro e São Paulo, dando início à extinção do sistema de arrecadação por vários órgãos, como os de recebedoria de rendas, alfândegas, mesas de rendas e coletorias federais; e *v)* a instituição, em 1965, do Registro das Pessoas Físicas, transformado, em 1968, no Cadastro das Pessoas Físicas (CPF), pelo Decreto-Lei n. 401, de 30/12/1968, que substituiria os fichários dos contribuintes com dados assistemáticos, desatualizados e incompletos.dos contribuintes com dados assistemáticos, desatualizados e incompletos". OLIVEIRA, F. A. *A Evolução da Estrutura Tributária e do Fisco Brasileiro*: 1889-2009. Texto para Discussão do IPEA. Brasília, IPEA, 2010, p. 34.

[151] PEREIRA, Ivone Rotta. *A tributação na história do Brasil*. São Paulo: Moderna, 1999, p. 69.

Se em um primeiro momento as políticas desenvolvimentistas implementadas chegaram a gerar efeitos de impacto, como o chamado "Milagre Brasileiro", a deterioração das finanças públicas, com o aumento do endividamento externo e interno, cobrou seu preço, a partir da mudança do cenário mundial na década de 1970, traduzida na desaceleração do crescimento global e nos choques do petróleo, provocados pelos aumentos do preço do barril determinados pela Organização dos Países Exportadores de Petróleo (OPEP).

Os efeitos foram duramente sentidos pela sociedade brasileira, sobrevindo a recessão econômica e o aumento do custo de vida e dos índices de desemprego. A estrutura de sustentação do regime militar começou a se fragilizar, não só nas classes médias e populares, mas também em vários setores do grande empresariado, que não enxergavam no regime a capacidade de executar novas reformas que o momento exigia. Ao mesmo tempo, aumentava a repulsa interna e no exterior aos desmandos do aparato repressor. As contradições do regime se aprofundavam, gerando contestações dentro das próprias Forças Armadas, com setores do oficialato se insurgindo nos bastidores do poder contra a linha dura e advogando a necessidade se iniciar uma transição segura e gradual para a retomada do poder cível.

Na eleição indireta do Presidente Ernesto Geisel, em 1974, a disputa interna no regime já se mostrava mais explícita. A queda de braços entre a chamada "linha dura" e os setores favoráveis à abertura política se intensifica em 1975 e 1976. Seu auge ocorre quando das mortes do jornalista Wladimir Herzog e do operário Manoel Fiel Filho, ambas ocorridas quando se encontravam sob a guarda do II Exército, sediado em São Paulo. A enorme repercussão dessas mortes na sociedade civil e no próprio meio militar levou ao confronto direto das facções militares, com a derrota da linha dura, sinalizada com a queda do Comandante Militar da Região e um pouco depois, com, a exoneração do então Ministro do Exército, general Sílvio Frota.

A partir das eleições para a Câmara dos Deputados de 1974, a insatisfação popular se materializou nas urnas, com o Movimento Democrático Brasileiro (MDB), recebendo a maioria dos votos.

A transição começou timidamente, com os avanços sendo retardados por retrocessos, como a Lei Falcão (que limitou o uso do rádio e da TV na campanha eleitoral) e o Pacote de Abril de 1977, que colocou o Congresso Nacional em recesso parlamentar e criou a figura do senador biônico.

Apesar dos percalços e do ritmo lento e errático, o movimento de abertura política já estava em andamento. Em 1978, o general João

Batista Figueiredo foi eleito indiretamente Presidente da República, com a promessa de fazer a transição para a democracia. O ano de 1979 tornou-se emblemático, com a promulgação da Lei da Anistia, as eleições diretas para os governos estaduais e a volta do pluripartidarismo. Além da transformação do MDB em PMDB (Partido do Movimento Democrático Brasileiro) e da Arena em PDS (Partido Democrático Social), surgiram novas agremiações, como o Partido dos Trabalhadores (PT) e o Partido Democrático Trabalhista (PDT), de esquerda, o Partido Popular (PP) e o Partido Trabalhista Brasileiro (PTB), de centro-direita.

A abertura é marcada também pelo surgimento de um renovado movimento sindical, liderado por Luis Inácio da Silva (Lula), que organizou grandes movimentos grevistas e manifestações no ABC paulista e em Contagem/MG. O líder sindical fundou o Partido dos Trabalhadores, que produziu um efeito transformador na estrutura política do Brasil daí para frente, iniciando uma carreira política que culminou na sua eleição para Presidente do Brasil por dois mandatos (1º de janeiro de 2003 a 31 de dezembro de 2010) e na eleição de sua sucessora, nas eleições de 2010, a Presidenta Dilma Rousseff.

Em 1984, o Brasil foi sacudido pelo Movimento das Diretas-Já, que arrastou milhares de pessoas em grandes comícios nas principais capitais para reivindicar a aprovação das eleições diretas para presidente. Apesar da comoção nacional, a proposta de emenda constitucional foi derrotada no Congresso Nacional. Mas o regime e o seu braço político, o PDS, representado pelo seu candidato a presidente, Paulo Maluf, já não mais possuíam força para continuar à frente do poder. O candidato da oposição (PMDB), o governador de Minas Gerais, Tancredo Neves, foi eleito em 15 de janeiro de 1985 presidente do país. Apesar da frustação da eleição indireta, o resultado da eleição foi comemorado pela sociedade como o marco definitivo da superação do regime de exceção. Entretanto, o Brasil ainda suportaria um baque com a internação em Brasília do candidato eleito, um dia antes da sua posse. Apesar dos esforços médicos, o seu falecimento veio a ocorrer em 21 de abril de 1985. O vice-presidente eleito, José Sarney, assumiu a Presidência, em 15 de março de 1985, deixando um gosto amargo para aqueles que lutaram pela redemocratização, já que o novo presidente havia feito sua carreira política nas forças de sustentação do Regime Militar. Por uma ironia do destino, coube-lhe finalizar a transição para o regime democrático.

A democracia retornou à realidade política e jurídica do país com a promulgação da nova Constituição Federal, em 5 de outubro de 1988.

A nova Carta Constitucional foi fruto de intenso debate político na Assembleia Constituitente, no qual se degladiaram as diversas forças políticas brasileiras, cada qual lutando para a aprovação de um texto que mais se adequasse à sua ideologia.

O texto aprovado foi avaliado, elogiado e criticado em diversos pontos, com base em diversos pontos de vista. Mas é inegável que se tratou de um texto moderno, que buscou dar voz ao anseio dos brasileiros por uma sociedade democrática, justa e igualitária. A garantia dos direitos fundamentais da pessoa humana, inclusive nas órbitas econômica e trabalhista, é a característica mais marcante do texto constitucional. A partir de sua promulgação, o Brasil iniciou um processo de transformação sem precedentes, a qual ainda está em andamento, envolvendo as suas estruturas políticas, jurídicas, econômicas e sociais. Um país não suplanta séculos de uma estrutura oligárquica e patrimonialista em curto espaço de tempo, mas a estrutura jurídica instituída pela Constituição aparelhou o Brasil com os mecanismos democráticos imprescindíveis a essa árdua tarefa.

A Constituição alterou profundamente a estrutura tributária, inaugurando um novo pacto federativo e um novo sistema constitucional tributário, que se encontra formalizado no Título IV – Da Tributação e do Orçamento, inserto no Capítulo I do Sistema Tributário Nacional, no qual estão previstos os princípios gerais que regem a tributação – legalidade, isonomia, anterioridade, irretroatividade, capacidade contributiva e vedação de tributos com efeitos confiscatórios – as imunidades e outras limitações ao poder de tributar e, por fim, a delimitação da competência tributária entre os entes de Direito Público: União, Estados, Municípios e Distrito Federal.

Instituiu-se um novo sistema de competências tributárias, que busca promover uma melhor repartição entre União, Estados e Municípios. A descentralização da receita reflete um claro objetivo do legislador constituinte, assim como uma clara reação ao caráter centralizador do sistema tributário vigente no regime militar. Estados e municípios vêm a sua base de incidência aumentar, enquanto a União Federal tem a sua reduzida, com a perda dos impostos únicos e a fixação de elevados percentuais de repartição de receitas de impostos relevantes, como o imposto de renda e o imposto sobre produtos industrializados.

Constituem a competência da União Federal no texto original: imposto de importação, imposto de exportação, imposto sobre a renda e proventos de qualquer natureza, imposto sobre produtos industrializados, imposto sobre operações de crédito, câmbio e seguro ou relativos a valores mobiliários, imposto sobre a propriedade territorial rural, imposto sobre grandes fortunas, empréstimos compulsórios, competência residual para novos impostos, taxas e contribuições sociais e de melhoria.

Constituem a competência dos Estados e do Distrito Federal no texto original: imposto sobre transmissão *causa mortis* e doações, imposto sobre operações relativas à circulação de mercadorias e sobre prestações de serviços de transporte interestadual e intermunicipal e de comunicação, imposto sobre a propriedade de veículos automotores, adicional do imposto de incidente sobre lucros, ganhos e rendimento de capital,[152] taxas e contribuições de melhoria.

Constituem a competência dos Municípios e do Distrito Federal no texto original: imposto sobre a propriedade territorial urbana, imposto sobre transmissão *inter vivos*, a qualquer título, de bens imóveis e de direitos reais sobre imóveis, imposto sobre vendas a varejo de combustíveis, líquidos e gasosos, exceto o óleo diesel,[153] imposto sobre serviços de qualquer natureza, taxas e contribuições de melhoria.

Ainda regulamentado o pacto federativo em matéria fiscal, a Constituição Federal instituiu um sistema de repartição da arrecadação entre a União, os Estados e os Municípios. A União Federal repassa: I) do produto da arrecadação dos impostos sobre renda e proventos de qualquer natureza e sobre produtos industrializados 48%,[154] sendo: a) 21,05% ao Fundo de Participação dos Estados e do Distrito Federal; b) vinte e dois inteiros e cinco décimos por cento ao Fundo de Participação dos Municípios; c) 3%, para aplicação em programas de financiamento ao setor produtivo das regiões Norte, Nordeste e Centro-Oeste, por intermédio de suas instituições financeiras de caráter regional, de acordo com os planos regionais de desenvolvimento; d) 1% ao Fundo de Participação dos Municípios; II) do produto da arrecadação do imposto sobre produtos industrializados, 10% aos Estados e ao Distrito Federal, proporcionalmente ao valor das respectivas exportações de produtos industrializados; e III) do produto da arrecadação da CIDE combustível, 29% para os Estados e o Distrito Federal.

Os Estados, por sua vez, repassam aos respectivos Municípios: I) 25% dos recursos que receberem da repartição do IPI; II) 20% dos recursos recebidos da arrecadação da CIDE combustível;[155] III) 50% do

---

[152] Competência extinta pela Emenda Constitucional nº 3, de 17 de março de 1993.
[153] Idem.
[154] Nos termos da Emenda Constitucional nº 55, de 20 de setembro de 2007.
[155] Instituído pela Emenda Constitucional nº 42, de 19 de dezembro de 2003.

IPVA ao município do licenciamento do veículo; e IV) 25% do produto da arrecadação do imposto do Estado sobre operações relativas à circulação de mercadorias e sobre prestações de serviços de transporte interestadual e intermunicipal e de comunicação.

A repartição de substantiva parcela da arredação da União com o Imposto de Renda e do IPI produziu um efeito importante na política fiscal, com o direcionamento do aumento da carga fiscal para as contribuições sociais. Dessa forma, após a Constituição Federal, foram efetuadas alterações que visavam a equilibrar a arrecadação da União em face das obrigações que lhe foram outorgadas pela Constituinte.[156] Em 1989, foi instituída a Constribuição Social sobre o Lucro Líquido, com alíquota geral de 8% e específica de 12% para as instituições financeiras. No Plano Collor 1, aumentou-se a alíquota do já extinto FINSOCIAL para 2%, ampliada a base de incidência do PIS (de faturmento para a receita bruta) e instituída a alíquota de 8% do IOF para operações financeiras. Em 1993, a arrecadação da contribuição sobre folha de salários se tornou exclusiva para o custeio previdenciário. O Plano Real, marco da estabilização inflacionária e econômica do Brasil, também foi composto de alterações fiscais. Entre as mais relevantes cita-se a instituição do Imposto Provisório sobre Movimentação Financeira, em 1994, posteriormente substituído, em 1996, pela Contribuição Provisória sobre Movimentação Financeira (CPMF), que foi cobrada até a sua não prorrogação pelo Congresso Nacional em 2007, e a reforma do Imposto de Renda da Pessoa Jurídica em 1995. Em 1998, ampliou-se a base de incidência do PIS e da COFINS, contribuições que em 2002 e 2003 tiveram suas alíquotas fortemente majoradas com a instituição da sua sistemática não cumulativa de incidência. O desequilíbrio entre a receita fiscal da União Federal e os dispêndios obrigatórios levou a União Federal a trabalhar de forma mais racional e informatizada, com pesados investimentos na máquina de arrecadação (Receita Federal) e, em menor proporção, na de cobrança (Procuradoria da Fazenda Nacional), além de provocar o crescente aprimoramento da regulamentação infralegal dos impostos e das contribuições de sua competência, visando a aumentar a arrecadação. A Receita Federal do Brasil é órgão de elite do Executivo Federal, dotado de insumos materiais e humanos que lhe permitem destaque, inclusive internacional, no que refere à atividade que executa.

---

[156] OLIVEIRA, F. A. A *Evolução da Estrutura Tributária e do Fisco Brasileiro: 1889-2009*. Texto para Discussão do IPEA. Brasília, IPEA, 2010, p. 41 e 42.

Como as contribuições são tributos não repartíveis, a União tem mais interesse em promover o aumento de sua arrecadação do que a dos impostos repartíveis. Tal situação ficou ainda mais premente a partir da aprovação, em 1994, da chamada "Desvinculação da Receita da União" (DRU), que autorizou a desvinculação de 20% de todos os impostos e contribuições federais, formando uma fonte de recursos livre de prévios carimbos orçamentários.[157]

A aplicação prática do sistema tributário instituído pelo texto constitucional de 1988 rapidamente gerou discordâncias e questionamentos quanto às distorções criadas na Federação, principalmente no que se refere à não compatibilização dos encargos sociais e de investimentos, centralizados na União Federal, e a divisão da base da arrecadação.

A busca da reforma do seu texto, em matéria fiscal, iniciou-se com a promulgação, em 1993, da Emenda Constitucional n. 3, que trouxe relevantes modificações, apesar de não poder ser classificada como uma "reforma tributária". A EC n. 3 introduziu a tributação sobre a movimentação financeira, constitucionalizou o sistema de substituição tributária, que a partir daí se torna o modelo padrão de tributação para o ICMS, e extinguiu o Imposto sobre Vendas a Varejo de Combustíveis, de competência municipal.

A União Federal, a partir de 1995, efetuou diversas modificações no Imposto de Renda, modernizando sua incidência, com introdução do sistema de tributação da renda mundial, a informatização da sua declaração e a busca de uma maior neutralidade fiscal.

No âmbito do ICMS, a promulgação da Lei Complementar n. 87, em 1996, denominada de Lei Kandir, consolidou a estrutura do imposto, suprindo o vácuo legal na sua regulamentação (efetuada até então pelo Convênio ICMS n. 66/88), tendo como ponto principal a

---

[157] "Art. 76. É desvinculado de órgão, fundo ou despesa, até 31 de dezembro de 2011, 20% (vinte por cento) da arrecadação da União de impostos, contribuições sociais e de intervenção no domínio econômico, já instituídos ou que vierem a ser criados até a referida data, seus adicionais e respectivos acréscimos legais. (Redação dada pela Emenda Constitucional nº 56, de 2007) § 1º O disposto no *caput* deste artigo não reduzirá a base de cálculo das transferências a Estados, Distrito Federal e Municípios na forma dos arts. 153, § 5º; 157, I; 158, I e II; e 159, I, *a* e *b*; e II, da Constituição, bem como a base de cálculo das destinações a que se refere o art. 159, I, *c*, da Constituição. (Redação dada pela Emenda Constitucional nº 42, de 19.12.2003) § 2º Excetua-se da desvinculação de que trata o caput deste artigo a arrecadação da contribuição social do salário-educação a que se refere o art. 212, § 5º, da Constituição. (Incluído pela Emenda Constitucional nº 27, de 2000) § 3º Para efeito do cálculo dos recursos para manutenção e desenvolvimento do ensino de que trata o art. 212 da Constituição, o percentual referido no caput deste artigo será de 12,5 % (doze inteiros e cinco décimos por cento) no exercício de 2009, 5% (cinco por cento) no exercício de 2010, e nulo no exercício de 2011." (Incluído pela Emenda Constitucional nº 59, de 2009).

desoneração das exportações, com a manutenção do direito ao crédito pelos exportadores e seu ressarcimento em dinheiro.

A busca de uma reforma tributária mais ampla, que resolvesse os impasses federativos (como a complexidade legislativa e operacional do ICMS e a guerra fiscal crescente entre os Estados), diminuísse a centralização da tributação no consumo, desonerasse as exportações e simplificasse a carga fiscal, entre outros objetivos, deu ensejo a diversos estudos e projetos, como a "Proposta Parente"[158] e o "Substitutivo Mussa Demes",[159] até o envio pelo Governo da PEC n. 41/03. A Proposta de Emenda Constitucional, apesar de ambiciosa, não conseguiu consenso para sua aprovação integral, já que as bancadas estaduais no Congresso Nacional criticavam a proposta, pois considerava que implicaria aumento da carga tributária, além de redução da autonomia tributária dos Estados. Após seu intenso debate no Congresso, acabou dando ensejo à aprovação de uma reforma bem menor e menos abrangente, através da promulgação da Emenda Constitucional nº 42/03, que introduziu as seguintes modificações: possibilidade de adoção de um regime tributário simplificado – o Super-Simples, a incidência das contribuições sociais do PIS e COFINS sobre as importações, a prorrogação da Zona Franca de Manaus até 2023, manutenção da Desvinculação das Receitas da União (DRU) e da CPMF (com alíquota de 0,38%) até 2007; e a aplicação da anterioridade nonagesimal a diversos impostos.[160]

As tormentosas questões referentes ao ICMS, que não foram aprovadas pela EC n. 42/03, voltaram a tramitar na Câmara dos Deputados com a PEC n. 255/04, sendo as suas principais propostas: unificação da legislação e da alíquota do ICMS, com a competência legislativa sendo transferida pela União Federal, revisão das isenções do imposto; e definição da competência para o destino.

Mais recentemente, o Governo da Presidenta Dilma Rousseff vem implementando relevantes alterações no campo econômico e fiscal, com a manutenção da política de desoneração do IPI para diversos produtos, visando à manutenção do nível de produção e consumo, além da chamada desoneração da folha de pagamentos (substituição total ou parcial, para alguns setores da economia, da contribuição que incide sobre a base de pagamentos das empresas, por outra incidente

---

[158] Proposta gestada de forma oficiosa no Ministério da Fazenda, em 1997, e elaborada pelo seu então Secretário-Executivo Pedro Parente.

[159] Proposta de reforma tributária elaborada no Congresso Nacional, que ficou conhecida pelo nome do Deputado Federal Mussa Demes, relator do texto que buscou consolidar os diversos projetos em discussão no parlamento.

[160] FRANCISCO NETO, João. *Sistema tributário na atualidade e a evolução dos tributos*, p. 161.

sobre a sua receita bruta). E no campo do ICMS, promulga-se a Resolução nº 13/12 do Senado Federal, que institui a alíquota interestadual de 4% para os produtos importados, visando ao combate da chamada "Guerra Fiscal dos Portos".

A partir da nova Constituição, a relação Fisco-contribuinte inseriu-se na estrutura democrática, estando vinculada mais fortemente ao dever fundamental de recolher tributos, fundado na solidariedade social e na implementação da arrecação em bases que respeitem os princípios constitucionais tributários, as limitações ao poder fiscal e o caráter social da arrecadação e gastos públicos.

Os direitos fundamentais dos cidadãos-contribuintes são fortemente assegurados, com maior consciência da sociedade quanto à abrangência de seus direitos e dos limites ao poder tributário. A busca da garantia desses direitos perante Poder Judiciário se avoluma, com os Tribunais Superiores (Supremo Tribunal Federal e Superior Tribunal de Justiça) atuando fortemente na garantia da higidez do sistema. Da mesma forma, a atividade do legislador em matéria tributária se aperfeiçoa, observando-se maior cuidado na elaboração das normas e de sua compatibilidade com a Constituição Federal e o Código Tributário Nacional. A situação comum na ditadura militar, de edição de normas tributárias que violavam princípios constitucionais, como o da legalidade e o da irretroatividade, e que somente anos depois tinham a sua ilegalidade e inconstitucionalidade reconhecida pelo Judiciário, torna-se menos comum. As máquinas fiscais da União, Estados e Municípios também se aperfeiçoaram, com a maior profissionalização de seus funcionários e a utilização da informática como ferramenta de agilização e segurança da arrecadação.

Conforme se desenvolverá no próximo capítulo, o paulatino amadurecimento da sociedade brasileira no que se refere a seus direitos e às práticas democráticas, também ocorreu no campo fiscal. As questões tributárias deixaram de ser privativas de iniciados, para se tornarem objeto de análise dos meios de comunicação de massa e de discussão permanente pela sociedade. E, como não poderia deixar de ser, a questão fiscal tornou-se elemento importante da discussão política, com a oposição de ocasião levantando a bandeira da reforma tributária e da diminuição da carga fiscal em seu palanque de proposta. Os governos, por sua vez, não negam a necessidade de aperfeiçoamentos no sistema, mas defendem a sua compatibilização com o nível do gasto público, principalmente tendo em vista as obrigações sociais (educação, saúde e previdência social) instituídas pela Constituição Federal. Curiosamente, nos momentos em que houve a troca de postos entre oposição e a força política então no governo, o que se viu foi uma assumindo o discurso do outro. Apesar do jogo político, a realidade fiscal do Brasil é complexa, e todo o governo, mesmo quando antes criticava e propunha reformas, ao assumir o Poder reconhece os limites e as dificuldades orçamentárias e políticas envolvidas.

3. O dever de recolher tributos no Estado Democrático de Direito

Neste capítulo, desenvolve-se o tema propriamente dito deste trabalho, qual seja: a configuração do dever fundamental de recolher tributos no Estado Democrático de Direito. Para tanto, foi necessário o desenvolvimento do tema dos deveres fundamentais ou constitucionais, efetuado no primeiro capítulo. A partir do já exposto, demonstrar-se-á que o dever de recolher tributos é, efetivamente, um dever fundamental que caracteriza o Estado Democrático de Direito.

A conceituação do que seja Estado Democrático de Direito e a forma como ele está configurado na Constituição brasileira serão abordadas partindo da análise da evolução das formas de Estado feita no segundo capítulo e finalizada neste. Tal evolução, que foi abordada tendo em vista sua interferência no campo da tributação e também a forma como por esta foi influenciada. No capítulo anterior, apresentou-se uma sintética e despretensiosa evolução da estrutura fiscal brasileira até a Constituição de 1988.

A partir dessas bases, aprofunda-se a análise da correlação entre a forma do Estado Democrático de Direito e o dever de recolher tributos, que tem o seu paradigma ou fundamento alterado por este.

3.1. Da passagem do estado liberal para o estado social

Como abordado no capítulo anterior, após o fim da Segunda Guerra Mundial, aprofundou-se a crise do sistema liberal, tanto no campo político como no econômico, com o surgimento de novas concepções de Estado e de sociedade.

E com o acirramento da crise do capitalismo liberal, principalmente após a quebra da Bolsa de Nova Iorque e a acentuação da depressão econômica, foram buscadas novas fórmulas de estruturação econômica e política que propiciassem a retomada do desenvolvimento e do dinamismo econômico. E conforme demonstrou Keynes, essa retomada, com a saída do capitalismo do estado de "equilíbrio na ruína", somente se implementaria mediante a ativa intervenção do Estado no sistema econômico.

Após o segundo conflito mundial, intensificou-se a superação do sistema liberal, não só pela intervenção do Estado na economia, mas também pela sua forte atuação no campo social e nas relações de trabalho.

O mundo que emergiu após o combate e a vitória sobre o nazi-facismo foi marcado por tensões e conflitos de várias ordens. A dinâmica mundial ficou centralizada na sua polarização em dois campos político-econômico-social diametralmente opostos – o capitalismo e o comunismo – que passaram a disputar áreas de influência e a hegemonia como sistema político mundial. E fortemente influenciado por esse conflito político e ideológico (em verdade, mesmo como decorrência deste), surgiu o Estado Social, que marcou o mundo ocidental a partir dos anos 50 do século passado.

O Estado Social desenvolveu-se gradualmente nos diversos países por ele influenciados, tomando em cada qual matiz que, apesar de um substrato comum, apresentava diferenças e peculiaridades próprias.

A fórmula do Estado Social decorre de um processo histórico que pode ter o seu início fixado na chamada "Segunda República Francesa" (1848) e que continuou evoluindo até os dias atuais. Exatamente nesse lapso de tempo ocorreram a gestação, a eclosão, a expansão e queda de uma das ideologias políticas que produziu maior impacto social, político e cultura na história: o comunismo. Essa expansão, por sua vez, não se limitou ao plano acadêmico ou ao proselitismo partidário, alcançando, efetivamente, o que se constitui na razão mesma de ser de uma ideologia política: a tomada efetiva do poder. Após a tomada do poder na Rússia e a construção da União Soviética, ocorreu o apogeu do seu alcance político, com o comunismo chegando a ocupar quase um quinto da Terra (excluindo-se, nessa contagem, a China comunista). E a União Soviética se consolidou como uma das duas grandes potências que regeram o destino da humanidade a partir de 1945, até o seu colapso, em 1989.[161] [162]

---

[161] NAVARRO, Francisco Gonzales. *El estado social y democrático de derecho*, p. 21.

[162] Considerando como marco da dissolução do regime comunista o início da destruição do Muro de Berlim em 09 de novembro de 1989. O processo de dissolução da União Soviética se inicia com o processo de política de abertura econômica e política levada a cabo por Mikhail

A partir da consolidação dos Estados Unidos da América e da União Soviética como as duas potências mundiais, radicalizou-se a intensa disputa (ideológica, econômica, política e militar) entre duas concepções de vida radicalmente incompatíveis, que disputaram durante décadas a adesão de gerações inteiras, principalmente na Europa Ocidental e no chamado "Terceiro Mundo", no qual o comunismo encontrou um campo fértil para se desenvolver, dado o estado de miséria e exploração em que grande parte da população dos países que estavam nesse bloco se encontrava.

Efetivamente, a partir de 1945 até o final da década de 1970, os partidos comunistas dos países da Europa Ocidental buscaram a conquista do poder político. E a história mostra que apesar deste intento não ter sido alcançado, não se pode menosprezar que a atuação dos partidos comunistas (com maior relevo para os da Europa Ocidental) no mundo capitalista, não só provocou tensão nos processos eleitorais como, efetivamente, influenciou os programas de governo dos países capitalistas, que se viram obrigados a efetuar mudanças econômicas e políticas para dar vazão à parte das reivindicações dos movimentos sociais. Pode-se dizer, dessa forma, que a "ameaça" comunista foi o prego no caixão do liberalismo clássico e o motor do desenvolvimento do Estado Social.[163]

Paulo Bonavides disserta:

> O Estado social representa efetivamente uma transformação superestrutural que passou o antigo Estado Liberal. Seus matizes são riquíssimos e diversos. Mas algo, no Ocidente, o distingue, desde as bases, do Estado proletário, que o socialismo marxista

---

Gorbatchev, secretário-geral do Partido Comunista no final dos anos 1980. O marco final pode ser considerado o dia 21/12/11, quando os líderes políticos de 11 das 15 repúblicas soviéticas se reuniram em Alma Ata, capital do Casaquistão, para referendar a decisão da Rússia, Ucrânia e Bielo-Rússia e oficializar a criação da Comunidade de Estados Independentes (CEI) e o fim da União Soviética.

[163] "A profunda degradação do contingente populacional majoritário resultou na proliferação de movimentos políticos na Europa, já nos primórdios do século XIX, que se manifestavam sob a forma de reivindicações pela melhoria das condições de trabalho e pela desaceleração do afã pelo lucro. A crescente mobilização social anticapitalista atingiu o seu ponto culminante com a publicação do *Manifesto Comunista* de Karl Marx e Friedrich Engels, em 1848 e a posterior formação da 1ª Internacional dos Trabalhadores, em 1864. Mesmo assim, a despeito da grande repercussão dos movimentos sociais nas Constituições dos Estados nacionais ocorreu somente nos primórdios do século XX. São referencias as Constituições do México, 1917 (nascida da revolução popular contra a elite agrária local) e, da República de Weimar, 1919 (que reergueu a Alemanha dos escombros do II Reich). Como ambas estas Constituições tiveram origem em rupturas institucionais, resultaram em projetos comuns de conciliação de classes. Este conteúdo programático, insculpido nos princípios, formou o substrato da institucionalização do Estado Social capitalista e, pôs ainda mais em evidência a contradição entre um processo de produção socializado e os meios de acumulação de riquezas, inteiramente individualista." (PALMEIRA, Marcos Rogério. *Direito tributário versus mercado* – O liberalismo na reforma do estado brasileiro nos anos 90, p. 50).

intenta implantar: é que ele conserva sua adesão à ordem capitalista, princípio cardeal a que não renúncia.[164]

Não é possível negar que o Estado Social foi uma resposta do sistema capitalista ao comunismo. Mas também não se pode esquecer de que também foi o ápice de um processo histórico de lutas e de reivindicações sociais. A Constituição de Weimar (1919) e a Constituição Mexicana (1917) são marcos nesse processo, já que são consideradas precursoras das chamadas "Constituições Sociais". A Constituição Mexicana de 1917 dedicou um longo capítulo à definição de princípios aplicáveis à previdência social, sem, porém, institucionalizar os direitos que enunciou, uma vez que delegou essa tarefa ao legislador ordinário. Na Carta de Weimar foram incluídas cláusulas sociais de conteúdo inédito até então, fruto da influência que os socialistas tinham na política alemã do período, por exemplo: a) possibilidade de transformação das empresas privadas em empresas públicas; b) formas de autogestão de empresas e convenções coletivas de trabalho; e c) participação dos trabalhadores nas decisões de cunho social e no processo de elaboração da legislação trabalhista por intermédio dos Conselhos de Trabalhadores de empresa e de um Conselho Trabalhista do Reich. Apesar de sua duração efêmera, a Constituição de Weimar eternizou-se como a primeira experiência de constitucionalização do campo social.[165]

Se a experiência da Constituição de Weimar não conseguiu se sustentar por muito tempo, a questão social voltou a ser encarada como prioritária pelos governos e pelas Constituições promulgadas na Europa logo após o fim da Segunda Guerra Mundial.

O Estado Social se desenvolveu em contexto histórico bem determinado. A Europa, assolada pela destruição da guerra, teve pela frente a difícil tarefa da reconstrução, a ser efetuada numa realidade política em que os partidos socialistas e as entidades de trabalhadores buscavam a tomada do poder, pela via eleitoral, mediante a conscientização doutrinária das massas e das classes médias. Mesmo que a tomada do poder não tenha sido uma realidade imediata, os socialistas efetuaram ferrenha crítica ao modelo capitalista vigente e demanda-

---

[164] BONAVIDES, Paulo. *Do estado liberal ao estado social*, p. 184.

[165] "A Constituição de Weimar foi fruto dessa agonia: O Estado liberal estava morto, mas o Estado Social ainda não havia nascido. As dores da crise se fizeram mais agudas na Alemanha, entre os seus juristas, cuja obra de compreensão das realidades emergentes se condensou num texto rude e imperfeito, embora assombradoramente precursor, de que resultariam diretrizes básicas e indecliináveis para o moderno constitucionalismo social." (BONAVIDES, Paulo. *Curso de direito constitucional*, p. 207).

ram reformas que visassem assegurar direitos sociais que até então não estavam no primeiro plano de preocupação dos governos.

Buscou o Estado, a partir de então, intervir na estrutura social, mitigando os conflitos e intermediando a relação entre o capital e o trabalho. Surgiu nos textos constitucionais a previsão de direitos sociais e se desenvolveram as legislações trabalhistas e previdenciárias.

O Estado Social foi singularizado pela mudança de paradigma com relação à função social do Estado. No Estado Liberal, em sua forma clássica, a ingerência social do Estado era limitada, sendo marcada por um comportamento negativo, de abstenção de intervenção nas esferas econômica e social. No Estado Social, este passou da abstenção à ação, sendo o grande fator de impulsão e conformação do corpo social. A relação entre os cidadãos e o Estado se transformou, uma vez que este se comprometeu e, efetivamente, disponibilizou bens e serviços, prestações e medidas positivas, orientados para diminuir as desigualdades sociais decorrentes do sistema capitalista.[166]

Ou seja, o Estado não se limitou a intervir e a regular o campo social, mas atua mediando a conflituosa relação entre capital e trabalho. Se no antigo regime liberal a função do Estado era assegurar os direitos de cunho individual, no Estado Social coube a este assegurar, de maneira concreta, os direitos sociais que se integravam à ordem jurídica e que visavam permitir que os cidadãos desenvolvessem plenamente sua condição humana.

Surgiu, nesse momento o chamado "Estado de Bem-Estar" ou *"Welfare State"*, que caracterizou o mundo ocidental no período denominado por Eric Hobbsbawn como a "Era de Ouro do Século XX" (1947 – 1973).[167]

Francisco Comín define desta forma o *Welfare State*:

> Welfare State es un término generalmente aceptado para definir la configuración de las sociedades europeas actuales, en las que el Estado gestiona planes para compensar las perdidas individuales de ingresos por enfermedad, desempleo y vejez, y suministra servicios sanitarios para toda la población, con independencia de recursos. El Estado de bienestar también implica la asunción de un cierto colectivismo por parte de la sociedad, ya que exige gobiernos que pongan en práctica políticas económicas que beneficien al conjunto de la sociedad, manteniendo el pleno empleo, facilitando el acceso a la vivienda, cuidando del medio ambiente y financiando un sistema educativo que garantice la igualdad de oportunidades.[168]

---

[166] AZEVEDO, Plauto Faraco de. *Direito, justiça social e neoliberalismo*, p. 92.

[167] HOBSBAWN, Eric. *Era dos extremos* – O breve século XX 1914-1991. São Paulo: Companhia das Letras, 1995, p. 226.

[168] COMÍN, Francisco. *Historia de la hacienda pública*, v. I, p. 123.

O Estado passou a assumir, nesse momento, o papel de provedor social, garantindo aos cidadãos o acesso a direitos sociais, como à previdência e à assistência sociais, ao seguro-desemprego, bem como à educação e à saúde. Transformou-se profundamente o caráter do gasto público, que se vinculava fortemente ao atendimento das demandas sociais, sobressaindo a previdência social, com a instituição de seguros sociais de acidentes, enfermidades e aposentadorias. Em diversos graus e tendo em vista a realidade de cada país, buscou-se a universalização do acesso a esses direitos, afastando-se ou se relativizando os antigos sistemas de capitalização, que excluíam grandes parcelas da população.

A Seguridade Social caracterizava a Europa após a Segunda Guerra Mundial, uma vez que adquiriu importância basilar na estrutura social. As reformas por que esta passou decorreram de condicionantes econômicas, ideológicas e políticas que convergiram em uma direção já apontada no período entre guerras. Segundo Francisco Comín, foram determinantes na configuração do Estado de Bem-Estar os seguintes fatores: a) incremento inflacionário do pós-guerra, que praticamente liquidava as reservas dos seguros de capitalização; b) influência da Grande Depressão e da obra de Keynes, que atribuíram função mais ativa à Fazenda Pública para, dentre outras coisas, financiar os seguros sociais com a finalidade de evitar e amortecer crises econômicas, como o seguro desemprego; e c) nova aliança de classes e novas perspectivas políticas decorrentes do segundo conflito mundial, que atribuíram aos governos europeus função redistributiva da renda, o que não era viável com os seguros de capitalização, que limitavam sua cobertura àqueles que tinham tido trabalho e que contribuíram para o sistema.[169]

Além da criação de sistemas previdenciários complexos e universalistas, o Estado Social se caracterizava pelo crescimento do aparato estatal. Isso se deu em duas frentes: a) no crescimento dos serviços públicos prestados e disponibilizados aos cidadãos, investindo o Estado em áreas como educação e saúde; e b) na criação e no desenvolvimento de empresas estatais que viabilizavam a intervenção do Estado no

---

[169] Misabel Derzi: "A Previdência Social nasceu como uma solução capitalista, para um problema surgido em pleno liberalismo econômico. É natural que a solução viesse iluminada de um espírito privatista, moldada na técnica do seguro privado, baseada em rígida correlação entre o prêmio e o benefício e com o sentido de beneficiar apenas determinadas classes sociais. Entretanto, nos países capitalistas em geral, evoluiu-se de um seguro obrigatório, originariamente moldado no contrato de seguro privado, e marcado pela organização profissional (entre nós, a primeira caixa de assistência data do Império e era restrita ao pessoal das estradas de ferro), para projetar-se de forma universal, inclusive abrangendo a assistência social e desligar-se, definitivamente, do caráter de organização profissional com que originariamente nascera." (*In*: BALEEIRO, Aliomar. *Limitações constitucionais ao poder de tributar*, p. 607).

campo econômico. No Estado Social, abandonou-se definitivamente a obsessão liberal pela abstenção dos governos na regulação econômica e ampliaram-se as intervenções públicas para dirigir e controlar a entrada de recursos econômicos por meio da regulamentação. Os governos europeus começaram a intervir diretamente nos mercados e na livre formação dos preços, mediante abundante legislação que regulava tanto o comércio exterior, mediante o protecionismo alfandegário, quanto o processo produtivo, com normas referentes à duração de jornada de trabalho, bem como à segurança e à higiene no trabalho, além de introduzir normas de controle da qualidade e modo de produção das mercadorias. Estabelecem-se, ainda, isenções fiscais e subsídios orçamentários e de financiamento para favorecer o desenvolvimento de certas atividades, empresas e indústrias.[170]

Fortemente influenciado pelo keynesianismo, o Estado Social elegeu a busca pela efetivação e manutenção do pleno emprego como uma de suas funções básicas, constituindo-se em mecanismo capaz de evitar crises econômicas e de permitir a manutenção do nível de renda nacional.

Mas não foi apenas a natureza do gasto público que sofreu modificações. O Estado de bem-estar imprimiu aos impostos uma função que ultrapassava a de simples meio de arrecadação de fundos. Os impostos progressivos começaram a ser encarados como um mecanismo redistributivo na busca da equidade social, além de se constituírem em um meio de obtenção de maior volume de recursos, que são reclamados pelo desenvolvimento das funções sociais do Estado. A partir do fim da Segunda Guerra, generalizaram-se e desenvolveram-se na Europa impostos pessoais progressivos sobre a renda, heranças, propriedades e patrimônio.

Francisco Comín ressalta que a maior utilização da política fiscal com fins redistributivos e para lograr o pleno emprego – que contava com a justificação keynesiana e que surgiu pelo consenso político pactuado entre as classes trabalhadoras e as classes médias (intermediado, na maioria das vezes, pelos partidos socialistas e social-democratas europeus) – foi um fator importante na reconstrução econômica europeia.[171] É fato que o rápido crescimento econômico na Europa, desde a reconstrução do pós-guerra até o marco da Crise do Petróleo, de 1973, foi acompanhado pelo notório incremento dos gastos públicos com saúde, educação, habitação e transferências sociais. De outro lado, com exceção dos Estados Unidos, houve um decréscimo relativo

---

[170] COMÍN, Francisco. *Historia de la hacienda pública*, v. I, p. 125.
[171] Idem, p. 161.

em gastos tradicionais, como os destinados à defesa militar, uma vez que enquanto perdurou a Guerra Fria, esses gastos foram assumidos em grande parte pelas duas potências mundiais hegemônicas.

Para financiar os gastos sociais e redistributivos, foi necessário promover o incremento da carga fiscal, uma constante no Estado Social. A forma como foi encarado esse crescente ônus pelos contribuintes se transformou durante o período que caracteriza o Estado Social na Europa. Nas primeiras décadas, o Estado Social se dedicava mais fortemente à reconstrução dos países europeus, praticamente destruídos na Segunda Guerra, direcionando os gastos para a construção de sistemas públicos de saúde e educação. As transferências sociais ainda estavam centradas em seguros sociais de desemprego e de enfermidades direcionadas às classes sociais menos favorecidas. Contudo, paulatinamente, as classes média e trabalhadora – que constituíam a maioria do eleitorado das democracias ocidentais – começaram a demandar sua inclusão nos sistemas de Seguridade Social, para cujo financiamento contribuíam majoritariamente. Nesse momento, ainda existia uma concepção predominantemente favorável à tributação, que era encarada como necessária para a manutenção do nível de vida da população e do próprio desenvolvimento econômico, fortemente impulsionado pelo gasto público e pela atividade das empresas estatais.

Entretanto, principalmente a partir da crise do petróleo de 1973, aumenta a dificuldade de autofinanciamento dos Estados, sendo fatores para a dificuldade de gestão do gasto público, o aumento dos gastos com seguro-desemprego e as aposentadorias antecipadas. Outro fator que contribui para o incremento dos gastos sociais foi o envelhecimento da população, que aumentou o número de dependentes do sistema previdenciário público. O crescimento do aparato estatal para fazer frente aos serviços públicos disponibilizados e o gasto com as empresas públicas, que apresentavam, geralmente, um nível de produtividade inferior ao das empresas privadas, passaram a ser considerados como fatores decisivos do déficit público.

O Estado Social começou, então, a ser fortemente questionado, principalmente a partir da subida ao poder de governos conservadores nos Estados Unidos (Ronald Reagan[172]) e na Inglaterra (Margaret Thatcher[173]), que executaram profundas reformas na política e na estrutura dos seus países. Com base no ideário denominado "neoliberal", implementaram práticas de maior ortodoxia fiscal e políticas de

---

[172] 40º Presidente dos Estados Unidos tendo cumprido dois mandatos, de 1981 a 1989.

[173] Primeira-Ministra da Inglaterra entre 1979 e 1990.

combate ao *deficit* público. A forma encontrada foi a substituição do Estado Social Intervencionista por um "Estado Mínimo", que visava a retirar o Estado da posição de agente atuante nos campos econômico e produtivo, passando a uma participação eminentemente regulatória. Para tanto, as empresas públicas foram privatizadas, as barreiras alfandegárias foram diminuídas e, principalmente, efetuaram-se reformas no sistema previdenciário e na máquina administrativa, visando a diminuir os gastos com aposentadorias e salários dos servidores públicos. O apoio da classe média a esse projeto político foi, em muito, determinado pela repulsa aos aumentos de impostos e de tarifas públicas. Não gratuitamente, os partidos de direita e centro-direita aprofundaram o discurso de que o Estado retirava desmedida parcela da riqueza da sociedade, sem apresentar contrapartida proporcional, principalmente devido a sua ineficiência na atuação em áreas pertinentes à economia privada.

Nesse contexto, o sistema tributário do Estado Social entrou em crise, sofrendo fortes questionamentos e demandas por reformas, em decorrência de alguns fatores, dentre os quais: a) incremento da carga fiscal, sobretudo nas classes médias; b) crescimento expressivo do aparato estatal, que cada vez mais exigia recursos para a sua manutenção; c) percepção de ineficiência do Estado e de suas empresas, que não "retornavam" ao contribuinte o valor de seus impostos (no sentido de disponibilizar serviços públicos eficientes); d) crescentes *deficits* públicos, cuja causa foi identificada (principalmente pela pregação dos partidos conservadores e parte da mídia) na falência do sistema previdenciário.

A partir desse momento, passou a crescer a resistência dos contribuintes à carga tributária e, principalmente, ao aumento dos tributos já existentes ou à criação de outros. A insatisfação fiscal forneceu munição para que os teóricos neoliberais e os políticos conservadores tivessem sucesso eleitoral e chegassem ao poder, principalmente nas décadas de 1980 e 1990.

A chegada ao poder de políticos conservadores com plataformas reformistas trouxe uma importante questão: o Estado Social, principalmente em sua feição europeia das décadas de 1960 e 1970, entrou em crise e declínio, contudo as Constituições da maioria dos países ocidentais continuavam a ter um conteúdo predominantemente social. O embate entre a plataforma política dos governantes e o ideário constitucional se tornou marcante desde então, tendo consequências importantes no campo da tributação.

Esse ideário dominou a cena política no mundo Ocidental nas décadas de 1980 e 1990, principalmente nos países em desenvolvimento e subdesenvolvidos, que, apesar de efetivamente não terem construído um Estado de Bem-Estar, foram levados a implementar reformas que colocaram em xeque direitos e garantias sociais, bem como dar andamento a políticas que desestruturam o seu aparato estatal e alienam grande parte de seus patrimônios públicos, constituídos por suas riquezas naturais e pelo patrimônio de suas empresas públicas. Essas reformas, contudo, não levaram à melhoria de indicadores econômicos, nem provocaram a retomada do desenvolvimento.[174] O esgotamento do ideário neoliberal determinou que a partir da primeira década deste século fossem alçados ao governo de vários países, políticos que defendiam plataformas de governo focadas no desenvolvimento interno e na correção das desigualdades estruturais, econômicas e sociais, através da ingerência do Estado.

É inegável, contudo, que o Estado Social teve relevante papel na evolução do dever de recolher tributos. Exatamente por se constituir numa concepção de Estado intervencionista e provedor, alicerçado na busca de maior igualdade social, mediante a disponibilização de serviços e recursos públicos e da redistribuição da renda, outorgou a tributação uma nova fundamentação, não apenas arrecadatória, mas também instrumental.

---

[174] Realmente atualmente o ideário neoliberal vem sendo fortemente questionado tanto no plano teórico como político. A década de 90 vem sendo considerada como o momento do apogeu político desse ideário. Com efeito, as plataformas neoliberais dominaram os programas de governos tanto de nações desenvolvidas (como os governos George Bush nos Estados Unidos e John Major na Inglaterra) quanto em desenvolvimento (por exemplo, nos Carlos Menem – Argentina, Carlos Salinas de Gotari – México e Fernando Collor e Fernando Henrique Cardoso no Brasil). Principalmente os países em desenvolvimento, após seguirem à risca a cartilha imposta pelos organismos financeiros internacionais (FMI, Banco Mundial, Bird, etc.), se viram às voltas com crises econômicas e de financiamento, com grande dependência do volátil capital externo. A falta de um retorno econômico e social no cumprimento das regras e máximas que caracterizam o ideário neoliberal, levou ao seu questionamento político, com a vitória nas eleições de partidos políticos e candidatos de tendência mais social e com um discurso de retomada do desenvolvimento via uma participação mais efetiva do Estado, sendo mais marcantes as vitórias de Néstor Kistchner na Argentina e Luis Inácio Lula da Silva no Brasil. Mesmo nos países desenvolvidos buscou-se a construção de uma via alternativa, batizada exatamente de Terceira Via (como opção tanto ao estado social clássico quanto ao capitalismo neoliberal). Nesse sentido, cite-se a posição de Perry Anderson que já criticava o neoliberalismo mesmo este ainda estando no seu momento de ápice (o texto é de 1995): "Economicamente, o neoliberalismo fracassou, não conseguindo nenhuma revitalização básica do capitalismo avançado. Socialmente, ao contrário, o neoliberalismo conseguiu muitos dos seus objetivos, criando sociedades marcadamente mais desiguais, embora não tão desestatizadas como queria. Política e ideologicamente, todavia, o neoliberalismo alcançou êxito num grau com o que os seus fundadores provavelmente jamais sonharam, disseminando a simples idéia de que não há alternativas para os seus princípios, que todos, seja confessando ou negando, têm de adaptar-se a suas normas." (ANDERSON, Perry. Balanço do neoliberalismo. *In*: SADER, Emir , GENTILI, Pablo (org.). *Pós-liberalismo*, p. 23).

O tributo, além de ter a função primordial de arrecadar fundos capazes de viabilizar a consecução das tarefas estatais, passou a ser utilizado como instrumento de intervenção em setores da vida social (como na economia, na saúde pública – via aumento do custo de produtos considerados danosos – e no meio ambiente), por meio da tributação progressiva e da extrafiscal. Ampliou-se a concepção sobre a utilização da tributação, que de mero meio arrecadador, passou a ferramenta fundamental da gestão pública, que permite a execução de políticas de interferência no comportamento dos agentes econômicos e na dinâmica social, com a transferência de renda e a redução da desigualdade.[175]

Nesse momento, ocorreu importante evolução do fundamento do dever de recolher tributos que não se baseava mais tão somente na necessidade de disponibilizar recursos para a manutenção do Estado, mas também, e em muitos casos preponderantemente, no papel social que este desempenhava como meio de combater as desigualdades sociais e de promover a redistribuição da renda nacional; providência esta necessária para a maior efetivação do princípio da igualdade que caracterizava as Constituições modernas, conforme ressalta, com propriedade, Misabel Derzi.

> Ora, a igualdade e a liberdade formais, já no século XIX, são conceitos revistos ao impulso das doutrinas social-marxistas. Abandona-se, em definitivo, no século XIX, o *laisser-faire, laisser-passer* do liberalismo clássico, que cede lugar ao intervencionismo estatal, ao planejamento e às metas do desenvolvimento econômico. Por isso é que, em um terceiro momento com Harold Laski, passa-se a enfocar a democracia como uma "técnica de igualdade". Não só os privilégios de raça, crença ou linhagem social devem ser abolidos, mas se caminha em busca de uma igualdade sócio-econômico-material.
>
> Nesse passo, não se trata apenas de reconhecer a existência de desigualdades, mas usa-se o Direito Tributário como instrumento da política-social, atenuadora das grandes diferenças econômicas ocorrentes entre as pessoas, grupos e regiões. O princípio da igualdade adquire, nessa fase, o caráter positivo – dever de distinguir – para conceder tratamento menos gravoso àqueles que detêm menor capacidade econômica

---

[175] "Ao tributar, o Estado acaba por produzir efeitos na economia. Tais efeitos se apontam como: – distributivos: quando se tem em conta que é possível, com a tributação, redistribuir a renda, tirando mais de uns e aplicando mais em favor de outros. No Estado Social, a redistribuição visa à redução de desigualdades sociais; – alocativos: quando se tem em conta que a própria incidência do tributo não é neutra sobre a economia, pois acaba por ter reflexos na forma como a totalidade dos recursos é dividida para utilização no setor público e no setor privado. Reflexo da função alocativa, tem-se a indução de comportamentos. Afinal, a tributação se vincula a comportamentos humanos e a incidência tributária passa a ser um fator a ser considerado na própria decisão do agente econômico; – estabilizadores: quando se tem em conta que a política fiscal deve ser formulada objetivando alcançar ou manter um elevado nível de emprego, uma razoável estabilidade no nível de preços, equilíbrio na balança de pagamento e uma taxa aceitável de crescimento econômico". SCHOUERI, Luís Eduardo. *Direito Tributário*. São Paulo: Saraiva, 2011, p. 33.

ou para distribuir rendas mais generosas às regiões mais pobres ou menos desenvolvidas, no federalismo cooperativo. Princípios como progressividade, pessoalidade ou seletividade servem às democracias que se dizem compromissadas com a igualdade e justiça social.[176]

Realmente, toda e qualquer estrutura social e política requer a obtenção de meios econômicos para não só garantir a sua subsistência, como também para alcançar os fins que justificam sua existência. E, consequentemente, as imposições fiscais estão vinculadas ao Estado desde a sua origem, tendo a sua natureza e o seu fundamento influenciados pelo desenvolvimento e pelas transformações por que este passou no curso da história. Essa constatação permite afirmar que a tributação varia segundo cada forma de Estado, sendo a forma de sua implementação diretamente influenciada pelos objetivos, necessidades e fins a serem alcançados. Exemplo relevante é a transformação decorrente da superação do Estado Liberal e a formatação do Estado Social, que trouxeram profundas modificações não só para a estrutura tributária, como também para o próprio fundamento do dever de recolher tributos.

No Estado Liberal, o fundamento do dever de recolher tributos apoiava-se exclusivamente na necessidade de se viabilizar a manutenção da estrutura estatal. Isso se dava pelas características do ideário liberal, que propugnava uma Fazenda Pública neutra, que tivesse a menor ingerência possível sobre a economia e sobre a esfera de liberdade dos cidadãos, mais especificamente o seu direito de propriedade, alçado a um primeiro plano de importância. A tributação tinha, nesse momento, justificação fortemente vinculada à concepção vigente sobre os fins a que estava vinculada a atividade estatal.

No Estado Social, todavia, o papel da organização estatal sofre drástica transformação. O Estado passou a assumir papel preponderante na vida social em todas as suas esferas, sendo-lhe impingida a tarefa de organizar, coordenar e, principalmente, impulsionar a atividade econômica. Tudo isso vinculado a uma *ratio* maior, de diminuição das desigualdades sociais que são provocadas e extremadas pelo sistema econômico capitalista. A tributação, por sua vez, assume o papel de mecanismo de combate às desigualdades sociais, com a sua vinculação mais efetiva à capacidade contributiva, com a priorização dos tributos progressivos (principalmente sobre a renda e heranças) e da sua utilização visando a fins extrafiscais. Tem-se, portanto, uma dupla justificação para a tributação: a tradicional, de sustentar o apa-

---

[176] *In*: BALEEIRO, Aliomar. *Limitações constitucionais ao poder de tributar*, p. 8.

rato estatal; e a novel, de influir diretamente na estrutura social, contribuindo para a efetivação da equidade entre os cidadãos.

Perez Luño sintetiza bem esse estado de coisas:

> Las mutaciones que ha comportado el Estado social son innumerables pero hunden su raíz en la atribución a los poderes públicos de la consecución de la procura existencial: es decir, se responsabiliza a la prestaciones necesarias y los servicios públicos adecuados para el pleno dessarollo de su personalidad reconocidos no sólo a través de las libertades tradicionales sino también a partir de la consagración constitucional de los derechos fundamentales de carácter económico, social y cultural. Al propio tiempo el Estado social pretende asumir el cometido de estructurar y equilibrar las rentas mediante el ejercicio de la política fiscal. [177]

O contribuinte viu alterada, a partir desse momento, a justificação, bem como o fundamento do seu dever de contribuir. Anteriormente, contribuía-se simplesmente para "sustentar" o aparato estatal, que operava prioritariamente no sentido de garantir (num sentido negativo, de abstenção), os direitos individuais. Com o advento do Estado Social, essa situação se transformou. Doravante, passou-se a contribuir, não apenas para a manutenção da máquina estatal garantidora de direitos "negativos" de liberdade, mas principalmente para que o Estado possa atuar no sentido de viabilizar os direitos de liberdade positiva, de caráter político e social, cuja efetivação é sua obrigação constitucional. Contribui-se, então, consoante o princípio da capacidade contributiva, não só para garantir o fruimento como indivíduo desses direitos, mas preponderantemente para permitir que o Estado os disponibilize àqueles que não têm condições de, por si próprios, terem acesso a eles. O dever de solidariedade surge como fundamento do dever de contribuir.

O fundamento de contribuir passa a não se prender tão somente à arrecadação, mas também à forma pela qual os recursos são aplicados. Nesse sentido, já asseverou com precisão Werther Botelho Spagnol[178] que a "tributação moderna não pode ser mais reduzida a seu aspecto arrecadatório, devendo ser estudada em relação direta com a atividade financeira do Estado", uma vez que "não é mais um mero sustentáculo do Estado, sendo, principalmente, um signo de desenvolvimento e transformação social".[179]

---

[177] PERES LUÑO. *Derechos humanos, estado de derecho y Constituición*, p. 224.

[178] SPAGNOL, Werther Botelho. *Da tributação e sua destinação*, p. 34.

[179] Ainda nesse sentido, Cristina Pauner Chulvi: "Aunque en esta obligación el tributo goza principalmente de la cualidad de instrumento arrecadatorio, dentro del Estado social y democrático de Derecho el tributo no es sólo eso. Ahora el sistema tributario no puedee tener un comportamiento estrictamente recaudatorio sino que debe tener en cuenta los objetivos económicos asignados por la Constitución a los poderes públicos. Se recauda para gastar de forma que in-

Essa mudança de fundamento do dever de contribuir a partir do Estado Social trouxe consigo relevantes consequências e questões que ocupam nesse momento o centro das atenções do Direito Tributário, que está inserido na dinâmica que caracteriza atualmente o Estado Democrático de Direito.

3.2. O Estado Democrático de Direito

A conceituação do que seja o Estado Democrático de Direito, em sua concepção contemporânea, não é dogmática, uma vez que os diversos textos constitucionais que assentam a organização de suas respectivas nações neste marco ou na variável Estado Social e Democrático de Direito apresentam características próprias que os diferenciam uns dos outros. Mas, ao mesmo tempo em que a fórmula do Estado Democrático de Direito traz a abertura para construções constitucionais e políticas em termos diferenciados, fundamentalmente, existem elementos essenciais que permitem caracterizar essa forma de Estado.

A fórmula do Estado Democrático de Direito teve como seu introdutor Elias Diaz,[180] que a caracterizou com base na existência das seguintes premissas: a) o império da lei: como expressão da vontade geral; b) divisão dos poderes: Legislativo, Executivo e Judiciário; c) legalidade da administração: atuação segundo a lei e seu controle jurisdicional; e d) a garantia jurídico-formal e a efetiva realização material de direitos e liberdades fundamentais.

Canotilho disserta que a teorização do Estado Democrático de Direito até agora esteve centrada em duas ideias básicas: o Estado limitado pelo direito e o poder estatal legitimado pelo povo, sendo o direito a que se refere o interno ao Estado e o poder democrático assente no povo residente no território do Estado ou que pertence ao Estado. A essa concepção agrega-se o fato de que os limites jurídicos atualmente impostos ao Estado advêm também, em medida crescente, de princípios e regras jurídicas internacionais.[181]

No Estado Democrático de Direito, em verdade, há uma síntese entre o Estado de Direito e o Estado Social. As garantias jurídicas

---

gresso y gasto aparecen como partes inescindibles de un todo". (CHULVI, Cristina Pauner. *El deber constitucional de contribuir al sostenimiento de los gastos públicos*, p. 96).

[180] DIAZ, Elias. *Estado de derecho y sociedad democratica*, p. 29.

[181] CANOTILHO, J. J. Gomes. *Direito constitucional e teoria da Constituição*, p. 231.

que marcam o Estado de Direito – separação dos Poderes, legalidade (igualdade perante a lei), segurança jurídica, sufrágio universal, além dos clássicos direitos fundamentais – encontram-se conjugadas com os direitos sociais albergados pelo Estado Social e que trabalham na busca da realidade da igualdade material e justiça social.

Nesse sentido, é precisa a lição de Misabel Derzi:[182]

> Estado Democrático de Direito é Estado que mantém clássicas instituições governamentais e princípios como o da separação de poderes e da segurança jurídica. Erige-se sob o império da lei, a qual deve resultar da reflexão e codecisão de todos. Mas não é forma oca de governo, na qual possam conviver privilégios, desigualdades e oligocracias. Nele, há compromisso incindível com a liberdade e a igualdade, concretamente concebidas, com a evolução qualitativa de democracia com a erradicação daquilo que o grande Pontes de Miranda chamou de o "ser oligárquico" subsistente em quase todas as democracias.[183]

O próprio princípio democrático, nesse contexto, é objeto de releitura, com a redefinição de suas bases. Não mais se configura em simples técnica ou método de escolha dos governantes pelos governados, de acordo com a máxima de Lincoln "governo do povo, pelo povo e para o povo", mas constitui princípio normativo, considerado em seus vários aspectos e vocacionado a ser o impulso dirigente de uma sociedade, para utilizar novamente uma terminologia de Canotilho.[184]

Acolhe o princípio democrático não só o seu caráter representativo, com eleições periódicas, sufrágio universal, pluralismo partidário e separação de poderes. Cresce de importância no Estado Democrático de Direito o caráter participativo, com a estruturação de processos que permitam ao cidadão participar efetivamente dos processos de decisão, através de institutos como o referendo, o plebiscito e a iniciativa popular, e reconhecendo-se que a participação direta e ativa dos cidadãos é peça-chave na consolidação do sistema democrático.

O processo democrático não é mais entendido sob uma ótica estática, de participação indireta dos cidadãos nos processos de forma-

---

[182] *In*: BALEEIRO, Aliomar. *Limitações constitucionais ao poder de tributar*, p. 10.

[183] Jorge Miranda também ressalta a natureza de síntese do Estado Democrático de Direito: "Do que se trata é articular direitos, liberdade e garantias (direitos cuja função imediata é a protecção da autonomia da pessoa) com direitos sociais (direitos cuja função imediata é o refazer das condições materiais e culturais em que vivem as pessoas; de articular igualdade jurídica (à partida) com igualdade social (à chegada) e segurança jurídica com segurança social; e ainda de estabelecer a recíproca implicação entre liberalismo político (e não já, ou não já necessariamente econômico) e democracia, retirando-se do princípio da soberania nacional todos os seus corolários (com a passagem do governo representativo clássico à democracia representativa)". (MIRANDA, Jorge. *Teoria do Estado e da Constituição*, p. 53)

[184] CANOTILHO, J. J. Gomes. *Direito constitucional e teoria da Constituição*, p. 288.

ção da vontade estatal. O seu dinamismo é inerente à construção de uma sociedade aberta e ativa, na qual se disponibilizem condições de igualdade econômica, social e política, no sentido de que os cidadãos possam se desenvolver de forma plena, inclusive influindo criticamente no processo político.

Integra ainda o conceito de Estado Democrático de Direito a chamada "cláusula social", uma vez que a realização da democracia econômica e social é consequência política e lógico-material de sua fórmula. Consoante Canotilho, o princípio da democracia econômica e social tem a mesma dignidade constitucional do princípio do Estado de Direito e do princípio da democracia política, apresentando duas dimensões: a) uma teleológica, pois a democracia econômica e social é um objetivo a se realizar no contexto do processo público aberto, o chamado "Estado Social como processo", e por isso se apresenta como um fim do Estado; e b) uma dimensão impositivo-constitucional, pois muitas de suas concretizações se assentam no cumprimento de fins e tarefas por parte do Estado.[185]

A cláusula social é integrante do Estado Democrático de Direito, uma vez que impõe, justifica e legitima a intervenção econômica e social do Estado (em sua dimensão constitutiva e concretizadora). E por isso influi diretamente na própria estrutura do Estado, que é obrigado pela Constituição a manter e desempenhar papel relevante no âmbito dos direitos sociais. Nesse sentido, argumenta Canotilho que

> [...] o princípio da democracia econômica, social e cultural é, porém, uma imposição constitucional conducente à adopção de medidas existenciais para os indivíduos e grupos que, em virtude de condicionalismos particulares ou de condições sociais, encontram dificuldades no desenvolvimento da personalidade em termos econômicos, sociais e culturais (ex: rendimento mínimo garantido, subsídio de desemprego). A actividade social do Estado é, assim, actividade necessária e objectivamente pública.[186]

O Estado Democrático de Direito, pode-se afirmar, é produto da transformação progressiva do Estado (a partir do Estado Liberal) em um Estado Democrático (com mais ampla participação dos cidadãos na vida política, não limitada mais tão somente ao direito de voto) e em um Estado Social (mediante uma ativa intervenção de políticas estatais em favor dos menos favorecidos socialmente, com o firme propósito de garantir a mesma dignidade social a todos os cidadãos), mediante a substituição do individualismo pelo princípio da solidariedade. Essa transformação ocorre sem o abalo dos princípios

---

[185] CANOTILHO, J. J. Gomes. *Direito constitucional e teoria da Constituição*, p. 335.
[186] Idem, p. 340.

da legalidade e da segurança jurídica, que se consolidaram no século passado.

Como produto de seu tempo, o Estado Democrático de Direito tem por desiderato e maior desafio[187] conjugar o sistema econômico de mercado com os direitos sociais (entendidos em sentido amplo, com a inclusão dos chamados "direitos difusos", como os das minorias e os direitos ambientais). Portanto, não é só a finalidade de transformação da ordem social que caracteriza o Estado Democrático de Direito, mas também o fato de a mesma obrigatoriamente ter de se efetivar em um contexto democrático, dinâmico e pluralista, em que todas as classes sociais, ideologias políticas e interesses localizados interagem e se relacionam dialeticamente na sociedade, entendida simultaneamente como esfera pública e política.

A Constituição Federal brasileira, em seu art. 1º, define o Brasil como um Estado Democrático de Direito, sendo que nas disposições referentes aos seus fundamentos (nos incisos do art. 1º) e nos seus objetivos fundamentais (art. 3º) estão assentadas as bases que dão à sua organização as características dessa forma de governo.

No art. 1º estão elencados os fundamentos da República que se referem à cláusula democrática, como a cidadania, o pluralismo político e a afirmação de que todo o poder emana do povo, que o exerce por meio de representantes eleitos ou diretamente (parágrafo único do art. 1º). Já no art. 3º exterioriza-se o desiderato de se construir uma sociedade livre, justa e solidária, com a erradicação da pobreza, da marginalidade e a redução das desigualdades sociais.[188]

---

[187] Carlos Roberto Siqueira Castro comenta o desafio do Estado Democrático de Direito: "Tal é o drama do constitucionalismo democrático da pós-modernidade: dar efetividade – em sociedades de classes heterogêneas e conflitivas, não raro com interesses sectarizados e justapostos, em permanente transformação, vivendo em regime de crescente escassez, num mundo aturdido pela explosão demográfica e segregado pelo poder econômico e tecnológico – a normas e princípios selados com antinomias seculares e demandados a atender a miríade de reclamos emergentes da dramaturgia social. Tem-se aí a função promocional do Direito (*funzione promozionale del diritto*) a que alude Noberto Bobbio, e que corresponde a um Estado de Direito promocional, destinado a exercer a arbitragem pacificadora entre interesses dicotômicos e em permanente conflito (capital/trabalho, indivíduo/coletivo, cidade/campo, inflação/recessão, desenvolvimento industrial/proteção do meio ambiente, mercado interno/mercado externo, público/privado, pobres/ricos, etc.) e a cumprir pautas de exigências cada vez mais irrealizáveis." (CASTRO, Carlos Roberto Siqueira. *A Constituição aberta e os direitos fundamentais*, p. 258).

[188] A relação entre democracia e justiça social na Constituição Federal de 1988 é ressalta por Paulo Bonavides no sentido de que "o Estado social no Brasil aí está para produzir as condições e os pressupostos reais e fáticos indispensáveis ao exercício dos direitos fundamentais. Não há para tanto outro caminho senão reconhecer o estado atual de dependência do indivíduo em relação às prestações do Estado e fazer com que este último cumpra tarefa igualitária e distributivista, sem a qual não haverá democracia nem liberdade)". (BONAVIDES, Paulo. *Curso de direito constitucional*, p. 343)

O Estado Democrático de Direito consagrado na Constituição brasileira é uma síntese entre o Estado de Direito e o Estado Social, conforme reconheceu, com propriedade, Marco Aurélio Greco:

> As duas visões acima singelamente expostas (Estado de Direito e Estado Social), que, em certos contextos, forma consideradas como opostas e incompatíveis, encontram na Constituição de 1988 sua concomitante consagração. A rigor, o Brasil não é um Estado de Direito! Assim como não é um Estado Social! Nos exatos termos do art. 1º da CF-88, ele "constitui-se em Estado Democrático de Direito"! É a fusão de valores e concepções distintas. É a consagração concomitante do prestígio da segurança e da justiça. É dar igual relevância tanto aos meios quanto aos fins buscados.[189]

Conforme leciona o referido jurista, essa síntese está explícita com felicidade no art. 3º, I, da Constituição Federal, ao prever que um dos objetivos fundamentais da República é construir uma sociedade livre, justa e solidária. O conteúdo da disposição constitucional é ressaltado no sentido de que a "justiça" se situa no meio caminho entre a liberdade (valor do Estado de Direito) e a solidariedade (valor do Estado Social). Vale dizer, a justiça não resulta do predomínio cego da solidariedade ou da igualdade, mas decorre da conjugação desta com a liberdade, na feição protetiva que lhe dá o Estado de Direito.

Luiz Eduardo Schoueri consigna a passagem do Estado Fiscal social para o que denomina de "Estado do Século XXI", ou "Estado Democrático e Social de Direito" (ou, ainda, "Estado Subsidiário", ou "Estado da Sociedade de Risco" ou "Estado de Segurança"), marcado pela restrição ao intervencionismo estatal. Leciona o ilustre tributarista:

> Com efeito, no Estado do Século XXI, a liberdade já não tem as características individualistas, próprias do século XIX, mas tampouco recai no exagero do Estado do Bem-Estar Social, que se buscou no Século XX. No Estado do Século XXI, a liberdade assume nova feição, síntese da exacerbação do individualismo, própria do liberalismo e do Estado, característica do Estado Social: o Estado é afastado e a sociedade civil reivindica para si o espaço que fora ocupado por aquele.
>
> [...]
>
> No Estado do Século XXI, a liberdade revela-se, pois, coletiva, tendo em vista que a sociedade exige a sua liberdade como instrumento para a inclusão social. Desaparece a crença de que o Estado seja o veículo de resgate das camadas sociais desfavorecidas, mas permanece o desejo social, prestigiado pelo Direito, de que a desigualdade seja reduzida. O instrumento para o exercício da liberdade coletiva já não mais será o Estado, mas própria sociedade.
>
> Longe de representar um retorno ao individualismo, o pleito da sociedade civil se faz por uma fundamentação coletiva, visto que os objetivos do Estado Democrático e Social de Direito não podem ser ignorados e se encontram positivados em texto constitu-

---

[189] GRECO, Marco Aurélio. *Contribuições* (uma figura "sui generis"), p. 101-102.

cional. Ou seja: a sociedade civil reserva seu espaço de liberdade para o atingimento de seus objetivos, que se confundem com os objetivos da coletividade.[190]

Efetivamente, o atual Estado Democrático de Direito é fruto das alterações sociopolítico-econômicas que se processaram nas últimas décadas e se aceleraram após a derrubada dos regimes socialistas. A dinâmica entre a liberdade individual e a atuação do Estado marcam esse novo período. Contudo, não concordamos que já se apresentam condições reais de drástica redução da participação do Estado, gerando um espaço a ser preenchido pela sociedade civil. Principalmente em países como o Brasil, a sociedade civil ainda não possui o grau necessário de desenvolvimento e coesão que lhe permita a alto gestão social, com o controle e a alocação dos recursos. A sociedade mais organizada ainda está, muitas vezes, vinculada a determinados grupos de interesses, que não buscam apenas reduzir a presença do Estado, mas, principalmente, cooptar o direcionamento dos recursos públicos para os interesses que representam. E o grau de desigualdade social existente no Brasil exige que o Estado se faça presente, atuando fortemente na redução desse desnível, principalmente por meio de fortes investimentos em educação, saúde, geração de empregos e organização da atividade econômica (atuação regulatória e indutora) na direção dos objetivos determinados pelo texto constitucional.

Não se está afirmando que a sociedade civil não tenha um papel relevante. Organizações não governamentais, sindicatos, associações de classe e religiosas têm uma participação cada vez mais importante. Inclusive, influindo na gestão dos recursos públicos e exigindo a sua alocação mais racional e eficiente. Mas ainda não se apresentam condições para se transferir à sociedade civil organizada o papel principal na construção do Estado Democrático de Direito instituído pela Constituição de 1988. A exigência de maior grau de liberdade da coletividade é válida e imprescindível, inclusive para que o Estado não se imiscua em assuntos que não lhe diz respeito ou para os quais a sua atuação não seja a mais eficiente. Agora, nos campos em que somente o Estado é capaz de atuar com o grau de penetração e sentido coletivo necessário à redução das desigualdades e à construção de uma sociedade mais justa cabe à sociedade cobrar essa atuação e fiscalizar a sua execução concreta.

A liberdade do indivíduo pressupõe, além dos direitos e das garantias jurídicas outorgadas pelo sistema constitucional, principalmente, o acesso real à educação e à saúde de qualidade, que lhe permitirá alcançar um desenvolvimento humano condizente com

---

[190] SCHOUERI, Eduardo. *Direito Tributário*. São Paulo: Saraiva, 2011, p. 26.

os tempos atuais. Para isso, deve-se exigir o papel ativo do Estado, atuando de forma democrática e eficiente.

Inserido nesse contexto, o Estado Democrático de Direito constitui um marco teórico de análise deste trabalho. O seu caráter de síntese entre o Estado de Direito e o Estado Social traz importantes consequências ao fundamento do dever de recolher tributos. Muito feliz é a definição de Marco Aurélio Greco de que sua fórmula deve ser uma síntese entre meios e fins. Essa concepção se aplica com pertinência no que se refere ao sistema tributário, uma vez que, estando o fundamento do dever de recolher tributos no Estado Democrático de Direito alicerçado nos fins a que está vinculado (principalmente no que se refere aos direitos sociais e à sua função de combate às desigualdades sociais), este deverá buscar a sua consecução, sem, contudo, desconsiderar os limites constitucionais ao poder de tributar e os direitos constitucionais dos contribuintes, uma vez que os fins não podem justificar a deturpação dos meios.

3.2.1. Os deveres fundamentais no Estado Democrático de Direito

Normalmente, quando se estuda ou se analisa o Estado Democrático de Direito contemporâneo foca-se o tema dos direitos fundamentais, que, inegavelmente, imprime algumas das principais características dessa forma de organização estatal.

Doutrinariamente, afirma-se que os direitos fundamentais possuem dupla dimensão. Subjetivamente, constituem o núcleo básico e irrenunciável do *status* jurídico do cidadão. Do ponto de vista objetivo, configuram-se como elementos formadores e essenciais do ordenamento político-jurídico e social.[191]

Entretanto, essa forma de análise não é feita com a mesma intensidade no que se refere aos deveres constitucionais. Estes teriam também dupla dimensão: objetiva e subjetiva? Sobre essa questão se debruça Cristina Pauner Chulvi, que, fundamentalmente, responde de forma positiva.[192]

A resposta a essa indagação pressupõe a análise da evolução histórica das formas de Estado. Todo o processo evolutivo estatal que leva ao atual Estado Democrático de Direito se assenta, primordialmente, na forma em que se consolida a relação dos indivíduos com o

---

[191] PERES LUÑO. *Derechos humanos, estado de derecho y Constituición*, p. 25-26.

[192] CHULVI, Cristina Pauner. *El deber constitucional de contribuir al sostenimiento de los gastos públicos*, p. 45.

Estado. Nesse sentido, se, por exemplo, a transformação da condição de súdito para a de cidadão teve consequências de suma importância na configuração dos direitos fundamentais, do mesmo modo, refletiu no regime dos deveres.

Uma das marcas da evolução dos Estados Feudal e Absolutista para o Estado Democrático de Direito é a construção filosófica e, principalmente, jurídica de um *status* de cidadania, em que se coloca em primeiro plano de importância o conjunto de direitos que fornece a materialidade dessa condição e vincula tanto o Estado como os cidadãos em suas relações entre si. Mas, igualmente, existe uma relação entre o modelo estatal em vigor e a configuração constitucional dos deveres pertinentes à cidadania.

Cristina Pauner Chulvi sintetiza bem essa evolução no que se refere aos deveres fundamentais:

> El primer modelo de Estado, el Estado absoluto, se caracterizó más bien por el reconocimiento de algunos derechos privados de los ciudadanos, no así de deberes. La superación de esta etapa es el punto de partida de la justificación del Estado liberal caracterizado por un poder mínimo que se abstiene de toda injerencia en el ámbito de libertad de los ciudadanos. Por ello, los deberes dirigidos a estos últimos serán practicamente inexistentes. No cabe duda de que entre ellos debe mencionarse el imprescindible deber ciudadano de contribuir a la defensa de la Nación y, de forma mucho más genérica, se exige el deber de obediencia a las Leyes.
>
> En el seguiente tipo histórico estatal, el Estado social, el catálogo de deberes se amplía imponiéndose obligaciones tanto al Estado con a los ciudadanos. Este Estado que responde a los principios sociales y de solidaridad, tendrá que asumir el cumplimiento de ciertos deberes y la consecución de algunos fines. Para ello, junto a deberes que obligan a la prática de los integrantes del cuerpo social de manera que contribuyan al logro de esos objetivos sociales y de colectividade, el Estado social atribuirá unas funciones positivas al poder público para la satisfacción misma de las necesidades de los ciudadanos.[193]

Objetivamente, a configuração dos deveres fundamentais se encontra intimamente ligada às condições de existência, subsistência e funcionamento de uma comunidade organizada em determinado tipo de Estado, bem como aos fins a que essa organização estatal está vinculada como exteriorização dos valores que a alicerçam.

No plano subjetivo, os deveres fundamentais se inserem na formação do *status* de cidadania, que se compõe da conjunção dos direitos e dos deveres inerentes a essa condição. No marco do Estado Democrático de Direito estão excluídas tanto as concepções exclusivamente individualistas, que limitam o Estado à função de garantia

---

[193] CHULVI, Cristina Pauner. *El deber constitucional de contribuir al sostenimiento de los gastos públicos*, p. 46.

da fruição dos direitos fundamentais, como aquelas que visam a construir o Estado com base em um regime unilateral de deveres, ambas já expostas no curso deste estudo.[194]

A forma como estão estruturados os direitos e os deveres fundamentais concorre efetivamente para a configuração do modelo de Estado. Se os direitos fundamentais, sua conquista e afirmação foram fatores determinantes na configuração do Estado de Direito (em sua forma liberal clássica), os deveres da cidadania tiveram sua importância dignificada no Estado Social e Democrático (sintetizado no Estado Democrático de Direito), em que se ressaltam a solidariedade social, a finalidade do Estado de promover a igualdade real e a realização da dignidade humana. A Constituição Brasileira efetivamente instituiu uma dinâmica de repartição dos encargos da vida social, com a atribuição de direitos e deveres recíprocos aos cidadãos, e para o próprio Estado, vinculados ao objetivo maior de construção de uma sociedade mais justa e solidária.[195]

3.3. O dever de recolher tributos e o Estado Democrático de Direito

3.3.1. O dever de recolher tributos como dever fundamental

No marco do Estado Democrático de Direito, a imposição de deveres aos cidadãos não pode mais se fundar única e exclusivamente no poder estatal, requerendo uma legitimação superior. Os cidadãos não estão sujeitos a imposições que se encontrem dissociadas do texto constitucional e que não exteriorizem qualquer dos valores e objetivos

---

[194] Casalta Nabais destaca a correlação entre direitos e deveres no Estado Democrático: "No mesmo sentido das intensas relações entre os direitos e os deveres fundamentais via a idéia de que não há direitos sem deveres e nem deveres sem direitos. Não há direitos sem deveres, porque não há garantia jurídica ou fáctica dos direitos fundamentais sem o cumprimento dos deveres do homem e do cidadão indispensáveis à existência e funcionamento da comunidade estadual, sem a qual os direitos fundamentais não podem ser assegurados nem exercidos. E não há deveres sem direitos, porque é de todo inconcebível um estado de direito democrático assente num regime unilateral de deveres, já que contra ele se levantariam as mais elementares exigências de justiça e de respeito pelos direitos humanos, como o demonstra à saciedade a específica dimensão histórica dessa fórmula, que simultaneamente teve por objectivo e constituiu a base fundamental da instituição do estado constitucional democrático, e está bem patente na expressão *no tributation without representation*, que foi uma das principais bandeiras das revoluções liberais, mormente da americana." (NABAIS, José Casalta. *O dever fundamental de pagar impostos*, p. 119.)

[195] CONTIPELLI, Ernani de Paula. *Solidariedade Social Tributária*. Coimbra: Almedina, 2010, p. 190.

que lhe dão concretude. Essa legitimação, efetivamente, deverá, em última análise, adequar-se ao fim primordial do Estado, de promoção do bem comum.

Os deveres fundamentais, pela sua dignidade constitucional, são aqueles que se referem à articulação da relação do indivíduo com a comunidade. São imposições que se inserem na própria formatação do Estado, estando relacionados com os valores e os objetivos que dão conteúdo material à organização estatal.

Sobre o caráter fundamental do dever de recolher tributos assim se manifesta Vítor Faveiro:

> Encontrando-se, o dever de contribuir pressuposto como componente da ordem constitucional, em todas as disposições que ao sistema fiscal se referem, obviamente que se trata de um pressuposto inerente à própria ordem constitucional, subjacente à Constituição formal, e decorrente da natureza social das pessoas humanas que se constituem em sociedade política para a realização integral da colectividade e das pessoas por que ela se forma.[196]

Os deveres de defesa da pátria e o de recolher tributos, invariavelmente, estão previstos na generalidade dos textos constitucionais, uma vez que se referem à própria viabilidade da existência do Estado. No caso do dever de recolher tributos, está-se fazendo menção, neste momento, à sua clássica função de arrecadação de recursos para a manutenção do aparato estatal. Função essa que recebe nova dimensão no Estado Democrático de Direito, já que alicerçada no dever de solidariedade social e na busca dos objetivos consagrados pelo texto constitucional, não sendo um fim em sim mesmo, ou uma prerrogativa autoritária do poder estatal.

O Estado Democrático de Direito se caracteriza pela sua formatação finalística de viabilizador e de efetivo promotor da justiça social. Nesse contexto, o Estado, pelo seu viés social, tem a primordial função redistributiva de promover a igualdade, partindo da constatação de que a estrutura social-econômica, por si só, não tem a capacidade de promover a igualdade social (em verdade, esta estrutura trabalha, na maioria das vezes, no sentido contrário, aprofundando as desigualdades) em prol dos menos favorecidos. O Estado assume, portanto, a função de intervir para efetivar os direitos sociais e de redistribuir parcela da renda nacional.

Não se nega o fato (até porque seria absurdo) de que toda a atividade do Estado pressupõe a existência de fundos econômicos, que se

---

[196] FAVEIRO, Vítor. *O Estatuto do Contribuinte – A pessoa do contribuinte no Estado Social de Direito*, p. 87.

obtêm, preponderantemente, mediante a arrecadação de tributos dos cidadãos. Ou seja, a atividade tributária sustenta o Estado.

Ocorre que até o advento do Estado Social, o fundamento da tributação era tão somente este: o de financiar o aparato estatal. Recolhiam-se tributos porque era necessário para a manutenção do Estado. Esse era um fim em si mesmo, que não comportava considerações a respeito de qual tipo de Estado se estava financiando e se esses valores disponibilizados tinham alguma função na estrutura social.

No Estado Democrático de Direito, o próprio fundamento da tributação se modifica, tal como a forma de Estado e sua relação com a sociedade e com os cidadãos.

A Constituição brasileira dispõe em seu art. 1º que a República Federativa do Brasil se constitui em um Estado Democrático de Direito, tendo como fundamentos a soberania, a cidadania, a dignidade da pessoa humana, os valores sociais do trabalho e da livre iniciativa e o pluralismo político. Definida a nação como um Estado Democrático de Direito, a Constituição Federal, em seu art. 3º, elenca os objetivos fundamentais da República: a) construir uma sociedade livre, justa e solidária; b) garantir o desenvolvimento nacional; c) erradicar a pobreza e a marginalização e reduzir as desigualdades sociais e regionais; e d) promover o bem de todos, sem preconceitos de origem, raça, sexo, cor, idade e quaisquer outras formas de discriminação.

Comentando os fundamentos e os objetivos constitucionais do Brasil, Paulo Bonavides[197] afirma que "a Constituição de 1988 é basicamente em muitas de suas dimensões essenciais uma Constituição do Estado Social". Reforça que "o novo texto constitucional imprime uma latitude sem precedentes aos direitos sociais básicos, dotados agora de uma substantividade nunca conhecida nas Constituições anteriores, a partir da de 1934".

O caráter social do Estado brasileiro imprime nova fundamentação ao dever de recolher tributos, que passa também a ser justificado pelo dever de solidariedade, uma vez que se configura em instrumento a serviço da política social e econômica do Estado redistribuidor. O dever de contribuir passa a ter fundamento ético de justiça social. Existe uma inegável conexão entre o dever de contribuir para o sustento dos gastos públicos e o princípio de solidariedade (que compõe o moderno *status* de cidadania), já que seu cumprimento ou descumprimento prejudicam ou favorecem a consecução dos fins do Estado.

---

[197] BONAVIDES, Paulo. *Curso de direito constitucional*, p. 338.

Os direitos fundamentais, por sua vez, estão estreitamente ligados (numa relação, em certo sentido, de dependência) ao sistema tributário. A necessidade de financiamento do Estado é cada vez maior, uma vez que os compromissos deste com a efetivação de direitos sociais, mediante a consecução e a realização de prestações públicas, também o são. Cabe à tributação, papel de primeira relevância no financiamento dessas prestações, sendo que do cumprimento do dever de contribuir encontram-se dependentes a realidade e a viabilidade dos direitos fundamentais. Apesar de todas as questões e de todos os problemas que envolvem a atividade tributária no Brasil, consideramos que cabe preponderantemente ao Estado promover a redistribuição de renda e a efetivação dos direitos sociais previstos na Constituição Federal, o que somente é possível mediante o exercício do seu poder impositivo.

Pode-se afirmar, assim, que existe um direito de todos os indivíduos e da sociedade, de que cada um cumpra o seu dever de recolher tributos. Isso porque o cumprimento desse dever está diretamente vinculado à possibilidade concreta de efetivação dos direitos fundamentais assegurados aos cidadãos brasileiros. Em vez de uma dualidade direito x dever, tem-se na verdade uma interface, em que o dever de contribuir de cada um, corresponde a um direito dos demais. Trata-se de uma verdadeira responsabilidade social, e não mais de simples dever em face do aparato estatal. Ao se sonegar tributos devidos, o contribuinte não está apenas descumprindo uma exigência legal exigível pelas autoridades fazendárias, mas também, e principalmente, quebrando o seu vínculo de responsabilidade com a sociedade. O alto nível de informalidade da economia e a difusão de práticas sonegatórias têm impacto não só na arrecadação pelo Estado, mas também para os demais contribuintes, já que gera um aumento da carga global, para compensação, e também a criação de controles burocráticos que encareçem a atividade produtiva.

E na interface em direitos e deveres fundamentais, o contribuinte tem o direito de que o cumprimento de seu dever de recolher tributos seja efetuado de forma justa, com a sua contribuição proporcionalizada corretamente em face da sua capacidade contributiva; e com a instituição e cobrança de tributos de acordo com os demais princípios constitucionais que regem a tributação. Não havendo essa compatibilidade com o sistema tributário, tem o contribuinte o direito de acionar o Poder Judiciário para a garantia dos seus direitos. Podendo contar com um Judiciário bastante atento às questões tributárias e que reiteradamente tem coibido equívocos e desmandos do legislador fiscal e das autoridades tributárias reconhecendo a prevalência do sistema de garantias tributárias instituído pela Constituição tributária. O dever de recolher tributos, por limitar o direito de propriedade do cidadão, somente pode ser exigido nos estritos autorizados pelo texto constitucional, sendo controlável inclusive pelo princípio da proporcionalidade, que impede que o Estado se debruce de forma exagerada ou legalmente desmotivada sobre o patrimônio privado. O Supremo Tribunal Federal possui sólida jurisprudência nesse sentido, conforme explicita de forma bastante pedagógica a decisão proferida pelo seu Pleno no julgamento da Questão de Ordem na Medida Cautelar na Ação Direta de Inconstitucionalidade nº 2551/MG, relatada pelo Ministro Celso de Mello.[198]

Ernani Contipelli disserta sobre essa interação entre direitos fundamentais e o dever de recolher tributos no Estado Democrático de Direito, a partir dos objetivos consagrados no artigo terceiro da Carta Magna:[199]

> Tal postura descrita no modelo de Estado Democrático de Direito possibilita a composição dos direitos sociais assistenciais, herdados do Estado Social, e, reflexamente, a atribuição de deveres fundamentais, que denotam uma nova perspectiva do valor

---

[198] Trechos da Ementa: "A GARANTIA CONSTITUCIONAL DA NÃO-CONFISCATORIEDADE. O ordenamento constitucional brasileiro, ao definir o estatuto dos contribuintes, instituiu, em favor dos sujeitos passivos que sofrem a ação fiscal dos entes estatais, expressiva garantia de ordem jurídica que limita, de modo significativo, o poder de tributar de que o Estado se acha investido. Dentre as garantias constitucionais que protegem o contribuinte, destaca-se, em face de seu caráter eminente, aquela que proíbe a utilização do tributo – de qualquer tributo – com efeito confiscatório (CF, art. 150, IV).- A Constituição da República, ao consagrar o postulado da não-confiscatoriedade, vedou qualquer medida, que, adotada pelo Estado, possa conduzir, no campo da fiscalidade, à injusta apropriação estatal do patrimônio ou dos rendimentos dos contribuintes, comprometendo-lhes, em função da insuportabilidade da carga tributária, o exercício a uma existência digna, ou a prática de atividade profissional lícita, ou, ainda, a regular satisfação de suas necessidades vitais (educação, saúde e habitação, p. ex.). (...) TRIBUTAÇÃO E OFENSA AO PRINCÍPIO DAPROPORCIONALIDADE.- O Poder Público, especialmente em sede de tributação, não pode agir imoderadamente, pois a atividade estatal acha-se essencialmente condicionada pelo princípio da razoabilidade, que traduz limitação material à ação normativa do Poder Legislativo.- O Estado não pode legislar abusivamente. A atividade legislativa está necessariamente sujeita à rígida observância de diretriz fundamental, que, encontrando suporte teórico no princípio da proporcionalidade, veda os excessos normativos e as prescrições irrazoáveis do Poder Público. O princípio da proporcionalidade, nesse contexto, acha-se vocacionado a inibir e a neutralizar os abusos do Poder Público no exercício de suas funções, qualificando-se como parâmetro de aferição da própria constitucionalidade material dos atos estatais.- A prerrogativa institucional de tributar, que o ordenamento positivo reconhece ao Estado, não lhe outorga o poder de suprimir (ou de inviabilizar) direitos de caráter fundamental constitucionalmente assegurados ao contribuinte. É que este dispõe, nos termos da própria Carta Política, de um sistema de proteção destinado a ampará-lo contra eventuais excessos cometidos pelo poder tributante ou, ainda, contra exigências irrazoáveis veiculadas em diplomas normativos editados pelo Estado." (ADI 2551 MC-QO/MG – QUESTÃO DE ORDEM NA MEDIDA CAUTELAR NA AÇÃO DIRETA DE INCONSTITUCIONALIDADE – Relator(a): Min. CELSO DE MELLO – Julgamento: 02/04/2003 Órgão Julgador: Tribunal Pleno – Publicação: DJ 20-04-2006, p. 5 – EMENT. Vol. 2229-01, p. 25).

[199] CONTIPELLI, Ernani de Paula. *Solidariedade Social Tributária*, p. 191.

de igualdade com interferência direta da solidariedade social, para envolver não somente o Estado, mas a totalidade dos participantes da vida comunitária na divisão das responsabilidades decorrentes da coexistência coletiva, que deve propiciar os meios adequado ao pleno desenvolvimento das potencialidades da pessoa humana, com a busca incessantes da atribuição de igual dignidade no âmbito social.

Além disso, no Estado Democrático de Direito a tributação tem importante função não arrecadatória de interferência nos domínios social e econômico, não só com finalidade de redistribuição de riqueza, mas também com outros fins extrafiscais. Citam-se, à guisa de exemplo, a cada vez mais presente tributação ambiental e o desenvolvimento da tributação familiar.

O caráter estrutural da tributação, notadamente no Estado Democrático de Direito, que condiciona fortemente a concepção de sociedade e a forma de atuação do Estado, outorga ao dever de recolher natureza de efetivo dever fundamental, conforme destaca Cristina Pauner Chulvi:

> Si todo el juego de la actividad financiera estatal se asienta sobre el deber de contribuir al sostenimiento de los gastos públicos puede concluir-se que la contribución ciudadana al sostenimiento de esos gastos explicita un principio estructural del ordenamiento puesto que la realización y funcionamiento del Estado social y democrático de Derecho requiere un programa justo de ingresos y una función redistributiva de bienes y rentas. Y la obtención de esos ingresos no puede lograrse sin el concurso de una obligación tributaria impuesta con carácter general a todos los ciudadanos con el fin de contribuir al sostenimiento del Estado y sus funciones.[200]

O dever de recolher tributo relaciona-se com a própria estrutura e funcionamento do Estado, uma vez que sem a tributação este não teria condições de se manter, por falta dos recursos econômicos indispensáveis para tanto. E não gratuitamente, a sua importância foi revitalizada no Estado Democrático de Direito, uma vez que é meio imprescindível para a efetivação dos direitos sociais, principalmente por meio da arrecadação de recursos, mas cada vez mais também pela utilização extrafiscal dos tributos; além de operar efetivamente na relação entre os cidadãos e o Estado, compondo a condição de cidadania no Estado Democrático de Direito. Ao lado do direito ao gozo dos direitos reconhecidos constitucionalmente, que, efetivamente, podem ser exigidos do Estado, existem os deveres inerentes a essa condição, sendo que o dever de recolher tributos, efetivamente, assim o é, uma vez que, além de estar baseado no dever de solidariedade, permite a efetivação dos direitos sociais. O dever de recolher tributos, nesse sentido, significa uma parcela da cidadania, tendo em vista que o Estado

---

[200] CHULVI, Cristina Pauner. *El deber constitucional de contribuir al sostenimiento de los gastos públicos*, p. 64.

Social afastou a concepção individualista, com base na qual somente o campo dos direitos era considerado. Os cidadãos possuem direitos inalienáveis e reconhecidos pelo ordenamento jurídico, mas também deveres e responsabilidades perante o Estado e a sociedade em que vivem.

Nesse ponto, importa destacar a posição de Casalta Nabais sobre o tema. O jurista português distingue três situações no que se refere aos deveres fundamentais.

a) Deveres fundamentais clássicos que, por se constituírem em verdadeiros pressupostos de existência e de funcionamento do Estado, não podem deixar de ser reconhecidos no Estado contemporâneo. Seriam, dessa ordem, os deveres de defesa da pátria (incluindo o dever de defesa da pátria em si e o dever de serviço militar), os deveres políticos (dever de voto, de recenseamento eleitoral e de colaboração com a administração eleitoral), e o do dever de recolher tributos. Em seu entendimento, "esses deveres estão intimamente associados respectivamente, à existência, funcionamento econômico e ao funcionamento democrático da comunidade estadual, ou seja, perante deveres fundamentais para o estado".[201]

b) "Deveres fundamentais de conteúdo econômico, social ou cultural que, sendo fundamentalmente fruto do estado social se destinam a tutelar determinados valores sociais que, pela sua importância para a colectividade, a constituição entendeu privilegiar. Estes deveres têm por titular activo, não tanto ou nem sequer o estado, mas sim a colectividade". Entre esses deveres, cita Casalta Nabais os deveres de trabalhar, de defender o ambiente, de preservar o patrimônio cultural. Em seu entendimento, esses seriam deveres cujo cumprimento tem a ver, sobretudo, com a existência de uma dada sociedade, e não com a existência do próprio Estado.[202]

c) Deveres cujo titular ativo são determinadas categorias ou grupos de pessoas como titulares de direitos fundamentais, como o dever dos pais de promover a educação dos filhos.[203]

Por essa divisão, entender-se-ia que o dever de recolher tributos é um dever somente vinculado à manutenção e ao sustento do Estado, que seria seu único e exclusivo titular e destinatário. Essa posição seria totalmente adequada no caso do Estado de Direito liberal, mas,

---

[201] NABAIS, José Casalta. *O dever fundamental de pagar impostos*, p. 102.
[202] Idem, p. 103.
[203] Idem, Ibidem.

contudo, é insuficiente para o entendimento da questão no Estado Democrático de Direito.

No Estado Democrático de Direito, o dever fundamental de recolher tributos tem duplo fundamento: o clássico, meio primordial de sustento do Estado mediante a arrecadação de recursos financeiros; e aquele pertinente às várias formas de Estado (sendo mesmo inerente à noção de Estado), o da dimensão de dever de cidadania, calcado no princípio da solidariedade e na efetividade do texto constitucional.[204] No primeiro caso, o fundamento da tributação prende-se exclusivamente à existência do Estado. Ou seja, a relação subjacente envolve contribuinte-Estado. Já na segunda hipótese, o dever de recolher tributos se funda no Estado Social e nos valores que este prestigia. O substrato social determina esse fundamento do dever, havendo mesmo outra relação subjacente, contribuinte-sociedade, decorrente, efetivamente, de sua condição de cidadão que tem deveres para com o corpo social.

Casalta Nabais não chega a desenvolver a questão nesses termos, mas reconhece que os deveres fundamentais no Estado Democrático de Direito, em última análise, constituem-se em deveres de cidadania. Após apresentar sua classificação dos deveres fundamentais, o autor ressalta que

> [...] isto não põe em causa a idéia, já diversas vezes afirmada e que está subentendida no que vimos de dizer, de que todos os deveres fundamentais estão ao serviço de valores comunitários, de valores que, ainda que dirigidos directamente à realização de específicos direitos fundamentais dos próprios destinatários dos deveres ou de terceiros, são assumidos pela comunidade nacional como valores seus, constituindo assim, ao menos de um modo directo e imediato, deveres para com a comunidade estadual. E, nesta medida, o estado é o titular activo número um de todos os deveres fundamentais. Pelo que, neste sentido, todos os deveres fundamentais são deveres do cidadão, não havendo assim lugares para deveres do homem.[205]

Vítor Faveiro desenvolveu toda a sua abordagem do dever de recolher tributos na concepção deste como inato à pessoa humana, decorrente da sua condição de ser naturalmente social. E como condição e dever ético se fundamenta no sentido comum da necessidade de

---

[204] "De onde resulta que, ao Estado contemporâneo se atribuem, hoje, os qualificativos de 'Estado – social' e de 'Estado-participado', em que existe um elemento comum que o diferencia dos qualificativos anteriores: de que o Estado, na sua constituição, não é algo diferente da sociedade que o cria, as sim e apenas a própria sociedade, ou seja o complexo das pessoas que nele se integram como seres sociais; e o de que, na acção do Estado, o cidadão, como pessoa, participa em termos de contribuinte, integrando na realização dos fins da sociedade, decorrendo entre ambos uma relação de colaboração ou de simbiose e não de oposição ou de mera autoridade própria e discricionária." (FAVEIRO, Vítor. *O Estatuto do Contribuinte – A pessoa do contribuinte no Estado Social de Direito*, p. 186).

[205] NABAIS, José Casalta. *O dever fundamental de pagar impostos*, p. 105.

todos e de cada um contribuírem, segundo a respectiva capacidade, para a realização dos fins coletivos. Alicerça-se, nesse sentido, no fato de que sem este a sociedade não pode subsistir nem realizar os seus fins; e sem o que, por sua vez, a pessoa humana não pode se realizar como tal em termos plenos.[206]

Não se discute o fato de que sempre será o Estado o sujeito ativo apto a exigir juridicamente o cumprimento de um dever fundamental, inclusive o de recolher tributos. Mas tal prerrogativa deve ter correto embasamento e justificação perante os seus destinatários (os contribuintes), para lhe outorgar a legitimidade necessária, vinculada ao *status* de cidadania e ao dever de solidariedade. Por isso a demonstração no presente estudo da forma como este fundamento sofreu profundas modificações no curso da História, até desaguar na sua configuração atual, inserida na fórmula do Estado Democrático de Direito.

A justificação do dever de recolher tributos se centrou em épocas anteriores no poder absoluto do soberano, bem como, posteriormente, na exclusiva necessidade de se financiar o Estado, uma vez que este garantia os direitos individuais dos contribuintes ou lhes prestava serviços públicos. Até esse momento não havia a concepção da tributação como forma de intervenção na estrutura social e econômica ou como instrumento viabilizador de interesses coletivos. Somente com o advento do Estado Social (cuja fórmula, com adaptações em cada ordenamento jurídico, integra o Estado Democrático de Direito) é que o dever de recolher tributos passou a ser encarado num contexto de interesse coletivo. Atualmente, esse dever integra a *status* de cidadania, sendo, mesmo, condição da vida comunitária, uma vez que torna possível o efetivo funcionamento dos serviços e prestações públicas, bem como o cumprimento das finalidades sociais que informam o Estado Democrático de Direito.[207]

Se o dever de recolher tributos inegavelmente constitui uma detração de riqueza do particular em favor do Estado, de outro lado,

---

[206] FAVEIRO, Vítor. *O Estatuto do Contribuinte – A pessoa do contribuinte no Estado Social de Direito*, p. 148

[207] Após dissertar sobre as funções do tributo, J. M. Othon Sidou conclui: "Deste excurso sumaríssimo sobre o desempenho do imposto na sociedade organizada fica evidenciado que não se trata de objetivos isolados, mas interligados numa progressiva justaposição à finalidade financeira inicial, sempre a imediata, não entretanto a principal – e aqui discordamos do eminentíssimo Hugon – porque principal é o objetivo mediato, ou seja o de natureza social, e justificamo-nos. Fosse a principal característica financeira do tributo, representada, como já bem exposto, na busca de recursos para atender às despesas públicas, o Estado seria um mero caixa de recebimentos-pagamentos, perderia toda sua dinamicidade, seria enfim fiel retrato do Estado contemplativo já de todo eliminado da face da Terra e do consenso da humanidade." (Os tributos no curso da história. *In*: *Dimensão jurídica do tributo* – homenagem ao professor Dejalma de Campos, p. 390).

permite a disponibilização dos direitos individuais e especialmente os sociais, que requerem a existência de fundos econômicos para tanto. Além disso, ao viabilizar a estrutura estatal, garante o arcabouço jurídico e econômico que propicia a atividade privada e a obtenção e acumulação de riqueza. A tributação, ao mesmo passo que é uma limitação a propriedade privada, é condição imprescindível para o seu surgimento e garantia.

Os professores da Universidade de Nova Iorque, Liam Murphy e Thomas Nagel, no seu excelente livro "O mito da propriedade", expõem com muita acuidade a relação da tributação com o funcionamento da sociedade organizada e como estes são imprescindíveis para a obtenção e acumulação de riqueza pelas pessoas e empresas. Os impostos, em vez de serem redutores do direito de propriedade, são, na verdade, elementos do sistema econômico e jurídico vinculados ao direito de propriedade, que tem função ativa na sua existência. Nesse sentido:[208]

> A natureza convencional da propriedade é ao mesmo tempo perfeitamente óbvia e facílima de ser esquecida. Todos nós nascemos no contexto de um sistema jurídico minuciosamente estruturado que rege a aquisição, o intercâmbio e a transmissão de direitos de propriedade; por isso, a propriedade ou posse pessoal de bens nos parece ser a coisa mais natural do mundo. Porém, a economia moderna na qual ganhamos nosso salário, compramos nossa casa, temos a nossa conta bancária, economizamos para a aposentadoria e acumulamos bens pessoais, e na qual usamos nossos recursos para consumir ou investir, seria impossível sem a estrutura fornecida pelo governo, que é sustentado pelos impostos. Isso não significa que os impostos não devem ser objeto de avaliação – significa apenas que o alvo de avaliação deve ser o sistema de direitos de propriedade cuja existência eles possibilitam.

Tem-se uma via de mão dupla, já que como a condição de cidadania se encontra vinculada fortemente a uma gama de direitos, cuja garantia e fomento é obrigação do Estado, esta pressupõe a contribuições de todos os que superem a condição do mínimo existencial, contribuam aos cofres públicos, na medida da sua capacidade contributiva. E além de contribuir, a condição de cidadão exige cada vez mais uma participação política ativa, de fiscalização e cobrança sobre o Estado, para que os recursos sejam utilizados de forma efetiva e eficiente, com a sua correta alocação em prol dos objetivos determinadas pela Constituição Federal, e que visam ao desiderato maior de construção de uma sociedade justa e solidária. Por isso são falaciosos os argumentos de que seria desculpável o descumprimento do dever de recolher os tributos devidos, uma vez que o Estado utiliza mal os

---

[208] MURPHY, Liam; NAGEL, Thomas. *O Mito da Propriedade*. São Paulo: Martins Fontes, 2005, p. 11.

recursos e os contribuintes não veem o retorno da sua contribuição. Primeiro, porque, conforme se demonstra neste estudo, existe sim o retorno do Estado, que logicamente pode e deve ser melhorado; sendo ainda bem característico que aqueles que se localizam nos estratos sociais mais elevados absorvem uma parcela grande dos gastos públicos, exatamente pelo seu poder de influência. Segundo, porque o raciocínio deve ser o contrário: de que a sociedade deve se organizar para cobrar das autoridades o correto gasto público, e não esvaziar a arrecadação, num círculo vicioso no qual todos perdem.

A cidadania contemporânea é marcada pela existência de um conjunto de direitos e de deveres de solidariedade (cidadania solidaria). E a participação dos cidadãos no processo decisório sobre a estrutura tributária, principalmente a criação e majoração de novos tributos, é outra dimensão extremamente relevante do dever fundamental de contribuir. A sociedade brasileira evoluiu bastante nesse ponto, com a matéria tributária estando em plano relevante de preocupação dos cidadãos, que acompanham e buscam influir em todas as discussões e projetos referentes ao sistema tributário. Se antes a tributação era domínio exclusivo de especialistas e protagonistas econômicos (empresas, instituições financeiras, etc.), atualmente é assunto do dia a dia das pessoas, sendo debatido ou ao menos repercutido pelos meios de comunicação de massa. E a capacidade da sociedade absorver as informações e construir a sua opinião, mesmo que genérica, sobre a justiça ou injustiça fiscal é relevante, já que no mínimo exige das autoridades mais cuidado ao elaborar medidas de política fiscal e transparência e fundamentação ao apresentá-las e justificá-las perante a sociedade.[209]

Mas apesar dessa evolução, ainda não se apresenta o contexto ideal. O cidadão ainda não participa com a efetividade desejada do processo decisório. Se por um lado aumentou consideravelmente o seu poder de pressão sobre o Poder Executivo e o Parlamento, ainda temos um contexto bastante dominado pelos *lobbies* e pela capacidade de persuasão do grande capital, que se utiliza do poder econômico para influir no direcionamento das decisões fiscais para o caminho dos seus interesses.

---

[209] Comenta Casalta Nabais: "Os impostos constituem um assunto demasiado importante para poder ser deixado exclusivamente nas mãos de políticos e técnicos (economistas). Daí que todos os contribuintes devam ter opinião acerca dos impostos e da justiça ou injustiça fiscal que suportam, até porque a idéia de justiça fiscal não deixa de ser um conceito que também passa pelo bom senso". NABAIS, José Casalta. *Estudos de Direito Fiscal: por um estado fiscal suportável*. Coimbra: Almedina, 2005, p. 59.

A própria forma como a grande imprensa trata da matéria fiscal deve ser sempre avaliada com cuidado, já que não é necessária, ou mesmo raramente, neutra ou isenta de interesses. Um exemplo bastante significativo foi a discussão da renovação ou não da CPMF (Contribuição Provisória sobre Movimentação Financeira), em 2007. A maior parte da imprensa tratou de pintar este tributo como um grande vilão, que encarecia o preço de todos os bens de consumo, penalizando o consumidor. Foi comum na época a publicação de ilustrações que visavam a demonstrar o quanto a CPMF correspondia em cada tipo de produto. A lógica implícita era de que não aprovada a prorrogação, os preços imediatamente reduziriam na ponta do consumo. Contudo, tal fato não se materializou na prática, após a extinção da CPMF. O debate deveria ter sido mais racional, com a consideração das vantagens inegáveis de um tributo sobre movimentação financeira, que onera a economia informal, é muito pouco sujeita à sonegação, e permite a identificação do enriquecimento ilícito. Já a calibração da sua alíquota e o seu efeito sobre a carga fiscal total poderia ter sido ponderada e mais razoavelmente fixada. Inclusive, poderia (como ainda pode, *de lege ferenda*) ser um meio de alteração do desenho da estrutura fiscal, sem aumento da carga global. Por exemplo, sendo um mecanismo que permitisse uma reforma mais forte da tributação da renda da pessoa física, com aumento do valor da renda isenta, e uma maior progressividade das alíquotas, com a redução daquelas incidentes sobre o rendimento da classe média. Essa mudança estrutural muito provavelmente teria efeitos econômicos relevantes,com uma disponibilização maior de renda para o consumo e o investimento.[210]

---

[210] Emir Sader publicou um artigo bastante enfático, logo após a não renovação da CPMF. Cito alguns trechos:
"(...)A diabolização do Estado serve para passar a idéia de que o que este faz é apenas arrecadas impostos, gastas com salarios de funcionários, caracterizados como ociosos – desconhecendo que sua grande maioria está nos serviços de saúde, de educação, de fiscalização da sonegação. Mas o consenso que a direita tenta impor à sociedade vai na direção oposta. Menos impostos, menos Estado, mais mercado, mais planos privados de saúde, mais educação privada, mais concentração de renda. Qualquer candidato que prometa que vai diminuir os impostos, sai na frente nas pesquisas eleitorais. Ninguém se pergunta quem paga os impostos e o que se faz com esses recursos. (Tristemente o senador do Psol votou com a direita, sobre o tema da CMPF, inconsciente do papel do Estado na luta contra o neoliberalismo)
(...)
O Estado tornou-se um instrumento de multiplicação da concentração de renda no neoliberalismo. O Brasil perdeu a oportunidade, quando se discutiu a reforma tributária, de aprovar uma reforma socialmente justa, com os que ganham mais pagando mais, com uma forte tributação das heranças, das propriedades improdutivas, entre outras. A questão não é que se paga pouco imposto no Brasil, é que a arrecadação é socialmente injusta e parte substancial do arrecadado serve não para políticas sociais, mas para o superávit fiscal e o pagamento das dividas públicas – isto é, para a transferência de recursos dos assalariados para o capital financeiro.
(...)

A democracia fiscal deve ainda evoluir na sociedade brasileira, com o alinhamento da política fiscal aos reclames cada vez mais prementes de justiça e de redistribuição de renda e oportunidades. Caso contrário, a política fiscal continuará uma colcha de retalhos, com um arcabouço jurídico extremamente complexo e burocrático, e ainda pior, com a sua condução ditada muito pelo jogo de influência, que produz políticas muito tópicas e direcionadas, com a difusão de benefícios fiscais e desonerações setoriais. Não que o incentivo setorial seja um mal *a priori*, mas que sempre tem que ter justificativas fiscais mais amplas, e não pode se tornar o mecanismo mais corrente de política fiscal.

Juan Manoel Barquero Estevan destaca a posição de Ernst Forsthoff de que o Estado Fiscal, ou o Estado Impositivo, consiste no vínculo indispensável entre os princípios do Estado de Direito e os do Estado Social, porque somente por meio das possibilidades de ingerência do Estado Impositivo é que se pode garantir o desenvolvimento do Estado Social mediante a estrita observância das formas do Estado de Direito e, concretamente, do respeito ao princípio da propriedade.[211]

Partindo da referida premissa, o doutrinador espanhol assim se manifesta:

> Así, se afirma que, dado que la administración prestacional extrae sus medios económicos gracias al impuesto, Estado de bienestar y Estado impositivo se encuentran inseparablemente unidos. Se consolida, pues, la teoría de que el Estado, para poder desarrollar sus funciones, está inevitablemente llamado a detraer una parte importante de los ingresos de sus ciudadanos a través de impuestos, y de que, en consecuencia, las del Estado prestacional y las del Estado impositivo constituyen 'funciones complementarias del Estado social'. Se añade, además, que el moderno Estado impositivo no se construye sólo por la necesidad de cubrir necesidades financieras, sino también por motivos de política social y económica, dada la idoneidad del impuesto para perseguir fines de esa índole. Y en relación con esto último, se destaca que la transformación en las funciones del Estado, con la imposición a los poderes públicos de asumir la dirección de la economía nacional, habría afectado igualmente a la esencia del impuesto, que de ser considerado instrumento mínimo y neutral, y con finalidad exclusivamente financiera, habría pasado a integrar una segunda finalidad, de ordenación económica

---

A transparência das contas públicas, para que a sociedade tenha consciência de quem financia quem através do Estado – elemento essencial da política de orçamento participativo – é condição para um debate e decisões políticas claras e justas da concentração e da redistribuição de recursos numa sociedade extremamente injusta como a brasileira." SADER, Emir. *Estado, tributação e políticas sociais*. 22/12/07 (http://www.cartamaior.com.br/templates/postMostrar.cfm?blog_id=1&post_id=156).

[211] BARQUERO ESTEVAN, Juan Manuel. *La función del tributo en el Estado social y democrático de derecho*, p. 31.

y social, y a ocupar un lugar central dentro del catálogo de los instrumentos de política económica.[212]

Entretanto, o dever de recolher tributos somente estará realmente fundado no dever de cidadania se estiver sendo efetivado nos termos em que a atividade tributária está estruturada constitucionalmente. Assim, a tributação deverá estar centrada no princípio da capacidade contributiva (que determina a parcela de contribuição de cada cidadão) e nos demais princípios constitucionais tributários que compõem o "Estatuto do Contribuinte".[213]

Não por outro motivo, a Constituição Tributária está alicerçada em dois pilares, que são o dever fundamental de recolher tributos e o estatuto do contribuinte, que por sua vez é composto pelos direitos da cidadania fiscal, centrados nos princípios tributários da igualdade, legalidade, capacidade contributiva, respeito ao mínimo existencial e a vedação do efeito tributário de confisco, e nas demais limitações ao poder de tributar, como as imunidades.

3.3.2. O *dever de solidariedade e a cidadania fiscal*

O dever de recolher tributos, conforme já demonstrado neste trabalho, constitui um dever fundamental do Estado Democrático de Direito, baseado no *status* de cidadania e no dever de solidariedade.

Ricardo Lobo Torres comunga desse entendimento ao dissertar sobre as projeções da solidariedade no direito fiscal:

> A idéia de solidariedade se projeta com muita força no direito fiscal por um motivo de extraordinária importância: o tributo é um dever fundamental. Sim, o tributo se define como o dever fundamental estabelecido pela Constituição no espaço aberto pela reserva da liberdade da liberdade e pela declaração dos direitos fundamentais. Transcende o conceito de mera obrigação prevista em lei, posto que assume dimensão constitucional. O dever não é pré-constitucional, como a liberdade, mas se apresenta como obra eminentemente constitucional. Ora, se a solidariedade exibe primordialmente a dimensão do dever segue-se que não encontra melhor campo de aplicação

---

[212] BARQUERO ESTEVAN, Juan Manuel. *La función del tributo en el Estado social y democrático de derecho*, p. 37-38.

[213] Sobre o Estatuto do Contribuinte leciona Betina Treiger Grupenmacher: "Tanto os princípios como as imunidades compõem o chamado Estatuto do Contribuinte e estão dispostos no art. 150 da Constituição Federal. A denominação 'Estatuto do Contribuinte' foi criada por Juan Carlos Luqui em 1953 para definir os direitos e garantias constitucionais atribuídos pela Carta Suprema ao contribuinte. Na Constituição brasileira, o Estatuto do Contribuinte consta, como dito, dos preceitos contidos no art. 150, e tem como fundamento garantir ao cidadão a observância de seus direitos fundamentais, quando do exercício da competência tributária pelo Poder Público." (GRUPENMACHER, Betina Treiger. A reforma tributária e a afronta aos direitos fundamentais. *Revista Fórum de Direito Tributário*, n. 5, p. 42).

do que o direito tributário, que regula o dever fundamental de pagar tributo, um dos pouquíssimos deveres do cidadão do Estado Liberal, ao lado dos de prestar o serviço militar, compor o júri e servir à justiça eleitoral.[214]

Argumenta, com propriedade, Ricardo Lobo Torres que o dever de pagar tributos se relaciona com os direitos fundamentais, sendo por eles limitado (no caso, pelos direitos fundamentais dos contribuintes e pelas limitações constitucionais ao poder de tributar) e, ao mesmo tempo, serve-lhes de garantia (em nosso entendimento, no sentido de que viabiliza a sua proteção no caso dos direitos individuais e a efetivação pelo Estado no que se refere aos direitos sociais), sem, contudo, com eles se confundir. Em sua atual configuração, portanto, o dever de recolher tributos é inerente à condição de cidadania. Além da sua constituição de dever fundamental de cidadania, ressalta o referido jurista que este também integra a estrutura bilateral da relação cidadão-Estado: ao mesmo tempo em que gera o direito de o Estado cobrar tributos, gera o dever de este prestar os serviços públicos, conferindo ao contribuinte o direito de exigir a efetivação dos ditos serviços públicos.[215]

No Estado Democrático de Direito, o dever de recolher tributos não se funda mais exclusivamente na obrigação atribuída ao cidadão de contribuir para a manutenção do Estado, mas também no dever de solidariedade para com a sociedade a que este está vinculado.

A noção de solidariedade, que teve suas origens remotas no pensamento ocidental, por meio das correntes de pensamento do estoicismo e do cristianismo primitivo, vai ser afirmada na Modernidade a partir das declarações de direitos. O dever de solidariedade social – mais precisamente, numa concepção de dever de prestar ajuda àqueles que dela necessitam – ocupou as preocupações da Revolução Francesa, aparecendo em sua célebre trilogia como fraternidade (composta ainda de liberdade e igualdade)[216] Contudo, com o liberalismo político, de cunho individualista e que prestigiava uma concepção negativa e formalista da liberdade, a ideia de solidariedade social se vê afastada do discurso e da prática política.

Ressalta Fernando de Castro Farias que com o desenvolvimento da sociologia, no final do século XIX (principalmente por força de Auguste Comte, Proudhon e Durkheim), ocorre a "descoberta" da solidariedade social, mas com uma configuração bem diferente daquela

---

[214] TORRES, Ricardo Lobo. Solidariedade e justiça fiscal. In: *Estudos de direito tributário* – Homenagem à memória de Gilberto de Ulhôa Canto, p. 301.

[215] Idem, p. 302.

[216] FARIAS, José Fernando de Castro. *A origem do direito de solidariedade*, p. 188.

de ajuda aos necessitados da Revolução Francesa. Tem-se agora uma nova forma de pensar a relação indivíduo-sociedade, indivíduo-Estado; enfim, a estrutura social como um todo.[217] A partir de então, a ideia de solidariedade social surge não só como alternativa à crise do liberalismo, mas também como expressão de novas formas de pensar a sociedade, o Direito e o Estado, sendo desenvolvida em ideologias políticas, como o marxismo e a social-democracia.

A ideia de solidariedade social, que começa a se desenvolver no final do século XIX, ganha importância a partir da consolidação do Estado Social na segunda metade do século XX. Diante dos conflitos sociais e das divisões entre capital e trabalho, busca-se a reforma estatal com a intervenção cada vez mais presente do Estado nas estruturas econômicas e sociais, visando a minorar as desigualdades sociais, com a redistribuição da renda nacional e o desenvolvimento de um sistema público de seguridade social.

Ao mesmo tempo em que se reformula a relação Estado-sociedade, modifica-se a própria condição de cidadania, que passa a ter forte conteúdo de solidariedade social em contraponto ao seu tradicional caráter individualista, calcado nos chamados "direitos fundamentais".

Gregorio Peces-Barba et al[218] abordam a questão da solidariedade como fundamento de legitimidade do poder e de justiça do direito. A ideia de solidariedade, desenvolvida por correntes de pensamento diversas, é conceituada atualmente como valor da ética humana e atua a serviço da pessoa humana. A sua finalidade é, nesse contexto, contribuir para a liberdade moral e o desenvolvimento da dignidade de todos.

Supõe a noção de solidariedade, continua o jurista espanhol em sua explanação, uma correção do contratualismo clássico, baseado no individualismo (de fundo egoísta e isolacionista), apesar de não ser radicalmente incompatível com este como ideologia. É possível um contratualismo que considere o indivíduo contratante como reconhecedor da autonomia moral e social do outro e que conceba a sociedade por meio de relações de integração, e não de simples coordenação.

Nesse sentido, a solidariedade constitui um valor superior incidente na organização jurídica da sociedade como fundamentos de princípios de organização, bem como de deveres (como o de recolher tributos) e direitos fundamentais. Integra os fundamentos da cultura

---

[217] FARIAS, José Fernando de Castro. *A origem do direito de solidariedade*, p. 190.
[218] PECES-BARBA, Gregório; FERNÁNDEZ, Eusébio; ASÍS, Rafael de. *Curso de teoria del derecho*, p. 342-345.

política e jurídica democrática e inclui nesta o reconhecimento do outro como próximo e como membro da mesma comunidade. Por esse motivo, é incompatível com concepções totalizadoras e excludentes, uma vez que se realiza num âmbito de tolerância e pluralismo.

Seu matiz mais importante se encontra no campo político, mediante o reconhecimento da realidade do outro e a consideração de seus problemas como não alheios. Exterioriza como objetivo político a consecução de uma sociedade em que todos se considerem membros dela e resolvam em seu seio as necessidades básicas, podendo realizar a sua vocação moral como seres autônomos e livres. Para isso, pretende alcançar as pessoas menos favorecidas socialmente utilizando a cooperação mútua (mediada pelo Estado ou efetuada diretamente por grupos sociais) e criando relações jurídicas de integração.

No campo jurídico, Peces-Barba mostra sua correlação com os deveres fundamentais no seguinte sentido:

> A diferencia de los demás valores que fundamentan directamente derechos, la solidariedad los fundamenta indirectamente, es decir, lo hace por el intermedio de los deberes. De una reflexión desde puntos que corresponden directamente a los poderes públicos o que éstos atribuyen a terceros, personas físicas o jurídicas. Estos deberes positivos tienen como correlativos a derechos que podemos así fundar en el valor solidariedad. La intervención se justifica cuando el deber es impulsionado por el valor solidariedad, es decir, cuando existe un derecho correlativo y se pretende, en última instancia, crear condiciones para la autonomía moral de las personas. Este efecto especial de la solidariedad, que llega a los derechos partiendo de los deberes que genera, permite la comprensión de las construciones que prolongan la solidariedad en relación con las generaciones futuras. No se puede hablar de derechos de éstas. Sobre la base del valor solidariedad hay deberes actuales cuyo cumplimiento beneficiará a las generaciones futuras, pero no hay derechos sino de las generaciones presentes.[219]

No caso do dever fundamental de recolher tributos, que no Estado Democrático de Direito se fundamenta no princípio da solidariedade, não existe uma correlação específica com um direito identificável, mas sim, com o conjunto dos direitos, principalmente os de caráter social, que deste são dependentes em grande escala para sua efetivação. Ou seja, para usar a terminologia de Peces-Barba, no caso do dever de contribuir existe inegavelmente o desiderato de, em última instância, criar condições para o desenvolvimento moral (e social) das pessoas.

O desenvolvimento do tema da solidariedade com fundamento nos deveres fundamentais não implica que a questão dos direitos fundamentais tenha perdido importância ou tenha sido relegada a se-

---

[219] PECES-BARBA, Gregório; FERNÁNDEZ, Eusébio; ASÍS, Rafael de. *Curso de teoria del derecho*, p. 243.

gundo plano. De forma alguma. Os direitos fundamentais constituem, inegavelmente, um dos pilares em que se assenta o Estado Democrático de Direito e integram o *status* de cidadania, vinculando tanto o Estado como os demais cidadãos. Mas o que ocorre é que, superado o viés individualista da cidadania, a questão dos deveres que lhe são inerentes também assume relevância. Isso ocorre, por exemplo, no campo da cidadania fiscal, que implica o reconhecimento de que todos são destinatários do dever fundamental de recolher tributos (por força da sua vinculação à garantia da manutenção do Estado e, também, à solidariedade social), na medida de sua capacidade contributiva, mas também que todos os cidadãos têm o direito de somente se submeter a um sistema fiscal que esteja estruturado nos limites jurídicos-constitucionais a que esteja vinculado e que respeite efetivamente os direitos do contribuinte.[220]

Com relação ao fundamento do dever de recolher tributos, muitas vezes, é exteriorizada uma posição social desfavorável no sentido de se entendê-lo como "carga", sustentando-se o caráter odioso das normas de caráter tributário.

Entre nós, Ives Gandra da Silva Martins é um dos defensores da citada concepção sobre o fundamento da tributação. Parte o ilustre tributarista do pressuposto de que o homem não é confiável no exercício do poder e tende, neste exercício, a exigir sempre mais da sociedade do que seria necessário. Via de consequência, a carga tributária é sempre maior do que a necessária para atender às finalidades de sua arrecadação. Isso porque as despesas estatais nem sempre estão vinculadas realmente à consecução do interesse público, e sim a interesses privados ou corporativos dos detentores do poder. Nesse contexto, a carga tributária seria sempre excessiva (em qualquer espaço geográfico e período histórico, ressalte-se), e por isso a incidência tributária é uma norma de rejeição social.[221]

Portanto, o tributo seria, em verdade, um mecanismo, não de solidariedade social, mas sim de domínio por parte dos governantes. Nesse contexto, argumenta Ives Gandra:[222]

> Ainda hoje, como era nos tempos primitivos, quem governa é quem determina os destinos de um povo – ou, no concerto das nações – aqueles que, por governarem os

---

[220] NABAIS, Casalta. Algumas reflexões sobre o actual estado fiscal. *Revista Fórum de Direito Tributário*, n. 4, p. 105.

[221] MARTINS, Ives Gandra da Silva. Teoria da imposição tributária. *In*: MARTINS, Ives Gandra da Silva (Coord.). *Curso de direito tributário*, v. 1, p. 12.

[222] MARTINS, Ives Gandra da Silva. *O tributo: reflexão multi disciplinar sobre a sua natureza*. Ives Gandra da Silva Martins (coord.). Rio de Janeiro: Forense, 2007, p. 5-6.

países mais fortes, determinam não só o destino de seu povo, como o das demais nações.

E, nesse contexto – hoje incomensuravelmente mais sofisticado na definição de políticas e de ambições de poder, do que nos tempos primitivos – os candidatos são menos preparados que, em face dos desafios da época, era a classe dirigente primitiva. O poder, hoje, obtém-se independentemente da aptidão do candidato, de sua competência, de seu talento ou de sua habilidade. Os estadistas continuam raros e vicejam os políticos e os burocratas – ou, no dizer de Tofler –, os integradores do poder, formatados por mestres da publicidade e marketing.

É nesta perspectiva, portanto, que a manutenção da ordem social – sempre tripartida em governantes, produtores de riqueza e povo – dá suporte e nutre o poder como nutrira, no curso da História. O tributo, torna-se, portanto, o mais relevante instrumento de domínio, desde o alvorecer da sociedade organizada.

(...)

Enfim, por enquanto, o tributo é ainda uma norma de rejeição social, com destinação maior à manutenção dos detentores do poder, e grande instrumento de exercício do poder por parte destes, com alguns efeitos colaterais positivos a favor do povo, quando há algum retorno de serviços públicos. Por enquanto serve mais aos detentores e aos seus amigos do que aos produtores de riqueza e ao povo. No futuro, todavia, a globalização da economia poderá levar a ter uma função social maior, não por mudança do perfil dos governantes, mas por força da necessidade de sobrevivência.

Partindo da concepção de que o tributo é preponderantemente um instrumento de domínio dos governantes, dissociado mais profundamente de um caráter social, defende o ilustre doutrinador o caráter de norma de rejeição social da imposição tributária:

> O tributo, como o quer Paulo de Barros Carvalho, é uma norma de rejeição social. Vale dizer, sem sanção não seria provavelmente cumprida. A sanção é que assegura ao Estado a certeza de que o tributo será recolhido, visto que a carga desmedida que implica traz, como conseqüência, o desejo popular de descumpri-la.[223]

Na mesma linha, a obra de Pascal Salin, que considera a arrecadação dos tributos um ato coativo de força, mesmo juridicamente legitimado, que visa financiar um aparato estatal injustificável, uma vez que não haveria sentido a pretensão de que o Estado possa redistribuir os recursos econômicos, pretensamente de maneira eficaz e justa, já que isto seria contrário à própria natureza humana, que pressupõe a liberdade de cada um de buscar o que considera como um "bem", a qual não pode ser limitada ou cerceada pelo conceito sem significado de interesse público.

---

[223] MARTINS, Ives Gandra da Silva. Teoria da imposição tributária. *In*: MARTINS, Ives Gandra da Silva (coord.). *Curso de direito tributário*, v. 1, p. 14.

É ilustrativa do pensamento do citado professor de ciências econômicas a seguinte passagem:[224]

> Como cualquier outra acción estatal el sistema tributario introduce en la vida de las persona y en las relaciones entre los ombres el factor de fuerza. Esto se traduce por la confiscación autoritária y la malversación de los recursos que pertenecen a quienes los há creado, o a quienes los han recebido por medio de una donación. La acción estatal consiste em quitarles sus bienes y servicios algunos indivíduos, para dárselos a ellos mismos o a otros.
>
> (...)
>
> Por eso, el sistema tributario atenta forzosamente contra la liberdad de que cada cual cree su próprio futuro. Despreciando algo tan importante como el tiempo, grava una parte del presente que se puede fácilmente classificar, medir y controlar: el nível de renta, el importe de los salarios pagados por la empresa, el capital que se posee, etc.; pero ignorando el passado y futuro de cada uno: ?cómo se han obtenido, a qué los piensar dedicar, de qué forma esán unidos estos recursos a la personalidad de quien los ha creado?

Essa concepção parte de uma visão negativa do Estado, mais adequada ao Estado Liberal (que buscava proteger o indivíduo contra o Leviatã), e da tributação, que estaria, única e exclusivamente, fundamentada no poder de império do Estado.[225]

Efetivamente, em épocas anteriores, notadamente no Absolutismo e no Liberalismo, o cumprimento do dever de recolher tributos se fundava privativamente na necessidade em si de conservação do Estado, de modo que não se encontrava um fundamento ético ou moral para o dever de recolher tributos, que, por isso, ancorava-se unicamente na autoridade soberana que o estabelecia. Com o advento do Estado Social e sua evolução para o Estado Democrático de Direito, porém, o referido dever fundamental foi dotado de um conteúdo de solidariedade, uma vez que se configura em um instrumento

---

[224] SALIN, Pascal. *La Arbitrariedad Fiscal*. Barcelona: Ediciones Internacionales Universitarias, 1992, p. 183/184.

[225] Vítor Faveiro sintetiza as causas que levam a essa concepção negativa da tributação, da qual discorda frontalmente: "O carácter unilateral do imposto, a invisibilidade da aplicação da receita tributária, a violência com que em tempos era exercido a tributação, a dscricionaridade com que o é ainda em muitos casos, a autoridade aparente com que é controlado e cobrado o imposto, e a ausência total de qualquer acção formativa da consciencilização cívica, jusnaturalística e sociológica do dever de contribuir são, entre tantos outros, caracteres e elementos causais de um ambiente geral e tradicional de mentalidades que se radicaram ao longo dos tempos em todos os participantes da fenomenologia e das instituições tributárias: a da autonomia ou mesmo da antinomia entre o poder e o dever; a de autoridade e por vez discricionaridade como fundamento e justificação das imposições; a concepção de que a tributação é uma situação de luta e não de consenso; a de que ao Estado não cabe, sequer, o dever de formar o cidadão como tal, designada e especialmente como sujeito passivo da relação tributária. (FAVEIRO, Vítor. *O Estatuto do Contribuinte – A pessoa do contribuinte no Estado Social de Direito*, p. 120)

imprescindível para a política econômica e, principalmente, social do Estado.[226]

Parte o argumento da equivocada convecção de que a riqueza privada é criada sem qualquer contribuição do Estado, que simplesmente retira coativamente uma parcela do patrimônio do particular, para usar, e defende-se que na verdade malversar, no financiamento do seu aparato. Ocorre que, conforme será mais desenvolvido adiante, a riqueza privada e a economia de mercado se sustentam na garantia dada pela ordem jurídica estatal e pelo seu poder império, que garante a prevalência do direito de propriedade individual em face dos demais; bem como do próprio financiamento do Estado, historicamente voltado, principalmente, para os grandes empreendimentos industriais e financeiros.

A compreensão do fundamento solidário e social é de suma importância para a configuração do grau de aceitação social da tributação. Inegavelmente, a atitude do contribuinte perante o dever fiscal é determinante tanto para estabelecer a eficácia das normas fiscais impositivas como para fiscalizar e influir (por exemplo, em formas de orçamento participativo) na forma de emprego e gestão dos valores arrecadados.[227]

A norma tributária, como qualquer outra norma jurídica, requer um componente de adesão popular para se tornar eficaz e, mesmo, legítima, sendo que uma visão negativa do sistema tributário contribui para uma atitude evasiva dos contribuintes.

Vinculada a tributação a fins de justiça social e fundamentada no sentimento de solidariedade, inegavelmente, ela terá um componente ético e, mesmo, de necessidade prática que permita maior grau de aceitação por parte dos contribuintes.

Essa questão é abordada por Cristina Pauner Chulvi, tendo como base a configuração do dever de recolher tributos na Consti-

---

[226] "Así pues, como se ha señalado de forma acertada, el deber de tributación para el sostenimiento de los gastos públicos 'pase del ámbito de la individualización de la carga suportada por cada contribuyente, con el pago de sus impuestos y de la evaluación particular del beneficio que obtiene del Estado, a un marco más amplio, definido por el deber de solidariedad política, económica y social, que la Constitución garantiza a lo largo de su entramado jurídico-promocional'. En consecuencia, debemos resaltar que al principio de solidaridad se le concede un lugar central en el sistema de valores de nuestra Constitución, no sólo desde el punto de vista territorial, sino también en las relaciones entre los ciudadanos, por eso, es lógico que el deber de tributación sea una manifestación de dicho principio. Se ha configurado de esta forma el deber de tributación como una manifestación del principio de solidariedad que subyace en los valores fundamentales del ordenamiento constitucional." (DORADO, Francisco García. *Prohibición constitucional de confiscatoriedad y deber de tributación*, p. 37).

[227] CHULVI, Cristina Pauner. *El deber constitucional de contribuir al sostenimiento de los gastos públicos*, p. 71.

tuição espanhola, aplicando-se também, como análise, à realidade brasileira:

> El principio de solidaridad puede, por tanto, erigirse como valor que inspira el modo en el que el deber de contribuir se ejecuta en relación a y con respeto de los valores que inspiran el Estado social y democrático de Derecho que consagra nuestra Constitución: solidariamente. Gracias a ello, el deber de contribuir al sostenimiento de los gastos públicos se beneficia de una influencia "cuasi-ética" o, mejor, de justicia, en primer lugar, en el sentido de que los ciudadanos saben que con sus contribuiciones económicas están permitiendo el mantenimiento y la supervivencia de un Estado de que, a sua vez, obtienen determinados servicios y, en segundo lugar, este sentimiento social de justicia se ve aumentado por la función redistributiva que constitucionalmente se exige del sistema tributario en el art. 31.2.CE, generando un sistema de cooperación social basado en el principio de solidaridad.[228]

Contudo, tanto o grau de aceitação do dever de recolher tributos como a sua configuração como dever de cidadania estão intimamente ligados à forma como está estruturada a tributação. Somente um sistema fiscal que esteja vinculado a parâmetros de justiça na repartição do ônus de solidariedade (configurado no efetivo desenvolvimento do princípio da capacidade contributiva) e que se desenvolva com respeito aos limites do poder de tributar e aos direitos tributários dos contribuintes pode ser considerado como decorrência de um dever fundamental baseado na solidariedade e na condição de cidadania.

A repulsa à tributação pelos contribuintes pode-se dar por motivos exclusivamente egoístas, baseados no desejo de acumular o maior montante de riqueza possível, desprovido de qualquer senso de dever ou responsabilidade social. Mas também pode-se dar por motivos inerentes ao próprio sistema fiscal e à análise crítica que dele fazem os contribuintes.

Essa questão, pertinente à chamada "moralidade tributária", foi abordada com propriedade por Klaus Tipke. O jurista alemão elenca quatro razões relacionadas à moral tributária que "justificam" o descumprimento das leis tributárias por parte dos contribuintes: a) porque consideram as leis injustas ou inconstitucionais; b) porque outros sujeitos se evadem ao pagamento de impostos de maneira constante (o que tem repercussão até mesmo no campo da concorrência); c) porque consideram que o Estado esbanja ou aplica mal os recursos arrecadados; e d) porque não entendem as leis tributárias ou não sabem cumprir perfeitamente as suas obrigações, sejam as principais ou as acessórias.

---

[228] CHULVI, Cristina Pauner. *El deber constitucional de contribuir al sostenimiento de los gastos públicos*, p. 73.

As questões levantadas por Tipke se referem a fatores inerentes à estrutura do sistema fiscal que realmente afetam a adesão dos contribuintes ao dever de recolher tributos e à sua configuração como dever de cidadania.

Com relação às posturas do cidadão perante a tributação, Tipke[229] apresenta interessante classificação dos contribuintes, que pode ser assim sintetizada:

• *Homos oeconomicus* – pensa apenas em sua conveniência econômica e não reconhece nenhum dever moral em sua conduta e acha lícito tudo aquilo que o beneficia (é a clássica postura egoísta de maximação da riqueza, mesmo sabendo o próprio contribuinte que necessita do seu Estado para a sua vida, mas este de qualquer jeito será financiado pelos demais contribuintes – raciocina).

• *El chanalero* – reconhece que necessita do Estado e de suas prestações, mas considera que este gasta mal os recursos e oferece serviços mínimos. Raciocina, com base nesse fato, que também pode contribuir o mínimo possível. Muitos destes contribuintes vinculam a justiça da tributação a uma contraprestação do Estado equivalente ao que contribuem. Ou seja, descartam totalmente o caráter social e redistribuidor de renda do Estado Democrático de Direito.

• *El malhumorado* (o mal-humorado) – por estar desgostoso com a política do Estado, raciocina que deve contribuir o menos possível, como forma de não compactuar com o estado de coisas com a qual não concorda.

• *El liberal* (o liberal) – partidário do liberalismo, entende que a tributação é uma limitação de sua liberdade. Tende a não enxergar uma contraprestação estatal à sua contribuição, o que lhe serviria de fundamento para pagar o menos possível (o que pode-se dar via evasão fiscal ou pelo caminho legalista do planejamento tributário).

• *El elusor legalista* (o elisor fiscal) – normalmente, não tece considerações sobre a justiça ou não do sistema fiscal. É, antes de tudo, um prático; busca apenas se aproveitar dos benefícios fiscais e das brechas e interpretações das leis tributárias para pagar o menor volume de tributos possível.

• *El inexperto* (o ignorante fiscal) – que não domina a legislação fiscal ou conta com uma assessoria fiscal que, muitas vezes, recolhe menos do que devia por puro erro no momento de identificar o fato gerador ou quantificar a obrigação tributária.

• *El sensible ante la justicia fiscal* (o sensível à justiça fiscal) – que defende a justiça tributária e se escandaliza com as muitas desigualdades fiscais e, em particular, com benefícios fiscais imotivados que beneficiam determinados setores (que normalmente possuem poder de pressão política). Muitos destes buscam no sentimento de injustiça fiscal a legitimidade para o descumprimento da lei fiscal.

A classificação apresentada por Tipke é interessante ao listar diversas formas de postura do cidadão perante o dever de recolher tributos e demonstrar como a forma de estruturação do sistema fiscal influi na adesão a esse dever. Com efeito, a atual crise do sistema fiscal decorre em muito da crise de identidade do contribuinte para com

---

[229] TIPKE, Klaus. *Moral tributaria del Estado y de los contribuyentes*, p. 112-121.

o seu dever tributário decorrente dos problemas operacionais, abusos e, mesmo, ilegalidades em sua efetivação. Mas não se pode negar também que a evasão fiscal decorre, em muitos casos, do simples desejo egoísta de enriquecimento e do chamado "capitalismo selvagem", que busca a todo o custo e sem a menor preocupação social catalisar os lucros.

Não se pretende aqui analisar os problemas que têm levado os tributaristas, políticos e contribuintes a propalar que o sistema tributário (em diversos países, mas principalmente no Brasil) se encontra em crise e precisa de reformas urgentes. De forma apenas enumerativa, pode-se citar como alguns desses problemas o aumento da carga fiscal (decorrente não só do aumento das atribuições do Estado, mas, em muitos países, dos constantes déficits fiscais e do endividamento interno e externo), o crescente poder colocado na administração fiscal, que leva, em muitos casos, à insegurança jurídica e a abusos, e a luta contra a evasão fiscal.

Mas a melhor compreensão do fundamento do dever de recolher tributos, como dever fundamental de cidadania calcado no princípio da solidariedade, tanto por parte tanto dos contribuintes como do Estado, pode em muito contribuir para a melhora do sistema tributário.

Os contribuintes, desde que tomem maior consciência do seu *status* de cidadania fiscal e do fundamento do dever de contribuir, poderão assumir uma postura de adesão a esse dever (por entenderem que este tem uma função importante no Estado Democrático de Direito), bem como buscar influir democraticamente na forma de aplicação dos recursos, com a cobrança no âmbito político de uma prática de poder que se ajuste aos objetivos do Estado previstos no texto constitucional e os efetive.

A maior participação do conjunto da sociedade no processo decisório, que deve ser uma das marcas do Estado Democrático de Direito, é importante no que se refere à cidadania fiscal, uma vez que o sentimento sobre o destino dos recursos influi decisivamente na adesão social do dever de recolher tributos. Para tanto, o destino das receitas tributárias deve ser decidido pela sociedade, por intermédio da lei orçamentária anual e de institutos de participação direta, como os chamados "orçamentos participativos", isso claro, num espaço democrático e transparente.[230] No Brasil, contudo, tem-se que caminhar muito no que se refere à participação democrática da sociedade no processo decisório político, o que se explica pela nossa pouca expe-

---

[230] WEISS, Fernando Lemme. *Justiça tributária*. As renúncias, o código de defesa dos contribuintes e a reforma tributária, p. 22.

riência histórica com a democracia. Quanto mais os contribuintes tiverem a percepção de que a tributação, além de ser justa e repartida entre todos, proporciona realmente a melhoria das condições sociais, maior será a sua aceitação da tributação e menores os índices de evasão fiscal.

Liam Murphy e Thomas Nagel[231] argumentam de forma bastante pertinente que "Na verdade, os impostos são cobrados em vista de um objetivo, e todo o critério adequado de justiça tributária deve levar em conta esse objetivo. O que importa não é se os impostos – considerados em si – são cobrados justamente, mas se é justa a maneira global pela qual o governo trata os cidadãos – os impostos cobrados e os gastos efetuados".

Nesse sentido é a doutrina de Vítor Faveiro, que se propõe a contribuir para a criação de uma verdadeira personalidade de contribuinte e de cidadania tributária. Partindo da realidade social de um verdadeiro *status* de contribuinte, inerente e inato à qualidade da pessoa humana, ressalta o doutrinador a necessidade de que torne esta ciente e consciente de sua posição e qualidade fulcral na ordem tributária, reconhecendo-se inserido nesta como elemento ativo e responsável. Nesse contexto, forma-se um novo tipo cultural-social, o cidadão-contribuinte, vinculado ao exercício desse dever-direito, no qual o dever fundamental de recolher tributos se encontra vinculado à integridade dos princípios constitucionais tributários.[232]

Com relação ao Estado, este deve, por força de determinação constitucional, estruturar o sistema tributário nos limites instituídos pela Constituição e com o inafastável respeito aos direitos consagrados aos contribuintes, bem como rigorosamente, aplicar os valores arrecadados na busca dos objetivos e fundamentos do Estado, no caso brasileiro, especificamente elencados nos arts. 1º e 3º da Lei Maior. Assim o fazendo, estará confirmando o caráter de cidadania do dever fundamental de recolher tributos e tirando qualquer justificativa "moral" para que se pratique qualquer forma de evasão fiscal.

Ou seja, a cidadania fiscal é uma construção constante e dinâmica, de importante conotação social para efetivação do Estado Democrático de Direito, sendo que, para tanto, os contribuintes e o Estado têm uma parcela de responsabilidade.

Por isso, concordamos com Klaus Tipke quando afirma que a maioria dos cidadãos sabe que necessita do Estado e que o Estado

---

[231] MURPHY, Liam, NAGEL, Thomas. *O Mito da Propriedade*, p. 36.

[232] FAVEIRO, Vítor. *O Estatuto do Contribuinte – A pessoa do contribuinte no Estado Social de Direito*, p. 17.

necessita da arrecadação tributária para cumprir suas funções. Mas, para que a tributação se aperfeiçoe e permita maior justiça fiscal, é imprescindível que o próprio sistema fiscal seja baseado na moralidade tributária e nos específicos princípios constitucionais.[233]

3.3.3. O *dever fundamental de recolher tributos como viabilizador dos direitos fundamentais*

A visão negativa do dever de recolher tributos, bastante disseminada em amplos setores da sociedade, está centrada no argumento de que o tributo é uma ingerência do Estado na esfera de liberdade do indivíduo, via redução do âmbito do seu direito fundamental à propriedade privada.[234]

Tal visão parte do pressuposto de que os direitos fundamentais são totalmente independentes do Estado, sendo inerentes à condição humana. Contudo, a evolução da teoria dos direitos desmente essa concepção, demonstrando que a eficácia dos direitos fundamentais está diretamente vinculada à forma de organização e atuação do aparato estatal. E quanto maior a evolução do Estado em termos de status democrático e capacidade de atuação positiva na vida social maior é a capacidade e a oportunidade de se fazer valer efetivamente os direitos de cidadania.

A partir do pós-guerra, o âmbito de concretização dos direitos se amplia, ultrapassando os conceitos clássicos da cidadania liberal (direitos civis e políticos), para o aprofundamento dos chamados "direitos de segunda geração" (direitos sociais, culturais e econômicos

---

[233] "La renovación moral del contribuyente sólo será possible cuando la se introduzca de nuevo en las leyes tributarias y la Justicia tributaria no quede ya como algo marginal. Un ordenamiento tributario moralmente renovado es algo distinto de un ordenamiento coactivo para la imposición de leyes que utilizam diversas varas de medir. Tras una renovación moral del ordenamiento tributario podría llevarse a cabo una labor de formación de la opinión pública que difundiera de nuevo el sentir de que una conducta moral generalizada de los ciudadanos sería buena para todos; la idea de que los impuestos son necesarios para el establecimiento de servicios públicos que el individuo no puede conseguir por sí solo y son imprescindibles para que la vida en común se desarrolle civilizadamente". (TIPKE, Klaus. *Moral tributaria del Estado y de los contribuyentes*, p. 123).

[234] Vítor Faveiro, ao criticar a concepção negativista da fiscalidade, que concebe a tributação como uma situação de opressão e não de consenso conclama: "a necessidade de uma mudança radical da mentalidade de todos os participantes desta instituição natural e essencial à vida colectiva e à realização integral da pessoa humana, como ser social; do legislador, do político, do administrador, do juiz, do advogado, do professor, do contribuinte. Com uma radical inversão da consideração na ordem dos valores, pois que é do contribuinte, como qualidade e caracterização sociológica da pessoa humana, que têm de partir e tem de decorrer toda a linha do circuito fenomelógico a que chamamos fiscalidade." (FAVEIRO, Vítor. *O Estatuto do Contribuinte – A pessoa do contribuinte no Estado Social de Direito*, p. 122).

vinculados às relações de produção, ao trabalho, à educação, à cultura e à previdência), "direitos de terceira geração" (vinculados a relações de solidariedade e fraternidade social, como os direitos ao desenvolvimento, à paz, à propriedade sobre o patrimônio comum, à comunicação e ao meio ambiente) e "direitos de quarta geração" (exemplo dos direitos à democracia, informação e ao pluralismo).

A prevalência da ótica dos direitos fundamentais tem levado a se relegar a segundo plano nos campos doutrinários e do discurso social a questão dos direitos fundamentais.

Ao mesmo tempo, o individualismo contemporâneo, marca da sociedade ultracapitalista, que fomenta necessidades artificiais a serem buscadas pelos indivíduos, como forma de impulso ao mercado, inculta no cidadão a supervalorização do seu campo de direitos assegurados – principalmente, os direitos à propriedade privada e à livre iniciativa.

Nesse contexto, o Estado se torna um mal necessário, mas que deve ser reduzido a escala mínima e, primordialmente, voltado a assegurar a eficácia dos sobreditos direitos. E, paradoxalmente, a sociedade maximiza suas exigências perante o Poder Estatal, que deve fomentar e viabilizar os mais diversos interesses, inclusive o do grande capital, que busca meios de financiamento e de garantias de reserva de mercado.

De forma cômoda, relega-se fortemente o campo dos deveres fundamentais, principalmente em sociedades profundamente desiguais, como a brasileira. Pode-se afirmar, no que se refere ao exemplo brasileiro, que quanto maior o poder de exigência de eficácia dos seus direitos maior a resistência dos indivíduos e das organizações ao cumprimento de seus deveres, que também decorrem do texto constitucional.

Tal contexto é muito bem percebido por Gregório Robles:[235]

> Um fato social palpável é que na sociedade de nossos dias o sentimento de dever é obscuro, com frequência parece extinto, enquanto o seu oposto, o sentimento reivindicativo, alcança maiores cotas de intensidade. Sob um ponto de vista ético esse fenômeno se traduz em um decréscimo de solidariedade e em uma justificação do hedonismo.
>
> (...)
>
> Como já se assinalou antes, nossa sociedade perdeu o sentido do dever. Essa afirmação constitui, evidentemente, um exagero se tomada ao pé da letra, pois a sociedade está formada por indivíduos, e não se discute o fato de que continuam existindo

---

[235] ROBLES, Gregório. *Os Direitos fundamentais e a Ética na Sociedade Atual*. São Paulo: Manole, 2005, p.18.

indivíduos com forte sentido do dever. O que a afirmação pretende chamar a atenção sobre um fenômeno global da sociedade atual, em geral, as pessoas se sentem, sentimo-nos, portadores de direito que todos devem reconhecer, e, ao mesmo tempo, dificilmente pensamos que pesam sobre nós mais deveres que aqueles necessários a tornar nossa vida mais cômoda e interessante.

Inegavelmente, é muito conveniente a diversos interesses a demonização do Estado e, principalmente, dos deveres a ele vinculados, notadamente o de recolher tributos.

A partir do discurso de que a valorização dos deveres é marca dos regimes totalitários, dissemina-se no caldo de cultura a concepção de que os deveres cívicos seriam, em verdade, mecanismos de ingerência do Estado na vida do individuo.

Faz parte deste pré-concebido discurso ideológico a exteriorização da visão de que o indivíduo não precisa do Estado para viabilizar a sua vida e o funcionamento da sociedade. Esse tipo de argumentação toca notadamente as classes médias, que se sentem lesadas pela má qualidade de diversos serviços públicos, o que o sujeita a substituí-los pelos fornecidos pelo mercado privado, como educação e saúde. Partindo-se desse pressuposto, o pagamento de tributos se tornaria uma forma pura e simples de confisco, já que não haveria retorno para o contribuinte na transferência de parte de sua renda aos cofres públicos.

É patente o equívoco de tal visão, já que o dever de pagar tributos, mesmo com as ineficiências crônicas do Estado brasileiro, é instrumento imprescindível para a garantia dos direitos fundamentais do cidadão.

A sociedade deve evoluir em sua concepção de cidadania, que não pode ficar limitada à esfera de exigência e gozo dos seus direitos civis. Da mesma forma que há muito ainda a se construir no Brasil na garantia do exercício dos direitos fundamentais a todos os cidadãos, tendo em vista a notória dificuldade da grande maioria em fazê-los valer, também se deve lutar para que o cumprimento dos deveres fundamentais seja uma realidade para todos. Infelizmente, é realidade o fato de que ainda hoje os mais bem situados socialmente são os mais relutantes a esse cumprimento, com o que contam com a condescendência do aparato estatal.

A defesa do dever fundamental de pagar tributos não é feita de forma cega e ingênua. Pelo contrário. O pagamento de tributos deve ter como contrapartida a atuação responsável e bem gerenciada do Poder Público, que, obrigatoriamente, deve utilizar os recursos no estrito interesse da sociedade, visando ao cumprimento dos objetivos determinados pelo texto constitucional. Qualquer desvio ou malversação dos recursos deve ser duramente punido pelas autoridades competentes, com a responsabilização pessoal daqueles que os deram causa. A sociedade possui mecanismos jurídicos, como as ações civis públicas e a ação popular, para cobrar a correta utilização dos recursos públicos, bem como a punição de todos aqueles que malversam esses recursos.

Argumenta com propriedade Arion Sayão Romita:[236]

> Onde há responsabilidade, surge em contrapartida a exigibilidade do cumprimento dos deveres inerentes à função social exercida. Se os tributos são arrecadados para possibilitar o cumprimento de tarefas que lhe incumbem como devedor das prestações sociais, o Estado há de dar conta destinação adequada dos recursos tributários, em primeiro lugar mediante o planejamento realista e eficiente de políticas públicas destinadas à satisfação dos referidos direitos; em segundo lugar, pela distribuição orçamentária dos recursos, na verdade escassos, mas que devem tornar-se suficientes em face da conjuntura econômica; em terceiro lugar, pelo cumprimento das obrigações daí decorrentes, mediante aplicação escorreita das verbas orçamentárias.
>
> Se o Estado falhar no cumprimento desses deveres, qualquer que seja a faceta pela qual eles se apresentam, a responsabilidade desponta. O inadimplemento de qualquer dessas obrigações acarreta a responsabilidade do Estado, abrindo espaço para a postulação em juízo do respectivo cumprimento.

O tributo se constitui na principal fonte de financiamento estatal e, por isso, é pressuposto indispensável para que haja condições para a garantia dos direitos fundamentais e para que o Estado tenha condições de atuar positivamente na redução das desigualdades sociais e na busca da construção de uma sociedade mais justa e igualitária.

Já a desvinculação entre os direitos e os deveres fundamentais enfraquece a construção da sociedade cidadã, não só pela redução da capacidade de investimento do Estado, como também pela criação de um ambiente propício à disputa entre os diversos grupos sociais de maior espaço para os seus direitos ou para aqueles que julga possuir, sem que se faça o contraponto se está ocorrendo a devida contrapartida no cumprimento dos seus deveres jurídicos.

A negligência com relação ao dever fundamental de recolher tributos acaba por, indevidamente, justificar a sonegação e a fraude fiscal, como sendo uma pseudoforma de defesa do "indefeso" agente econômico em face do Estado "voraz e opressor". Em verdade, a vítima dessa prática é o restante da sociedade, formada por cidadãos e empresas cumpridores dos seus deveres, que acabam tendo que suportar as suas nefastas consequências, via aumento da carga tributária,

---

[236] ROMITA, Arion Sayão. Função Social do tributo. In: *O tributo: reflexão multi disciplinar sobre a sua natureza*. Ives Gandra da Silva Martins (coord.). Rio de Janeiro: Forense, 2007, p. 400.

e também da burocracia fiscal, que se torna cada vez mais complexa, com o objetivo de coibir e identificar a sonegação.

A doutrina moderna vem evoluindo no estudo da correlação entre os direitos assegurados pela ordem jurídica e o cumprimento dos deveres fundamentais por parte dos cidadãos.

Entre os estudiosos que se dedicam a esse tema, destacam-se os americanos Cass Sunstein e Stephen Holmes, autores da obra paradigmática "The cost of rigthts",[237] analisada com profundidade pelo professor Flávio Galdino, em seu livro "Introdução à Teoria dos Custos dos Direitos".[238]

Não é objetivo deste estudo analisar as citadas obras, cuja leitura é indicada a todos aqueles que se interessam pela correlação entre direitos e deveres fundamentais. Por isso, busca-se apenas uma síntese do raciocínio jurídico que exteriorizam, no contexto do tema que se busca desenvolver.

Conforme define com precisão Flávio Galdino, a teoria desenvolvida pelos juristas americanos centra-se no entendimento de que não existem direitos exclusivamente negativos, mesmos os de liberdade civil, já que todos demandam alguma forma de prestação estatal positiva. Assim, a presença real e eficaz do Estado é elemento indispensável para que quaisquer dos direitos juridicamente assegurados aos cidadãos sejam reconhecidos e efetivados.[239]

A partir desse raciocínio, os autores demonstram que não existe, na realidade, a incompatibilidade entre os direitos liberais, como o de propriedade privada e o da livre iniciativa, e o dever de recolher tributos. Muito pelo contrário, é a atuação do Estado, ou, pelo menos, a possibilidade real de isso ocorrer se necessário, a qual é viabilizada pela arrecadação fiscal de recursos, que permite a efetividade do direito de propriedade privada e a existência e funcionamento do mercado livre.

Bem ilustrativa a seguinte passagem:[240]

> Sunstein e Holmes argumentam que não existe propriedade privada sem a ação pública, sem prestações estatais positivas. Na verdade, a expressão "respeito a propriedade", enquanto dever negativo do Estado, conduz a uma compreensão equivocada do fenômeno. Para os autores, o Estado não reconhece simplesmente a propriedade; o Estado verdadeiramente cria a propriedade.

---

[237] Cambridge: Havard Univesity Press. 1999.

[238] GALDINO, Flávio. *Introdução à Teoria dos Custos dos Direitos*: Direitos não nascem em árvores. Rio de Janeiro: Lumen Iuris, 2005.

[239] Idem, p. 203-204.

[240] Idem, p. 207-208.

O direito de propriedade depende de um arsenal normativo de criação contínua e perene por parte de agentes políticos, em especial juízes e legisladores (trata-se, portanto, à toda evidência, de uma prestação fática). Ademais a proteção ao direito de propriedade depende diariamente da ação de agentes governamentais, como sejam, por exemplo, bombeiros e policiais. Todos os agentes antes referidos, de soldados-bombeiros a senadores da República, passando pelos magistrados, são mantidos (e pagos!) pelo Erário Público, com recursos levantados a partir da tributação imposta pelo Estado, consubstanciando o seu trabalho em uma prestação inequivocamente fática e manifestamente pública – principalmente: positiva – indispensável à configuração e manutenção daquele direito de propriedade.

Assim, é possível concluir que o direito de propriedade – clássico direito de liberdade, tido como tipicamente negativo – é estrondosamente positivo. Criado e mantido diuturnamente pela incansável atuação estatal.

A sociedade capitalista moderna, notadamente, exige um complexo aparato jurídico-estatal que permita o desenvolvimento e a garantia do ambiente de estabilidade necessário ao desenvolvimento das atividades econômicas.

Os direitos à propriedade privada e a livre iniciativa somente existem devido à existência da estrutura estatal, que reconhecendo a sua importância, se utiliza do arcabouço jurídico e do monopólio da força, para impor a sua observância a todos os membros da coletividade.

O reconhecimento de que os direitos fundamentais estão indissociavelmente vinculados aos deveres fundamentais, principalmente o de recolher tributo, é imprescindível para que a cidadania seja compreendida em seu aspecto mais amplo.

A ampliação da gama de direitos a que os cidadãos fazem jus, cumulada com a evolução da tecnologia, aumenta a responsabilidade do Estado e a amplitude de sua atuação. Entretanto, os recursos econômicos para fazer frente a essas obrigações são escassos e provenientes de poucas fontes, sendo a fiscal a principal.

O direito à assistência médica é bastante relevante para exemplificar esse tipo de análise. Com a evolução da técnica médica e da tecnologia vinculada, aumentaram-se substancialmente as modalidades de tratamento e de cirurgias à disposição dos profissionais da saúde. Ao mesmo tempo, majoraram-se os custos de tais tratamentos, já que exigem equipamentos caros e de última geração, além de profissionais altamente qualificados.

O cidadão brasileiro tem assegurado constitucionalmente o acesso amplo à saúde. Cabe ao Estado propiciar esse acesso, seja por meio de hospitais, clínicas e postos de saúde próprios ou do financiamento do atendimento privado via ressarcimento via Sistema Único de Saúde (SUS). Mas não como se negar o desafio de não apenas suportar os custos desse sistema, mas também de se gerenciar a ampla e complexa rede, que envolve União, Estados, Municípios e particulares. O fato do SUS ter graves problemas e ainda não propiciar plenamente o acesso a saúde pública de qualidade, não pode servir de fundamento para a oposição, pura e simples do dever de contribuir. O status de cidadania impõe ônus, como o de contribuir para os gastos públicos, e também o do exercício efetivo das prerrogativas asseguradas constitucionalmente, que demandam a participação de todos na fiscalização da administração pública, e exigência do cumprimento das determinações constitucionais.

3.3.4. Relação entre o fundamento do dever de recolher tributos e o princípio da capacidade contributiva no Estado Democrático de Direito

O dever fundamental de recolher tributos se encontra fundamentado no Estado Democrático de Direito pelo princípio da solidariedade social, integrando o *status* da cidadania. Sua formatação deverá ser efetuada obrigatoriamente, tendo em vista os valores e os princípios exteriorizados pelo texto constitucional. O dever de recolher tributos está inserido no Estado Democrático de Direito, devendo ser interpretado tendo em vista os valores superiores que informam o texto constitucional. É dizer, esse dever exige uma interpretação pelo modelo de Estado configurado no texto constitucional, que determina que se realize uma série de mandatos e princípios, com a utilização dos instrumentos previstos pelo ordenamento, entre eles o sistema tributário.

A sua adequada caracterização, nesse sentido, deve partir dos preceitos constitucionais que consagram o dever de tributação. A análise, portanto, pressupõe o disposto no parágrafo único do art. 145 da Constituição Federal, que determina que os impostos deverão, sempre que possível, ter caráter pessoal e ser graduados segundo a capacidade econômica do contribuinte (positivação do princípio da pessoalidade e do princípio da capacidade contributiva), e nos princípios constitucionais tributários da legalidade, da igualdade e da vedação de confisco previstos nos incisos do art. 150. Esses princípios formam o núcleo do valor de justiça no sistema tributário[241] tal qual estruturado no texto constitucional.

---

[241] Partindo das premissas de Francisco García Dorado, pode-se conceituar como sistema tributário o conjunto coerente de tributos inspirados em princípios comuns e que constituem um meio adequado para que os cidadãos cumpram o seu dever tributário e que seja instrumento

Dessa forma, o dever fundamental de recolher tributos deve ser exigido mediante um sistema tributário justo, inspirado no valor superior de Justiça. O sistema tributário justo demandado pela Constituição brasileira pressupõe a repartição da carga tributária efetuada mediante a efetividade dos princípios que consagra. Essa repartição justa da carga tributária deve ser analisada por dois prismas; o primeiro, exigir do conjunto dos contribuintes uma carga tributária global justa; e segundo, exigir a repartição individual justa desta carga. Ressalte-se que ambas as dimensões da tributação estão relacionadas entre si.[242]

Portanto, o princípio da capacidade contributiva pode ser considerado como informador da qualidade de justo do sistema tributário (lógico que juntamente com os demais princípios constitucionais tributários). Mais do que isso, é o parâmetro constitucional de fixação do dever fundamental de recolher tributos, sendo medida do dever de cidadania e solidariedade.

A própria consecução do princípio da capacidade contributiva, todavia adquire feição própria no Estado Democrático de Direito, uma vez que serve de critério ou de instrumento não só de concretização dos direitos fundamentais individuais (quais sejam, igualdade, propriedade e vedação de confisco),[243] mas também dos direitos sociais previstos na Constituição e da tarefa interventora e redistributiva do Estado na ordem social e econômica, crescendo de importância a relação entre a capacidade contributiva e a extrafiscalidade.

Nesse sentido, ressalta Misabel Derzi:

> O princípio da capacidade contributiva não pode mais ser interpretado a luz de uma concepção de um Estado de Direito ultrapassado e abstencionista. Ao contrário. A Constituição de 1988 tende à concreção, à efetividade e à consagração de princípios

---

apto para satisfazer os fins constitucionais. (GARCÍA DORADO, Francisco. *Prohibición constitucional de confiscatoriedad y deber de tributación*, p. 47)

[242] "Assim, se o contributo para os fins da sociedade tem por objecto a cedência, a esta de uma parte de tais bens ou valores econômicos por cada indivíduo, obviamente que a cedência individual de tais valores tem de ser diferente de indivíduo para indivíduo, em termos de justiça distributiva, em proporcionalidade da relação de tais disponibilidades; ou mesmo até, mais ou menos, do que proporcionalmente se ocorrerem razões sociais para que se exceda o âmbito e medida da proporcionalidade. É esse sentido e sentimento de justiça, objecto de juízos de valor, pela colectividade, quanto à distribuição do contributo social entre os indivíduos, que constitui o princípio da capacidade contributiva, que, tendo natureza e base social, constitui, para o legislador tributário, um limite e condição para o estabelecimento de qualquer imposto; e para o aplicador ou controlador da lei, um dos pontos essenciais da sua interpretação, como elemento componente do pressuposto legislativo." (FAVEIRO, Vítor. *O Estatuto do Contribuinte – A pessoa do contribuinte no Estado Social de Direito*, p. 148).

[243] TIPKE, Klaus. *Moral tributaria del Estado y de los contribuyentes*, p. 689.

autoaplicáveis, obrigatórios não apenas para o legislador, como também para o intérprete e aplicador da lei.[244]

Com toda razão, a citada jurista propugna que o princípio da capacidade contributiva deve ser interpretado em face dos valores e objetivos do ordenamento jurídico. No caso brasileiro, sua interpretação somente pode ocorrer tendo em vista a configuração do Estado Democrático de Direito efetuada pelo texto constitucional.

Classicamente, a capacidade contributiva é conceituada como a aptidão que possuem os cidadãos para contribuir para o sustento dos gastos públicos em face da riqueza econômica que detêm.[245] Ocorre que no Estado Democrático de Direito o referido princípio, tal qual o dever de recolher tributos, encontra fundamento no princípio da solidariedade, que lhe dá conteúdo e perfil próprio.

Parte-se, portanto, do pressuposto clássico de que a capacidade contributiva é o critério de repartição da carga tributária por excelência. Contudo, sua feição atual, determinada pelas características do Estado Democrático de Direito, não é a mesma que possuía, por exemplo, no Estado Liberal clássico. Isso ocorre em consequência das diferentes concepções do princípio da igualdade e do fundamento da tributação que caracterizam cada uma dessas formas de Estado.

No que se refere ao seu fundamento, no Estado Democrático de Direito se pode afirmar que a medida do justo, no que se refere à tributação, encontra-se vinculada à solidariedade e ao interesse geral. Conforme leciona Pedro Herrera Molina,[246] o interesse geral se configura no conjunto de condições e bens sociais necessários para o pleno e livre desenvolvimento da pessoa humana. Consoante dispõe a Constituição brasileira (como os demais textos constitucionais que se enquadram no moderno Estado Democrático de Direito), cabe à organização político-estatal fomentar e garantir a existência desses bens e condições, sendo esse o desiderato maior de sua existência.

Para cumprir essas funções e alcançar os seus objetivos, o Estado, necessariamente, deve disponibilizar não só serviços públicos mas também atuações positivas de natureza econômico-social, tais como subvenções e seguros sociais. Como não poderia deixar de ser, essas

---

[244] TIPKE, Klaus. *Moral tributaria del Estado y de los contribuyentes*, p. 689.

[245] Neste trabalho trabalhamos com o conceito de capacidade contributiva (ou econômica), nos termos da precisão definição de Tipke: "[...] el principio de capacidad econômica debe definirse así: "todos deben pagar impuestos con arreglo al importe de su renta, en la medida en que está exceda del mínimo existência y no deba utilizarse para atender obligaciones particulares de carácter ineludible". (TIPKE, Klaus. *Moral tributaria del Estado y de los contribuyentes*, p. 35)

[246] HERRERA MOLINA, Pedro. *Capacidad econômica y sistema fiscal* – Análisis del ordenamiento español a luz del derecho alemán, p. 92.

atividades geram um gasto público, a ser suportado pela sociedade mediante o cumprimento do dever de contribuir. Mas o que fundamenta tanto esse dever como a própria forma que será repartido?

No Estado Liberal clássico, o fundamento da capacidade contributiva estava alicerçado nas denominadas "teoria do benefício" ou "teoria da equivalência". Consoante explana Marciano Seabra de Godoi,[247] "segundo essa teoria, contratualista e característica dos albores do liberalismo e econômico, os tributos devem ser repartidos entre os contribuintes de acordo com o benefício que os mesmos representam para cada contribuinte".

Com base nessa teoria, a justiça na tributação estaria privilegiada mediante a imposição por meio da qual cada contribuinte colaborasse na arrecadação de recursos pelo Estado na proporção dos benefícios que obtivesse com a atividade estatal (mediante obras, serviços ou prestações públicas). Ou seja, haveria proporcionalidade entre o montante da contribuição do contribuinte e os gastos do Estado a ele pertinentes.[248]

Essa concepção se adequava à ideologia do Estado Liberal clássico e à sua concepção da relação Estado-sociedade-cidadão. Em sua leitura do contrato social, ressaltava a relação contraprestacional na qual o Estado desempenhava suas funções clássicas de proteção dos direitos individuais e da propriedade e os cidadãos, por sua vez, contribuíam na medida e proporção em que receberiam do Estado os serviços e benefícios referentes a essas funções. Parte-se nesse caso de uma visão individualista que não contempla o aspecto redistributivo da função estatal. A tributação estruturada consoante a teoria do benefício não contribui para a redistribuição de renda, não tendo o componente da solidariedade social.

No paradigma do Estado Democrático de Direito, não tem sentido um sistema impositivo baseado na "contraprestação" por benefícios como expressão de um interesse puramente individual. Pelo contrário, essa forma de Estado demanda um sistema tributário que corresponda à exigência do caráter social da natureza humana corporificado no princípio da solidariedade. Reconhece-se atualmente que o pleno desenvolvimento da pessoa humana e o combate às desigualdades sociais não podem ser efetuados de forma individual, sendo tarefa inerente ao Estado, mediante a colaboração de todos. Para tanto, o cidadão tem de cumprir sua responsabilidade perante o bem comum,

---

[247] GODOI, Marciano Seabra de. *Justiça, igualdade e direito tributário*, p. 190.

[248] CONTI, José Maurício. *Princípios tributários da capacidade contributiva e da progressividade*, p. 15-16.

mediante o respeito ao seu dever de contribuir, que será concretizado em decorrência de sua capacidade econômica. Em outras palavras, o princípio da solidariedade exige a contribuição de todos diante do interesse geral, sendo esse o fundamento do princípio da capacidade contributiva.[249]

Pedro Herrera Molina se posiciona no sentido de que

> [...] el principio de solidaridad exige una colaboración al interés general en función de la riqueza de que se disponga, con independencia del "sacrificio" subjetivo que esto suponga y da "utilidad" que se perciba de los servicios públicos. La capacidad económica constituye la proyección del principio de la solidaridad sobre el reparto de las cargas públicas.[250]

A capacidade contributiva assume no Estado Democrático de Direito características próprias que o fundamentam e integram-lhe conteúdo. A referida forma de Estado, dado o seu caráter social, é necessariamente intervencionista nas ordens social e econômica. Nesse contexto, a tributação deixa de ser simples forma de arrecadação do Estado, passando a ter uma importante função como instrumento de realização da justiça. Para cumprir essa função, de forma respeitante aos princípios da igualdade e da justiça tributária, o sistema fiscal vale-se do princípio da capacidade contributiva para distribuir a carga fiscal, onerando aqueles economicamente mais favorecidos e também para balizar a sua utilização de forma extrafiscal.[251]

A tributação moderna é um importante instrumento da política do Estado, principalmente a econômica e a social. Assim, a política fiscal cada vez mais está vinculada ao projeto de sociedade exteriorizado pela Constituição Federal, estando o tributo fundamentado no dever de solidariedade e sendo crescente a sua utilização com objetivos não arrecadatórios.

A doutrina, porém, discute até que ponto o princípio da capacidade contributiva deve ser observado quando o objetivo da tributação

---

[249] Klaus Tipke ao dissertar sobre o conteúdo da capacidade contributiva assim se manifesta com relação ao seu fundamento: "O princípio da capacidade contributiva não investiga o que o Estado e a comunidade podem fazer pelo cidadão isolado, senão o que o cidadão isolado, com base em sua capacidade contributiva, pode fazer pelo seu Estado e sua comunidade. Não se aplica o princípio do imposto *per capita* ou da equivalência: o que vale é o princípio segundo o qual a carga de impostos, aliás a carga total de impostos, com todos os impostos, deve crescer conforme aumenta a renda ou o lucro." (TIPKE, Klaus. Sobre a unidade da ordem jurídica tributária. *In*: SCHOUERI, Luís Eduardo; ZILVETI, Fernando Aurélio (coord.). *Direito tributário* – Estudos em homenagem a Brandão Machado, p. 65).

[250] HERRERA MOLINA, Pedro. *Capacidad econômica y sistema fiscal* – Análisis del ordenamiento español a luz del derecho alemán, p. 94.

[251] GRUPENMACHER, Betina Treiger. A reforma tributária e a afronta aos direitos fundamentais. *Revista Fórum de Direito Tributário*, n. 5, p. 42.

não for simplesmente arrecadatório, mas estiver vinculado a outro desiderato de cunho extrafiscal e intervencionista.

Joxe Mari Aizega Zubillaga, em obra específica sobre a utilização extrafiscal dos tributos, defende que:

> [...] la capacidad económica solamente se aplica como criterio de justicia tributaria en los impuestos fiscales y, en absoluto, en la utilización extrafiscal del tributo. Los tributos con fines extrafiscales no se rigen pelos mismos principios que los impuestos fiscales que tienen un objetivo recaudatorio. Por tanto, no es aplicable el principio de capacidad económica.[252]

Ou seja, para essa corrente doutrinária haveria incompatibilidade entre a tributação extrafiscal e o princípio da capacidade contributiva, que não teria qualquer aplicabilidade no que se refere a tributos dessa natureza.

Todavia, entendemos que a posição que defende uma radical incompatibilidade entre capacidade contributiva e extrafiscalidade não é correta. Mas, de outro lado, também não se afigura pertinente a defesa da aplicação do referido princípio da mesma forma no que se refere aos tributos de caráter fiscal e extrafiscal. Esse entendimento, em verdade, implica a própria negação da existência de uma tributação com objetivos que superem os de arrecadação. Ora, conforme já exposto, a utilização da tributação como instrumento de intervenção do Estado e de combate das desigualdades sociais é uma característica marcante do Estado Democrático de Direito, nos termos em que estruturado constitucionalmente, não podendo ser desconsiderado.

Na realidade, nenhuma das duas posições, seja a que nega a aplicação do princípio da capacidade contributiva aos tributos extrafiscais, seja a que defende sua aplicação a estes da mesma forma que incide sobre os tributos arrecadatórios, parece ser mais adequada e condizente com a feição que a tributação assume no Estado Democrático de Direito.

Assim, primeiramente, concordamos com Werther Botelho quando afirma que mesmo um tributo com finalidade mista ou extrafiscal não pode gravar atos que não sejam representativos de uma certa capacidade econômica, real ou potencial.[253]

Realmente, o princípio da capacidade contributiva informa também os tributos extrafiscais por dois motivos preponderantes: a) o dever fundamental de recolher tributos no Estado Democrático de Direito está fundamentado no princípio de solidariedade – compondo a

---

[252] ZUBILLAGA, Joxe Mari Aizega. *La utilización extrafiscal de los tributos y los principios de justicia tributaria*, p. 142.

[253] SPAGNOL, Werther Botelho. *Da tributação e sua destinação*, p. 120.

condição de cidadania, este dever pressupõe a capacidade do cidadão de contribuir solidariamente para o desenvolvimento da sociedade, ou seja, o cidadão deve ter condições para tanto, o que somente a exteriorização de alguma potencialidade econômica pode comprovar; e b) de outro lado, o princípio da capacidade econômica funciona nesse caso também como um limite, pois, em nosso entendimento, mesmo a tributação extrafiscal está adstrita aos limites do princípio do não confisco ou do mínimo-existencial.[254]

De outro lado, também fazemos coro a Marciano Seabra de Godoi no sentido de que a tributação extrafiscal, com seus vários objetivos e princípios informadores, muitas vezes, se choca com o princípio da capacidade contributiva, mas desse choque não decorre a derrogação da capacidade contributiva.[255] Ou seja, no caso concreto, haveria a ponderação de princípios (consoante a teoria de Alexy, abordada com profundidade na obra do jurista citado neste parágrafo), entre eles o da capacidade contributiva.

Ou seja, a capacidade contributiva, no caso, não é totalmente afastada, mas balanceada com outros princípios que informam a tributação extrafiscal. Aplicam-se, para tanto, o princípio da razoabilidade e o da proporcionalidade, corporificados na cláusula do *substantive due substantive process of law*, mediante os quais é feito um sopesamento entre meios e fins da situação particular em face dos princípios constitucionais.

No caso da tributação extrafiscal, portanto, pode ocorrer uma mitigação ou adaptação do princípio da capacidade contributiva mediante o seu sopesamento com os outros princípios e objetivos que determinaram a exação concreta no momento analisada. Em síntese, é a efetividade do texto constitucional, mediante uma análise proporcional entre meios e fins, que irá legitimar a tributação extrafiscal, já que esta, geralmente, tem objetivos que não se adaptem à aplicação da capacidade contributiva tal qual está se apresenta nos tributos arrecadatórios. De outro lado, conforme ressalta José Marcos Domingues de Oliveira, a finalidade distributiva da extrafiscalidade corresponde ao conteúdo igualitário do princípio da capacidade contributiva, con-

---

[254] Um exemplo disso é a tributação sobre o cigarro. Nesse caso, a tributação é agravada com um fim extrafiscal de desestimular o seu consumo, haja vista os seus efeitos sobre a saúde. Contudo, esta não pode ser elevada a tal patamar a ponto de tornar inviável a sua exploração econômica. Ter-se-ia nesse contexto uma tributação extrafiscal confiscatória, o que não se afigura como constitucional. Caso o governo pretendesse proibir a venda desse produto, que o fizesse expressamente via lei, e não pela via transversa da tributação. Ou seja, mesmo a tributação extrafiscal está limitada, pelos princípios do não confisco e do mínimo-existencial, intimamente ligados ao da capacidade contributiva.

[255] GODOI, Marciano Seabra de. *Justiça, igualdade e direito tributário*, p. 215.

correndo uma e outra para a promoção do desenvolvimento socioeconômico harmonioso, conforme a exigência constitucional da justiça social.[256]

Outra questão a ser ressaltada é que, conforme já exposto, o dever fundamental de recolher tributos no Estado Democrático de Direito pressupõe que o sistema fiscal seja estruturado de forma que se respeitem rigorosamente os princípios constitucionais tributários e os direitos dos contribuintes.

Assim, o princípio da capacidade contributiva informa a justiça tributária no Estado Democrático de Direito também mediante o respeito do mínimo-existencial, que, a nosso ver, é um desenvolvimento do seu conteúdo. Nesse sentido, cite-se Emilio Cencerrado Millán:

> El mínimo exento constituye una consecuencia lógica de la tributación conforme a la capacidad contributiva, siempre que la misma haya sido entendida como capacidad económica apta para la contribución. Desde esta perspectiva debe afirmarse que no toda capacidad economía constituye capacidad contributiva, sino que, como afirma Forte, ésta "comienza donde la riqueza no está ya destinada a las necesidades mínimas de la vida".[257]

Foge ao objetivo deste trabalho analisar de forma aprofundada o instituto do mínimo-existencial, tal qual as diversas correntes sobre o seu fundamento e aplicabilidade. Interessa tão somente que este, como decorrência lógica do princípio da capacidade contributiva, informa o dever fundamental de recolher tributos no Estado Democrático, sendo o limite que somente quando ultrapassado permite reconhecer o nascimento do dever de solidariedade do cidadão. Em verdade, enquanto o cidadão não tiver ultrapassado o nível de riqueza econômica que configura o mínimo-existencial este fará jus à prestação social a que o Estado está vinculado, e não ao recolhimento de tributos (especificamente no que se refere à tributação da renda e à propriedade, uma vez que estará invariavelmente vinculado aos tributos indiretos sob o consumo).

Uma grande questão prende-se a como se identifica efetivamente esse limite mínimo de riqueza a partir do qual surge a capacidade contributiva. Nesse sentido, Misabel Derzi,[258] ao buscar o fundamento do instituto do mínimo-existencial no princípio da capacidade contributiva relativa, dispõe:

> A capacidade econômica somente se inicia após a dedução das despesas necessárias para a manutenção de uma existência digna para o contribuinte e sua família. Tais

---

[256] OLIVEIRA, José Marcos Domingues. *Capacidade contributiva* – Conteúdo e eficácia do princípio, p. 118.

[257] MILLÁN, Emilio Cencerrado. *El mínimo exento en el sistema tributario español*, p. 30.

[258] *In*: BALEEIRO, Aliomar. *Limitações constitucionais ao poder de tributar*, p. 693.

gastos pessoais obrigatórios (com alimentação, vestuário, moradia, saúde, dependentes, tendo em vista as relações familiares e pessoais do contribuinte, etc.) devem ser cobertos com rendimentos em sentido econômico – mesmo no caso dos tributos incidentes sobre o patrimônio e heranças e doações – que não estão disponíveis para o pagamento de tributo.

Partimos, então, da lição da citada jurista para definir como mínimo-existencial aqueles recursos econômicos estritamente necessários à manutenção de uma vida digna para o cidadão e sua família.[259] Portanto, o mínimo-existencial constitui um requerimento de justiça tributária, uma vez que ante a ausência de riqueza ou sua presença em grau insuficiente não há o surgimento do dever fundamental de recolher tributos, por falta do pressuposto básico que lhe sirva de fundamento e, correlativamente, determine o seu surgimento válido e compulsório em face dos titulares daquela riqueza.

No desenvolvimento dessa concepção, ressalte-se que o princípio da capacidade contributiva no Estado Democrático de Direito se relaciona com o princípio da justiça, porque se converte em instrumento viabilizador para que o Estado Social cumpra sua função redistributiva, posto que ele não constitui unicamente meio de contribuição para o sustento dos gastos públicos, mas também como critério para a sua aplicação.

Melhor explicando, o princípio da capacidade contributiva, normalmente, é aplicado na repartição da carga tributária entre os contribuintes. Contudo, é instrumento válido também para operacionalizar a justa distribuição dos benefícios sociais pelo Estado.

O Estado, em cumprimento à sua cláusula social, distribui diversos benefícios sociais visando ao combate das desigualdades sociais. Entretanto, também essa distribuição há de ser feita de forma justa e tendo em vista a igualdade material. Por esse motivo, a distribuição e a repartição dos bens sociais pelo Estado deverá se efetuada tendo em vista a capacidade econômica de seus cidadãos. Quanto menor disponibilidade econômica tiverem os sujeitos, maior deve ser a sua participação nos benefícios sociais que o Estado distribui. Assim, pode-se dizer que a "incapacidade econômica" dos cidadãos é o critério da distribuição dos benefícios sociais pelo Estado.

---

[259] Emilio Cencerrado Millán, em sua obra sobre o instituto do mínimo-existencial, identifica a sua consagração no texto constitucional brasileiro no inciso IV do art. 7º, que dispõe: "Art. 7º São direitos dos trabalhadores urbanos e rurais, além de outros que visem à melhoria de sua condição social: [...] IV – salário mínimo, fixado em lei, nacionalmente unificado, capaz de atender a suas necessidades vitais básicas e às de sua família com moradia, alimentação, educação, saúde, lazer, vestuário, higiene, transporte e previdência social, com reajustes periódicos que lhe preservem o poder aquisitivo, sendo vedada a sua vinculação a qualquer fim." (MILLÁN, Emilio Cencerrado. *El Mínimo Exento en el sistema tributario español*. Madrid: Marcial Pons, 1999, p. 29).

Neste ponto, ressalvamos que não estamos trabalhando com um conceito de Estado paternalista. O Estado Democrático de Direito pressupõe a autorresponsabilidade do cidadão na angariação do próprio sustento, desde que este tenha a capacidade de obter um nível de existência digno para si e para sua família. O Estado trabalha em dois campos sociais: a) o daqueles que por condições indiferentes à sua vontade (como enfermidades e abandono, no caso de crianças, e idosos) não têm a possibilidade de se manter pelas próprias forças, dependendo da atuação positiva do Estado para tanto; e b) o daqueles que necessitam do Estado para que lhes sejam dadas as condições de buscar o sustento. Neste caso, inserem-se, por exemplo, os sistemas de educação pública e o seguro-desemprego, que permite ao cidadão desempregado se manter até conseguir uma nova colocação.

Exatamente nessa concepção de extrafiscalidade exposta e tendo em vista a relação entre o dever fundamental de recolher tributos e o Estado Democrático de Direito (notadamente no seu caráter redistributivista), entendemos que o sistema fiscal adquire as características de uma tributação centrada no patrimônio ou capital e na progressividade.

Com efeito, nesse contexto estará justificada uma tributação fortemente focada no capital ou patrimônio. Conforme ressalta Casalta Nabais,[260] a exigência de uma justiça distributivista capaz de compensar os déficits de justiça provocados pela justiça cumulativa própria do sistema capitalista reclama a diminuição das desigualdades de rendimentos e de patrimônio, o que fundamenta a sua tributação substantiva.

Não se está defendendo uma "penalização" do capital ou do patrimônio, mas tão somente que se ajuste o grau de riqueza auferido ou acumulado à tributação suportada. Não só para a manutenção do aparato estatal, mas principalmente para a viabilização da função social e redistributivista do Estado. No caso, relevam-se de importância as contribuições sociais (dada a sua destinação social de índole constitucional). Com pertinência, Werther Botelho afirma que no Estado Democrático de Direito passa-se "a inferir a função das contribuições como instrumento viabilizador de recursos para a garantia de efetiva outorga e fruição dos direitos sociais pelo cidadão".[261]

Outro aspecto da tributação no Estado Democrático de Direito é a necessidade de sua vinculação com mais ênfase na progressividade. A capacidade contributiva como medida do dever de solida-

---

[260] NABAIS, José Casalta. *O dever fundamental de pagar impostos*, p. 576.
[261] SPAGNOL, Werther Botelho. *As contribuições sociais no direito brasileiro*, p.150.

riedade demanda que sejam gravados de forma mais acentuada os rendimentos mais altos e os patrimônios maiores. Mesmo no caso dos tributos em que a progressividade não seja expressamente prevista no texto constitucional brasileiro (como é o caso do imposto de renda e do imposto sobre a propriedade territorial urbana), sua aplicação está fundamentada no princípio da solidariedade e na capacidade contributiva material.

Portanto, o dever fundamental de recolher tributos, fundado no princípio de solidariedade, pressupõe a existência de efetiva capacidade contributiva (resguardado o mínimo-existencial). O fundamento desta também se ajusta ao Estado Democrático de Direito, adaptando-se à tributação extrafiscal e funcionando como critério de distribuição das prestações sociais pelo Estado.

3.4.5. O dever fundamental de recolher tributos e a extrafiscalidade

Característica marcante do sistema fiscal no Estado Democrático de Direito é o seu emprego com finalidade extrafiscal. Em outras palavras, neste marco a imposição de deveres tributários aos cidadãos não é orientada exclusivamente para a obtenção de ingressos para financiar os gastos públicos, podendo buscar por intermédio desta a proteção e o desenvolvimento de outros bens constitucionalmente relevantes.

O texto constitucional que consagra essa forma de Estado institui certos fins e objetivos a que o aparato estatal está vinculado para garantir e viabilizar, bem como certas medidas a adotar para tanto. No Estado Democrático de Direito, a chamada "cláusula social" prescreve objetivos que devem ser alcançados mediante a atuação do Estado (na Constituição brasileira, o art. 3º determina os objetivos que pautam a República e o art. 6º, os direitos sociais assegurados aos cidadãos). Além dos objetivos efetivamente sociais, o Estado Moderno tem tarefas importantes a cumprir em outras áreas, tais como a economia, a cultura e o meio ambiente.

A Constituição brasileira, sendo um texto moderno que incorporou a influência de outros textos constitucionais, como o espanhol, o italiano e o alemão, encontram-se previstas diversas áreas de atuação positiva do Estado. Assim, além dos objetivos previstos no art. 3º e dos direitos sociais previstos no art. 6º (saúde, trabalho, moradia, lazer, segurança, previdência social, proteção à maternidade e à infância e assistência aos desamparados), são campos que demandam a atuação efetiva do Estado, dentre outros: a educação (art. 205), a cultura (art. 215), o desporto (art. 217), o desenvolvimento tecnológico (art. 218) e o meio ambiente (art. 225).

Para cumprir esses objetivos, o Estado necessita de recursos, os quais serão obtidos, preponderantemente, mediante a imposição tributária, que consiste no fundamento clássico do dever fundamental de recolher tributos.

Ocorre que no Estado Democrático de Direito o tributo, além da função arrecadatória, é desenvolvido como instrumento de obtenção de certos fins constitucionais, sendo meio de intervenção do Estado em áreas específicas da vida social. Essa função é mais nítida e desenvolvida na esfera econômica, em que o tributo é importante elemento para a consecução dos objetivos da política econômica do Estado. Entretanto sua utilização extrafiscal vem sendo desenvolvida em outras áreas, por exemplo, na chamada "tributação ambiental".

O Estado, nesse contexto, assume nítido papel promocional dos diferentes setores que conformam a vida de um país, visando a uma série de objetivos socialmente desejáveis. O Direito atual, por sua vez, não se limita tão somente a normas de condutas e de proteção dos direitos dos cidadãos, mas também trabalha com normas e técnicas tendentes a estimular e desestimular certos comportamentos. Em outras palavras, por meio do ordenamento jurídico o Estado efetua a busca de estímulos capazes de produzir os comportamentos que considera desejáveis.[262]

E o tributo, conforme já ressaltado, efetivamente, tem uma grande propriedade de estimular e desestimular certos comportamentos, tendo essa função ressaltada no Estado Democrático de Direito.

Esses objetivos constitucionalmente previstos estão vinculados à busca do bem comum. Por esse motivo, também se enquadram no princípio da solidariedade, entendido como a conjunção de esforços orientados a prover o interesse geral da sociedade. Isso leva a que o fundamento do dever fundamental de recolher tributos também no caso dos tributos extrafiscais se vincule ao dever de solidariedade. Tanto que o tributo extrafiscal somente será instituído de forma válida se realmente se direcionar à busca de objetivos constitucionais e se apresentar como razoável e proporcional na análise de meios e fins. Pode-se afirmar que o dever tributário que se impõe ao cidadão com finalidade extrafiscal será legítimo se observar dois limites.

---

[262] ZUBILLAGA, Joxe Mari Aizega. *La utilización extrafiscal de los tributos y los principios de justicia tributaria*, p. 54.

Primeiro, a imposição deve estar amparada em outros critérios e objetivos constitucionais. Ou seja, que esta tenha sido instituída para o atingimento de fins que não sejam arrecadatórios, mas que também estejam previstos constitucionalmente, como são, por exemplo, o de preservação do meio ambiente e do patrimônio cultural.

Segundo, os objetivos extrafiscais que o fundamentam e sua forma de obtenção, não podem atentar contra o núcleo essencial da capacidade econômica. Em outras palavras, a instituição do dever de recolher um tributo extrafiscal deverá, obrigatoriamente, observar os limites do mínimo-existencial e do não confisco.[263]

Nessa concepção, a finalidade do tributo é relevante em sua configuração, uma vez que na tributação extrafiscal a capacidade contributiva deixa de ser preponderante e se elevam outros princípios de justiça tributária e outros objetivos constitucionais que não o arrecadatório a um primeiro plano, como fundamento da imposição.

Por essa postura, sem renunciar à função tradicional do tributo e a sua vinculação à capacidade contributiva, enxerga-se o tributo conjugado com o resto do ordenamento jurídico e subordinado a outros princípios e fins instituídos constitucionalmente.

Concordamos nesse sentido com Joxe Mari Zubillaga, para quem o referido entendimento:

> [...] supone aceptar que el tributo además de tener una finalidad básica, la recaudatoria, es un instrumento jurídico-constitucional al servicio de los valores constitucionales, como el resto del ordenamiento jurídico. La diferente finalidad del tributo condicionará que el legislador se fundamente o no, en el principio de capacidad contributiva a la hora de crear y estructurar un tributo. Es el papel de protagonista único que la capacidad contributiva ha julgado entre los principios de justicia tributaria el que debe ser matizado, dejando que otros principios constitucionales actúen como fundamento de la tributación.[264]

A tributação extrafiscal tem finalidades a cumprir, relacionadas com objetivos e finalidades constitucionais. Seja quando o tributo produz consequências que levam ou facilitam o cumprimento de fins constitucionalmente reconhecidos, seja quando produz a arrecadação de valores que, integrados, servem para financiar gastos e serviços públicos que trabalham na consecução dos fins referidos.

Portanto, o dever fundamental de recolher tributos no Estado Democrático de Direito fundamenta-se também na busca de fins que

---

[263] CHULVI, Cristina Pauner. *El deber constitucional de contribuir al sostenimiento de los gastos públicos*, p. 166.

[264] ZUBILLAGA, Joxe Mari Aizega. *La utilización extrafiscal de los tributos y los principios de justicia tributaria*, p. 69.

não somente os arrecadatórios, atuando como instrumento de intervenção do Estado na busca do combate das desigualdades sociais e da distribuição de renda. Sendo que o tributo extrafiscal está fundamentado, obrigatoriamente, em um objetivo de interesse público que busca alcançar, e não exclusivamente no princípio da capacidade contributiva.

Contudo, mesmo o fundamento em objetivos constitucionais não dá ampla discricionariedade na instituição de tributos extrafiscais, que devem ser razoáveis e proporcionais numa análise de meios e fins e se enquadrarem nos limites dos princípios do mínimo-existencial e do não confisco.

Considerações finais

A análise específica do dever fundamental de recolher tributos no Estado Democrático de Direito pressupõe a prévia abordagem de questões adjacentes, mas imprescindíveis, tais como a dos deveres fundamentais e a da evolução do referido dever em correlação com a da forma de organização do Estado.

No primeiro capítulo, foi abordado o tema dos "Deveres Fundamentais", com destaque para o fato de que estes não têm sido analisados pela doutrina, nacional e estrangeira com a mesma frequência e profundidade com que é abordada a questão dos "Direitos Fundamentais".

A prevalência do tema dos "Direitos Fundamentais" é explicada pela própria trajetória do constitucionalismo moderno, que se consolidou como instrumento não só de estruturação do Estado, como também de garantia dos direitos do cidadão em face do poder estatal, que em muitos momentos da História desaguou no campo da opressão e do autoritarismo.

A moderna doutrina constitucional, contudo, vem ressaltando a importância dos "Deveres Fundamentais" como normas veiculadoras de deveres jurídicos do cidadão, decorrentes da sua posição na estrutura social e do papel que desempenham nela. Nesse contexto, albergam em seu conteúdo normativo valores imprescindíveis à comunidade, que pode exigir o cumprimento deles, em alguns casos, diretamente, ou, na maioria das vezes, por intermédio do Estado.

Os "Deveres Fundamentais", sendo normas que exteriorizam valores albergados pelo texto constitucional, com função própria e de relevo na organização do Estado e da sociedade, constituem categoria constitucional própria. Relacionam-se intensamente com os direitos fundamentais, uma vez que ambos constituem o estatuto jurídico do indivíduo e que não há como assegurar a efetividade deles sem o cumprimento dos deveres consagrados constitucionalmente.

Contudo, para analisar a atual configuração do dever de recolher tributos, um dos clássicos deveres fundamentais ao lado do de defesa da pátria, foi necessária a abordagem de sua evolução histórica, que partiu do princípio de que existe uma profunda relação entre a política vigente em cada momento histórico e a forma de tributação adotada. Não só com relação à sua estrutura jurídica e procedimental, mas, principalmente, no que se refere à forma como os destinatários do dever de tributação o encaram, o absorvem e o cumprem.

Como a tributação trabalha com dois princípios fundamentais da vida em sociedade – a liberdade e a propriedade – a sua evolução acompanha a evolução da organização estatal no sentido de desenvolver o *status* de cidadania com a garantia de direitos fundamentais.

Pode-se dizer, nesse sentido, que a evolução do tributo das sociedades antigas até o Estado de Direito foi no sentido de sua publicização. Ou seja, deixou de ser cobrado por meio de uma relação de domínio (como a relação entre escravos e conquistadores no Império Romano e de reis-senhores e súditos-vassalos no feudalismo e absolutismo) para se constituir numa relação eminentemente jurídica no Estado Liberal de Direito.

Nesse momento, o fundamento do dever de recolher tributos sofreu notável transformação. O tributo passou a se fundamentar não mais em vínculos de sujeições impostos pela religião ou pela tradição, para se alicerçar na vontade dos cidadãos. Não se contribuía mais para a glória de Deus ou do príncipe, mas para a consecução dos fins atribuídos ao Estado. É um ônus decorrente do contrato social, sendo um dever inerente à condição de cidadão. Se a tributação é um ônus inafastável, de outro lado, é limitada, não podendo ser exercida de maneira a oprimir as liberdades individuais. O tributo assume, assim, caráter instrumental, de meio vinculado aos fins estatais, que, por sua vez, estão determinados e limitados pelos direitos fundamentais do homem.

Pode-se afirmar, então, que o dever de recolher tributos, efetivamente, recebe os contornos que o caracterizam na modernidade a partir do Estado de Direito Liberal, no qual se consolida como meio por excelência de recursos públicos, mas respeitados os limites dos direitos individuais, que se encontravam a salvo de interferência estatal. Os referidos direitos estavam sintetizados nos princípios da segurança jurídica e da igualdade (formal) da tributação.

A tributação, como os demais deveres fundamentais, insere-se nos contextos ideológico, político e jurídico do Estado Liberal, caracterizados pela mínima ingerência dos poderes públicos na esfera individual de liberdade. Nesse momento, o fundamento do dever de recolher tributos se alicerça exclusivamente na necessidade de viabilizar a manutenção da estrutura estatal. Com a prevalência do direito de propriedade, a Fazenda Pública se orienta para o sentido da neutralidade, repudiando qualquer interferência da tributação sobre a economia e o exercício das prerrogativas da cidadania.

Ocorre que, por diversos fatores de ordem política e econômica, o Estado Liberal clássico entrou em crise após o advento dos dois conflitos mundiais. Nesse momento, a doutrina liberal se mostra impotente para estancar as crises econômicas e políticas (decorrentes das novas demandas sociais e do "fantasma" do comunismo), o que determina a sua reforma e o surgimento de novas concepções de organização do Estado e da sociedade.

Surge, então, o chamado "Estado Social", marcando a mudança de paradigma com relação às funções e à forma de atuação do Estado, que passa a assumir papel preponderante na vida social em todas as suas esferas, sendo-lhe impingidas as tarefas de organizar, coordenar e, principalmente, impulsionar a atividade econômica. Mas a própria interferência do Estado na sociedade está vinculada a uma *ratio* maior, qual seja, a de diminuir as desigualdades sociais extremadas pelo sistema econômico capitalista.

Nesse contexto, o Estado Social altera a estrutura e o fundamento da tributação, que se vincula aos seus objetivos, notadamente, de combate às desigualdades sociais e de melhoria da distribuição da renda entre os cidadãos. A partir de então, desenvolve-se uma tributação fortemente centrada na capacidade contributiva, que privilegia os tributos progressivos (principalmente sobre a renda e as heranças) e que se orienta, sempre que possível e necessário, mediante considerações extrafiscais. Tem-se, portanto, uma dupla justificação para a tributação: a tradicional, de sustentar o aparato estatal; e a novel, de influir diretamente na estrutura social, contribuindo para a efetivação da equidade entre os cidadãos.

O tributo, além de ter a função primordial de arrecadar fundos que viabilizem a consecução das tarefas estatais, passa a ser utilizado como instrumento de intervenção em setores da vida social (como na economia, no meio ambiente e na estrutura familiar), tendo papel importante nas políticas de distribuição de renda.

Ou seja, ocorre nesse momento importante evolução do fundamento do dever de recolher tributos, que não se baseia mais tão somente na necessidade de disponibilizar recursos para a manutenção do Estado, mas também, e em muitos casos preponderantemente, no papel social que este desempenha como meio de combater as desigualdades sociais e de promover a redistribuição da renda nacional, providência necessária para efetivar em seu sentido material e pleno o princípio da igualdade, que caracteriza as Constituições modernas.

Altera-se a própria justificação do dever de recolher tributos. Anteriormente, a contribuição era simplesmente para "sustentar" o aparato estatal, que operava unicamente no sentido de garantir (num sentido negativo, de abstenção) os direitos individuais. A partir do advento do Estado Social, essa situação se transforma. Contribui-se doravante, também, para manter a máquina estatal garantidora de direitos "negativos" de liberdade, mas principalmente para viabilizar os direitos de liberdade positiva, de caráter político e social, que o Estado está vinculado a proporcionar a todos. E contribui-se, consoante o princípio da capacidade contributiva, não só para garantir o fruição como indivíduo desses direitos, mas também para permitir que o Estado disponibilize esses direitos para aqueles que na sociedade mais necessitam deles e menos têm condições de por si próprios a eles terem acesso.

Emerge, então, que o dever de solidariedade surge como fundamento do dever de contribuir, que não se prende mais tão somente à arrecadação, mas também se vincula à forma como os recursos são aplicados. Essa mudança de paradigma que se inicia no Estado Social traz diversas consequências, que serão aprofundadas no Estado Democrático de Direito.

Na fórmula do Estado Democrático de Direito opera-se uma síntese entre o Estado de Direito e o Estado Social. Neste, as garantias jurídicas que marcam o Estado de Direito – separação dos Poderes, legalidade (igualdade perante a lei), segurança jurídica, sufrágio universal – além dos clássicos direitos fundamentais, encontram-se conjugadas com os direitos sociais albergados pelo Estado Social e que trabalham na busca da realidade da igualdade material e justiça social.

Como produto do seu tempo, o Estado Democrático de Direito tem por desiderato e maior desafio conjugar o sistema econômico de mercado com os direitos sociais (entendidos, num sentido amplo, com a inclusão dos chamados "direitos difusos", como os das minorias e os direitos ambientais). Portanto, não é só a finalidade de promover a transformação da ordem social que caracteriza o Estado Democrático de Direito, mas também o fato de ela, obrigatoriamente, ter de se efetivar em um contexto democrático, dinâmico e pluralista, em que todas as classes sociais, ideologias políticas e interesses localizados interagem e se relacionam dialeticamente na sociedade, entendida simultaneamente como esfera pública e política.

A Constituição Federal brasileira, em seu art. 1º, define o Brasil como um Estado Democrático de Direito, sendo que nas disposições referentes aos seus fundamentos (nos incisos do art. 1º) e nos seus objetivos fundamentais (art. 3º) estão assentadas as características que dão à sua organização as características dessa forma de governo.

Com efeito, no art. 1º estão elencados os fundamentos da República que se referem à cláusula democrática, como a cidadania, o pluralismo político e a afirmação de que todo poder emana do povo, que o exerce por meio de representantes eleitos ou diretamente (parágrafo único do art. 1º). Já no art. 3º encontram-se os seus objetivos, com a configuração da cláusula social, mediante o desiderato de se construir uma sociedade livre, justa e solidária, com a erradicação da pobreza e da marginalidade e a redução das desigualdades sociais.

Conjugando as cláusulas democrática e social, o Estado Democrático de Direito pressupõe a ponderação de fins e meios, sendo que a busca dos objetivos maiores previstos pela Constituição não legitima o desrespeito dos limites e garantias do Estado de Direito. Isso traz importantes consequências no que se refere ao dever de recolher tributos, que se, de um lado, efetivamente está vinculado aos citados objetivos, não poderá efetivar a sua consecução mediante a desconsideração dos limites do poder de tributar e os direitos constitucionais dos contribuintes, uma vez que os fins não podem justificar a deturpação dos meios.

O princípio da capacidade contributiva assume maior importância e novas feições tendo em vista a configuração do dever de recolher tributos no Estado Democrático de Direito. Conjuga o referido princípio não só a função de critério e instrumento de concretização dos direitos fundamentais individuais (quais sejam, igualdade, propriedade e vedação de confisco), mas também dos direitos sociais previstos na Constituição e da tarefa interventora e redistributiva do Estado nas ordens social e econômica.

No Estado Democrático de Direito, a tributação deixa de ser mera forma de arrecadação do Estado, passando a ter importante função como instrumento de realização dos objetivos e dos valores constitucionais. Para tanto, o sistema fiscal se vale do princípio da capacidade contributiva para distribuir a carga fiscal, onerando aqueles economicamente mais favorecidos e também para balizar sua utilização extrafiscal.

Como o dever de recolher tributos se encontra centrado no princípio da solidariedade, este dever pressupõe a capacidade do cidadão de contribuir solidariamente para o desenvolvimento da sociedade. O cidadão deve, portanto, ter condições para contribuir, o que ocorre somente com a exteriorização de alguma potencialidade econômica, mesmo que se trate de tributo extrafiscal. De outro lado, o princípio da capacidade contributiva, além de parâmetro do dever de contribuir constitui seu limite, uma vez que a tributação, fiscal ou extrafiscal, está adstrita ao respeito dos princípios do não confisco e do mínimo-existencial. No que se refere ao mínimo-existencial, enquanto o cidadão contribuinte não tiver ultrapassado o nível de riqueza a este correspondente – em verdade, além de não haver a configuração do dever de contribuir – o cidadão fará jus à prestação social a que o Estado está vinculado. Por esse motivo, pode-se dizer que a "incapacidade econômica" dos cidadãos é critério para a distribuição de benefícios sociais pelo Estado.

Tendo em vista a configuração do fundamento do dever de recolher tributos e do princípio da capacidade contributiva no Estado Democrático de Direito, o sistema fiscal adquire as características de uma tributação centrada no patrimônio ou capital e de viés progressivo. Com efeito, sendo a capacidade contributiva medida do dever de solidariedade, há a demanda de que o sistema fiscal grave de forma mais acentuada e progressiva os rendimentos mais altos e os patrimônios maiores.

Uma característica marcante do sistema fiscal no Estado Democrático de Direito é o seu emprego com finalidade extrafiscal. Nesse paradigma, efetivamente, o tributo, além da função arrecadatória, é desenvolvido como instrumento de obtenção de certos fins constitucionais, sendo meio de intervenção do Estado em áreas específicas da vida social. Essa função é mais nítida e desenvolvida na esfera econômica, em que o tributo é importante elemento para a consecução dos objetivos da política econômica do Estado. Entretanto, a sua utilização extrafiscal vem sendo desenvolvida em outras áreas – por exemplo, na chamada "tributação ambiental".

A instituição de tributo de característica extrafiscal tem, portanto, a sua validade vinculada a que este trabalhe realmente na consecução dos objetivos constitucionais que justificam a sua existência (segundo uma análise de meios e fins), sendo que o tributo deve ser razoável e proporcional e respeitar os limites fixados pelos princípios do não confisco e do mínimo-existencial.

No Estado Democrático de Direito, fruto de toda uma evolução histórica das formas de organização do Estado, o dever fundamental de recolher tributos se encontra alicerçado em novas bases e assume novas características. Não perdendo a sua característica de dever fundamental, decorrente de sua inerente função arrecadadora, que permite a manutenção do aparato estatal, o referido dever assume novas funções, condizentes com os novos objetivos constitucionais, de intervenção em setores da vida social e de instrumento de combate das desigualdades sociais e de redistribuição de renda.

Seu fundamento, que outrora esteve vinculado a relações de sujeição e, mesmo de opressão, passa a se fundar no princípio de solidariedade social. No Estado Democrático de Direito, o dever de solidariedade passa a, efetivamente, compor a condição de cidadania, ao lado dos direitos fundamentais. Assim, afasta-se uma concepção excessivamente individualista e de garantia da cidadania, sendo que o indivíduo, uma vez inserido no corpo social, tem responsabilidades e deveres perante este, como o de recolher tributos (segundo a sua capacidade contributiva), para que o Estado tenha condições de cumprir os objetivos sociais a que está vinculado.

Deve-se afastar a concepção negativa da tributação como norma de rejeição social ou de opressão de direitos. Em verdade, a tributação é uma condição inafastável para a garantia e efetivação tanto dos direitos individuais como dos sociais. Portanto, o dever de recolher tributos no Estado Democrático de Direito está solidamente fundado no princípio da solidariedade social, no qual busca sua justificação e conteúdo material. Ressalve-se, contudo, que assim somente o será se a atividade tributária estiver sendo efetivada conforme os ditames constitucionais, com o respeito aos seus limites e aos direitos do cidadão-contribuinte, estando centrada no princípio da capacidade contributiva e no respeito aos demais princípios constitucionais tributários que compõem o "Estatuto do Contribuinte".

Bibliografia

ABREU, Capistrano de. *Capítulos da história colonial (1500-1800)*. São Paulo: Publifolha, 2000.
ALEXY, Robert. *Teoria de los derechos fundamentales*. Madrid: Centro de Estúdios Políticos y Constitucionales, 2002.
ANDERSON, Perry. Balanço do neoliberalismo. *In*: SADER, Emir; GENTILI, Pablo (orgs.). *Pós--liberalismo*. São Paulo: Paz e Terra, 1995.
AZEVEDO, Plauto Faraco de. *Direito, justiça social e neoliberalismo*. São Paulo: Revista dos Tribunais, 2000.
BALEEIRO, Aliomar. *Uma introdução à ciência das finanças*. Rio de Janeiro: Forense, 2002.
BENEVIDES, Maria Victoria de Mesquita. *A cidadania ativa:* referendo, plebiscito e iniciativa popular. São Paulo: Ática, 2003.
BERMEJO, Juan Manuel Pérez. *Contrato social y obediência al derecho en el pensamiento de John Rawls*. Granada: Comares.
BONAVIDES, Paulo. *Do estado liberal ao estado social*. São Paulo: Malheiros, 2001.
——. *Curso de direito constitucional*. São Paulo: Malheiros, 1994.
BUJANDA, Fernando Sainz de. *Hacienda y derecho*. Madrid: Instituto de Estúdios Politicos, 1975. v. I.
CANOTILHO, J. J. Gomes. *Direito constitucional e teoria da Constituição*. 5. ed. Coimbra: Almedina, 2001.
CARRAZZA, Roque Antonio. *Curso de direito constitucional tributário*. 7. ed. São Paulo: Malheiros, 1995.
CASANOVA, Gustavo J. Naveira. *El principio de no confiscatoriedad*. Estudio en España y Argentina. Madrid: McGraw-Hill, 1997.
CASTRO, Carlos Roberto Siqueira. *A Constituição aberta e os direitos fundamentais*. Rio de Janeiro: Forense, 2003.
CINTRA, Marcos. *Os tributos no nascimento da democracia*. Folha de São Paulo, 21/08/94.
CITTADINO, Gisele. *Pluralismo, direito e justiça distributiva*. Rio de Janeiro. Lumen Juris, 2004.
CHULVI, Cristina Pauner. *El deber constitucional de contribuir al sostenimiento de los gastos públicos*. Madrid: Centro de Estudios Políticos y Constitucionales, 2001.
COÊLHO, Sacha Calmon Navarro. *Comentários à Constituição de 1988* – Sistema Tributário. Rio de Janeiro: Forense, 1991.
——. *Curso de direito tributário brasileiro*. Rio de Janeiro: Forense, 1999.
COMÍN, Francisco. *Historia de la hacienda pública*. Europa. Barcelona: Nuevos Instrumentos Universitarios, 1996. v. I.
CONTI, José Maurício. *Princípios tributários da capacidade contributiva e da progressividade*. São Paulo: Dialética, 1997.
CONTIPELLI, Ernani de Paula. *Solidariedade Social Tributária*. Coimbra: Almedina, 2010.
COSTA, Maria Isabel Pereira da. *Jurisdição Constitucional no Estado Democrático de Direito*. Porto Alegre: Síntese: 2003.
DERZI, Misabel. *Direito tributário, direito penal e tipo*. São Paulo: Revista dos Tribunais, 1988.

———. Princípio da Igualdade no direito tributário e suas manifestações. *In*: V CONGRESSO BRASILEIRO DE DIREITO TRIBUTÁRIO. São Paulo: Editora Revista dos Tribunais, 1991.

———. *In*: BALEEIRO, Aliomar. *Limitações constitucionais ao poder de tributar*. Rio de Janeiro: Forense, 1997.

DIAZ, Elias. *Estado de derecho y sociedad democratica*. Madrid: Cuadernos para el Dialogo, 1975.

DORADO, Francisco García. *Prohibición constitucional de confiscatoriedad y deber de tributación*. Madrid: Dykinson, 2004.

ESTEVAN, Juan Manuel Barquero. *La función del tributo en el estado social y democrático de derecho*. Madrid: Centro de Estudios Políticos y Constitucionales, 2002.

FALCÃO, Raimundo Bezerra. *Tributação e mudança social*. Rio de Janeiro: Forense, 1981.

FARIAS, José Fernando de Castro. *A origem do direito de solidariedade*. Rio de Janeiro: Renovar: 1998.

FAVEIRO, Vítor. *O Estatuto do Contribuinte:* a pessoa do contribuinte no Estado Social de Direito. Coimbra: Coimbra Editora: 2002.

FERNÁNDEZ, Javier Martin; MOLINA, Pedro M. Herrera; FERNÁNDEZ, Felipe Sáez; ANTÓN, Fernando Serrano. *El mínimo personal y familiar en el impuesto sobre la renta de las personas físicas*. Madrid: Marcial Pons, 2000.

FRANCISCO NETO, João. *Sistema tributário na atualidade e a evolução dos tributos*. São Paulo: Impactus, 2008.

FRANCO, António Luciano de Souza. *Manual de finanças públicas e direito financeiro*. Lisboa: Manuais da Faculdade de Direito de Lisboa, 1974. v. I.

GALDINO, Flávio. *Introdução à Teoria dos Custos dos Direitos:* direitos não nascem em árvores. Rio de Janeiro: Lumen Iuris, 2005.

GASPARI, Elio. *A Ditadura Envergonhada*. São Paulo: Companhia das Letras, 2002.

GODOI, Marciano Seabra de. *Justiça, igualdade e direito tributário*. São Paulo: Dialética, 1999.

GODOY, Arnaldo Moraes. Notas sobre o Direito Tributário na Grécia Clássica. *Revista de Informação Legislativa do Senado Federal*, n. 142, Brasília, 1999.

———. A Tributação na História do Brasil. *Revista dos Procuradores da Fazenda Nacional*. Brasília: Consulex, junho de 2001, p. 134 a 145..

GRECO, Marco Aurélio. *Contribuições (uma figura "sui generis")*. São Paulo: Dialética, 2000.

GRUPENMACHER, Betina Treiger. A reforma tributária e a afronta aos direitos fundamentais. *Revista Fórum de Direito Tributário*. Belo Horizonte: Fórum, n. 5, 2003.

———. *Era dos extremos*. O breve século XX 1914-1991. São Paulo: Companhia das Letras, 1995.

HOBSBAWM, Eric. *Sobre história, ensaios*. São Paulo: Companhia das Letras, 1998.

HUGON, Paul. *O Impôsto*. 2. ed. Rio de Janeiro: Edições Financeiras.

HUNT, E. K. *História do pensamento econômico*. Rio de Janeiro: Campus, 1981.

JARACH, Dino. *Finanzas públicas y derecho tributario*. Buenos Aires: Abeledo-Perrot, 1996.

KELSEN, Hans. *Teoria pura do direito*. São Paulo: Martins Fontes, 2000.

———. *Teoria geral do direito e do estado*. São Paulo: Martins Fontes, 2000.

LLOSA, Mario Vargas. *Guerra do Fim do Mundo*. São Paulo: Companhia das Letras, 1999.

LOCKE, John. *Segundo tratado sobre o governo*. São Paulo: Abril Cultural, 1978.

MARTINS, Ives Gandra da Silva. Teoria da Imposição Tributária. *In*: MARTINS, Ives Gandra da Silva (coord.). *Curso de direito tributário*. Belém: CEJUP, 1993. v. 1.

———. *O tributo:* reflexão multi disciplinar sobre a sua natureza. Ives Gandra da Silva Martins (coord.). Rio de Janeiro: Forense, 2007,

MARTÍNEZ, Pedro Soares. *Manual de direito fiscal*. Coimbra: Almedina, 1990.

MARTUSCELLI, Pablo Dutra. Para uma compreensão histórica do Sistema Tributário Nacional. Trabalho publicado nos Anais do XIX Encontro Nacional do CONPEDI realizado em Fortaleza – CE nos dias 09, 10, 11 e 12 de Junho de 2010 (http://www.conpedi.org.br/manaus/arquivos/anais/fortaleza/3117.pdf).

MELLO, Celso Antônio Bandeira de. *Ato administrativo e direito dos administrados*. São Paulo: Revista dos Tribunais, 1981.

MILLÁN, Emilio Cencerrado. *El mínimo exento en el sistema tributario español*. Madrid: Marcial Pons, 1999.

MIRANDA, Jorge. *Teoria do estado e da Constituição*. Rio de Janeiro: Forense, 2002.

MOLINA, Pedro Herrera. *Capacidad econômica y sistema fiscal* – Análisis del ordenaimiento español a luz del Derecho alemán. Madrid: Marcial Pons, 1998.

MORAES, Bernardo Ribeiro de. *Compêndido de direito tributário*. Rio de Janeiro: Forense, 1996. v. 1.

MORRIS, Clarence. *Os grandes filósofos do direito*. São Paulo: Martins Fontes, 2002.

MURPHY, Liam; NAGEL, Thomas. *O Mito da Propriedade*. São Paulo: Martins Fontes, 2005.

NABAIS, José Casalta. *O dever fundamental de pagar impostos*. Lisboa: Almedina, 1998.

──. *Estudos de Direito Fiscal: por um estado fiscal suportável*. Coimbra, Almedina, 2005.

──. Algumas reflexões sobre o actual estado fiscal. *Revista Fórum de Direito Tributário*, Belo Horizonte: Fórum, n. 4, 2003.

NAVARRO, Francisco Gonzales. *El estado social y democrático de derecho*. Pamplona: Ediciones Universidad de Navarra, 1992.

OLIVEIRA, F. A. *A Evolução da Estrutura Tributária e do Fisco Brasileiro: 1889-2009*. Texto para Discussão do IPEA. Brasília, IPEA, 2010, p. 9.

──. A lógica das reformas do sistema tributário: 1966-2002 *In*: ALVES, P.; MÁRCIO P.; BIASOTO, J. G. (orgs.). *Política fiscal e desenvolvimento no Brasil*. Campinas: Unicamp, 2006.

OLIVEIRA, Fabio Corrêa Souza. *Por uma teoria dos princípios* – O princípio constitucional da razoabilidade. Rio de Janeiro: Lumen Juris, 2003.

OLIVEIRA, José Marcos Domingues. *Capacidade contributiva*: conteúdo e eficácia do princípio. Rio de Janeiro: Renovar, 1998.

PALMEIRA, Marcos Rogério. *Direito tributário versus mercado*: o liberalismo na reforma do estado brasileiro nos anos 90. Rio de Janeiro: Renovar, 2002.

PECES-BARBA, Gregorio; FERNÁNDEZ, Eusébio; ASÍS, Rafael de. *Curso de teoría del derecho*. Madrid: Marcial Pones, 2000.

PEREIRA, Ivone Rotta. *A tributação na história do Brasil*. São Paulo: Moderna, 1999.

PERES LUÑO. *Derechos humanos, estado de derecho y Constitución*. Madrid: Tecnos, 1995.

PLATÃO. A república. In: *Os Pensadores*. São Paulo: Nova Cultural, 1996.

PLAZAS VEGA, Maurício A. *El liberalismo y la teoria de los tributos*. Santa Fé de Bogotá: Temis, 1995.

ROBLES, Gregório. *Os Direitos fundamentais e a Ética na Sociedade Atual*. São Paulo: Manole, 2005.

ROIG, Rafael de Assis. *Deberes y obligaciones en la Constitución*. Madrid: Centro de Estudios Constitucionales, 1991.

ROMITA, Arion Sayão. Função Social do tributo. *In: O tributo: reflexão multi disciplinar sobre a sua natureza*. Ives Gandra da Silva Martins (coord.). Rio de Janeiro: Forense, 2007.

ROSSEAU, Jean-Jacques. O Contrato Social. *In: Os Pensadores*. São Paulo: Nova Cultural, 1996, p. 77.

SADER, Emir. *Estado, tributação e políticas sociais*. 22/12/07 (http://www.cartamaior.com.br/templates/postMostrar.cfm?blog_id=1&post_id=156).

SALIN, Pascal. *La Arbitrariedad Fiscal*. Barcelona: Ediciones Internacionales Universitarias, 1992.

SCHOUERI, Luis Eduardo. *Direito Tributário*. São Paulo: Saraiva, 2011.

──. Tributação e Liberdade. *In*: PIRES, Adilson Rodrigues; TÔRRES, Heleno Taveira (Coords.). *Estudos em Homenagem ao Professor Ricardo Lobo Torres*. Rio de Janeiro: Renovar, 2006.

SIDOU, J. M. Othon. Os tributos no curso da história. *In*: SIDOU, J. M. Othon. *Dimensão jurídica do tributo*: homenagem ao professor Dejalma de Campos. São Paulo: Meio Jurídico, 2003.

SILVA, José Afonso da. *Aplicabilidade das normas constitucionais*. 4. ed. São Paulo: Malheiros, 2000.

SPAGNOL, Werther Botelho. *As contribuições sociais no direito brasileiro*. Rio de Janeiro: Forense, 2002.

———. *Da tributação e sua destinação*. Belo Horizonte: Del Rey, 1994.

TIPKE, Klaus. *Moral tributaria del estado y de los contribuyentes*. Trad. Pedro Herrera Molina. Madrid: Marcial Pons, 2002.

———. Sobre a unidade da ordem jurídica tributária. *In*: SCHOUERI, Luís Eduardo; ZILVETI, Fernando Aurélio (coord.). *Direito tributário*: estudos em homenagem a Brandão Machado. São Paulo: Dialética, 1998.

TORRES, Ricardo Lobo. *A idéia de liberdade no estado patrimonial e no estado fiscal*. Rio de Janeiro: Renovar, 1991.

———. Solidariedade e justiça fiscal. *In*: TORRES, Ricardo Lobo (coord.). *Estudos de direito tributário*: homenagem à memória de Gilberto de Ulhôa Canto. Rio de Janeiro: Forense, 1998.

———. *Os direitos humanos e a tributação* – Imunidades e isonomia. Rio de Janeiro: Renovar, 1999.

VARSANO, Ricardo. *A evolução do Sistema Tributário Brasileiro ao longo do século*: anotações e reflexões para futuras reformas. (www.ipea.gov.br/pub/td/td0405.pdf)

WEISS, Fernando Lemme. *Justiça tributária*. As renúncias, o código de defesa dos contribuintes e a reforma tributária. Rio de Janeiro: Lumen Juris, 2003.

ZUBILLAGA, Joxe Mari Aizega. *La utilización extrafiscal de los tributos y los principios de justicia tributaria*. Bilba: Servicio Editorial Universidad des País Basco, 2001.